근대계몽기 학술 잡지의 학문 분야별 자료

권3 농업·동물·문학·물리

이 자료집은 한국학중앙연구원 '한국학 총서' 개발 사업 '근현대 학문 형성과 계몽운동의 가치'(AKS-2014-KSS-1230003)의 지원으로 이루어졌음.

〈근현대 학문 형성과 계몽운동의 가치〉 연구진

허재영(연구 책임자, 단국대)
김경남(공동 연구원, 단국대)
김슬옹(공동 연구원, 인하대)
강미정(공동 연구원, 서울여대)
김정애(공동 연구원, 건국대)
서민정(공동 연구원, 부산대)
고경민(공동 연구원, 건국대)
김혜련(공동 연구원, 성신여대)
정대현(공동 연구원, 협성대)

근대계몽기 학술 잡지의 학문 분야별 자료
권3 농업·동물·문학·물리

© 허재영, 2017

1판 1쇄 인쇄__2017년 06월 20일
1판 1쇄 발행__2017년 06월 30일

엮은이__허재영
펴낸이__양정섭

펴낸곳__도서출판 경진
　　　　등록__제2010-000004호
　　　　블로그__http://kyungjinmunhwa.tistory.com
　　　　이메일__mykorea01@naver.com

공급처__(주)글로벌콘텐츠출판그룹
　　　　대표__홍정표　편집디자인__김미미 노경민
　　　　주소__서울특별시 강동구 천중로 196 정일빌딩 401호
　　　　전화__02) 488-3280　팩스__02) 488-3281
　　　　홈페이지__http://www.gcbook.co.kr

값 19,500원
ISBN 978-89-5996-542-7 94000
ISBN 978-89-5996-539-7 94000(세트)

근대계몽기 학술 잡지의 학문 분야별 자료

권3 농업·동물·문학·물리

허재영 엮음

경진출판

근대 학술 잡지의 학문 분야별 자료

1880년대 이후 한국의 학문은 급속도의 변화를 보인다. 황준헌의 『조선책략』, 정관응의 『이언』을 비롯하여 서양 학문과 접촉한 중국인들의 저서가 국내에 유입되고, 『한성순보』, 『한성주보』와 같은 신문 매체가 등장했으며, 각종 근대식 학교가 설립되기 시작했다.

이러한 흐름에서 1894년 갑오개혁과 1895년 근대식 학제의 도입, 재일 유학생의 출현, 독립협회 조직, 『독립신문』 발행 등 일련의 근대화 과정은 사상뿐만 아니라 각 분야별 학문 진보에도 큰 영향을 미친다. 특히 1896년 재일 관비 유학생 파견과 독립협회 조직에 따라 『대조선 재일유학생 친목회회보』와 『독립협회회보』가 발행된 것은 비록 잡지 형태이기는 하지만, 학술 담론에도 큰 변화를 가져왔다.

이로부터 일제에 의해 국권이 상실되기까지 이른바 '애국계몽시대'에 발행된 학술 잡지가 대략 40여 종에 이른다. 이는 이 시기 조직된 학술 단체의 활동과 밀접한 관련이 있는데, 『만세보』 1907년 3월 30일자 '논설'을 참고하면 이 시기 활동한 각종 학회와 단체가 대략 40개 이상에 이르는 것으로 보인다. 이들 단체의 명칭을 살펴보면 다음과 같다.

1907년 당시의 각종 단체

(…전략…) 近日 我國 民族의 智識이 漸次 開進ᄒᄂ 現狀이 有ᄒ야 各般 社會를 組織홈이 雨中竹筍과 如ᄒ니 其名目을 略擧ᄒ건ᄃ

自彊會, 一進會, 國民敎育會, 東亞開進敎育會, 萬國基督靑年會, 懿法會,

4

西友學會, 漢北學會, 同志親睦會, 法案研究會, 普仁學會, 大東學會, 天道
敎會, 天主敎會, 基督敎會, 淨土敎會, 佛宗會, 神籬敎會, 眞理敎會, 神宮敬
奉會, 婦人學會, 女子敎育會, 國債報償會(各種), 養正義塾討論會, 普專親
睦會, 實業硏究會, 殖産奬勵會, 商業會議所, 手形組合, 農工銀行, 漢城銀
行, 天一銀行, 韓一銀行, 合名彰信會社, 湖南鐵道會社, 東洋用達會社, 紳
商會社, 少年韓半島社, 夜雷雜誌社, 朝陽雜誌社, 大東俱樂部, 官人俱樂部
(…하략…)

—『만세보』, 1907.3.30

한국 근현대 학문 형성과 계몽운동의 가치를 연구하는 과정에서 학술 잡지는 매우 귀중한 자료가 된다. 〈부록 1-1〉에 제시한 바와 같이, 이 시기 학술 잡지(또는 격주 신문 형태 포함)는 대략 55종 정도로 파악된다. 이 가운데 일부 자료는 원자료를 보기 어려운 경우도 있고, 일부 자료는 발굴되지 않은 경우도 있다. 근현대 학술 담론을 좀 더 철저히 규명하기 위해서는 이와 같은 자료를 좀 더 체계적으로 수집하고 분류할 필요가 있다. 구장률(2012)의 『근대 초기 잡지와 분과 학문의 형성』(케이포북스)과 같은 분류 시도가 없었던 것은 아니나, 분과 설정이나 자료에 대한 전수 조사가 이루어진 것은 아니기 때문에, 이 시기 학술 담론의 전모를 파악하는 데는 어려움이 따른다.

이 자료집은 2014년 한국학중앙연구원 '근대 총서 개발' 사업 가운데 '근현대 학문 형성과 계몽운동의 가치'(AKS-2014-KSS-1230003)를 연구하는 과정에서 수집·분류한 자료를 모은 것이다.

작업을 처음 시작할 때에는 온라인상 자료 공개가 활발하지 않았던 데 비해, 현재 일부 자료는 '한국사데이터베이스'(db.history.go.kr) 근현대 잡지 자료나 빅카인즈(www.bigkinds.or.kr), 네이버 뉴스라이브러리 등에서 자료를 확인할 수도 있다. 일부 자료는 국립중앙도서관의 디지털 라이브러리에서도 전자문서 형태로 열람할 수 있다. 그렇지만 각각의 자료를 수집하고 분류하는 작업은 쉬운 일이 아니다.

처음에는 각 자료를 수집·분류하고 가급적 현대어로 번역하고자 하였으나, 분량이 방대하여 짧은 연구 기관에 번역 작업을 수행하기 어렵다는 판단 아래, 분류 작업만 진행하기로 의견을 모았다. 특히 총서 7권을 개발하는 과정에서 다수의 통계 자료가 산출되었는데, 이를 총서에 싣기 어려워 자료집의 부록 형태로 수록한다.

이 자료집이 나올 수 있도록 연구를 지원해 주신 한국학중앙연구원의 한국학진흥사업 관계자 여러분과 묵묵히 작업을 수행해 준 연구원, 그리고 수익 사업과는 전혀 무관한 자료집 출간을 결심해 주신 도서출판 경진 양정섭 대표님께 감사의 말씀을 드린다.

2017년 2월 13일
'근현대 학문 형성과 계몽운동의 가치' 연구책임자 허재영

　이 자료집은 '근현대 학문 형성과 계몽운동의 가치'를 연구하는 과정에서 근대 학술지에 수록된 글을 학문 분야별로 분류하여 편집한 것이다. 1896년 『대조선독립협회회보』와 재일유학생 친목회의 『친목회회보』이후 1910년까지 발행된 근대 학술지(잡지 형태 포함)는 55종이 발견된다. 이 자료집에서는 현재까지 발굴된 학술지를 전수 조사하고, 그 가운데 필요한 자료를 모아 분야별로 분류하고자 하였다. 자료집의 편집 원칙은 다음과 같다.

1. 학문 분야별 분류 기준은 『표준국어대사전』의 전문 용어 분류 원칙을 따르고자 하였으며, '격치(格致)', '이과(理科)', '지문(地文)', '학문 일반(學問一般)', '해외 번역 자료(海外飜譯資料)'는 근대계몽기의 학술상의 특징을 고려하여 별도로 분류하였다.
2. 분류 항목은 '가정, 격치, 경제, 광물, 교육, 농업, 동물, 문학, 물리, 법, 사회, 생물, 수산, 수학, 식물, 심리, 언어, 역사, 윤리, 이과, 정치, 종교, 지리, 지문, 천문, 철학, 학문 일반, 화학, 해외 번역 자료' 등 29개로 하였다.
3. 분류 항목의 배열은 가나다순으로 하였으며, 부록의 분류표를 포함하여 총 9권으로 발행한다.
4. 각 항목마다 수록한 글의 분류표(순번, 연도, 학회보명, 필자, 제목, 수록 권호, 분야, 세분야)를 실었다.
5. 한 편의 논문이 여러 차례 연재될 경우, 한 곳에 모아 편집하였다.

일부 논문은 학술지 발행이 중단되거나 필자의 사정으로 완결되지 못한 것들도 많다.

6. 현토체의 논문과 한문체의 논문 가운데 일부는 연구 차원에서 번역을 하였으나, 완결하지 못한 상태로 첨부한 것들도 있다.

7. 권9의 부록은 근대 학회보 목록(총 55종), 학문 담론 관련 분야별 기사 목록, 일제강점기 발행된 잡지 목록, 근대 교과서 목록, 일제강점기 교과용 도서 목록, 일제강점기 신문의 서적 광고 목록 등 연구 과정에서 산출한 목록을 별도로 구성하였다.

이와 함께 근현대 학문 형성과 계몽운동의 가치를 연구하는 과정에서 살펴본 지석영의 상소문, 논학정(論學政), 박영효의 '건백서', '동문학', '원산학사', '육영공원' 관련 한문 자료와 조사시찰단 보고서인 조준영의 『문부성소할목록』을 번역하여 별도의 책으로 구성하였다.

총 7권의 학술 교양서를 집필하고 10여 권의 자료집을 발행하기까지 어려움이 많았다. 특히 방대한 자료를 체계적으로 다루는 일은 결코 쉽지 않았는데, 자료 편집상의 오류, 번역상의 오류가 적지 않을 것으로 판단된다. 이러한 잘못은 모두 편자의 책임이다.

목차

해제: 근대 학술 잡지의 학문 분야별 자료 _____ 4

일러두기 _____ 7

06. **농업** ·· 권3__ 11
07. **동물** ·· 권3__171
08. **문학** ·· 권3__215
09. **물리** ·· 권3__223

01. 가정 ··· 권1__ 11
02. 격치 ··· 권1__155
03. 경제 ··· 권1__163

04. 광물 ··· 권2__ 11
05. 교육 ··· 권2__ 59

10. 법 ·· 권4__ 11
11. 사회 ··· 권4__291
12. 생물 ··· 권4__311
13. 수산 ··· 권4__315

14. 수학 ··· 권5__ 11
15. 식물 ··· 권5__ 27
16. 심리 ··· 권5__ 73

17. 언어 ··· 권5__ 91
18. 역사 ··· 권5__183
19. 윤리 ··· 권5__255
20. 이과 ··· 권5__295

21. 정치 ··· 권6__ 11
22. 종교 ··· 권6__307
23. 지리 ··· 권6__329

24. 지문 ··· 권7__ 11
25. 천문 ··· 권7__129
26. 철학 ··· 권7__173
27. 학문 일반 ·· 권7__189

28. 화학 ··· 권8__ 11
29. 해외 번역 자료 ·· 권8__ 53

부록 ··· 권9__ 11
　　1. 근대 학회보 ·· 권9__ 12
　　2. 일제강점기 잡지 목록 ·································· 권9__ 54
　　3. 근대 교과서 목록 ·· 권9__100
　　4. 일제강점기 교과용 도서 목록 ····················· 권9__125
　　5. 일제강점기 신문의 서적 광고 ····················· 권9__148
　　6. 일제강점기 잡지소재 광고 도서 ·················· 권9__166

06.

농업

순번	연대	학회보명	필자	제목	수록 권호	분야	세분야
1	1906	태극학보	박상락	접목법	제15, 16, 17, 18호(4회)	농업	과수
2	1906	태극학보	김지간	과수 전정법	제20, 21, 22, 24, 26호(5회)	농업	과수
3	1908	대한협회회보	중고산인	과목배양법	제5, 6, 7, 8, 9, 10, 11, 12호(8회)	농업	과수
4	1909	대한흥학보	김지간	포도재배설	제2호	농업	과수
5	1907	야뢰	윤태영	과실 종자의 산포	제2호	농업	과수원
6	1908	대한협회회보	중고초부	농업개요	제7, 8, 9, 10, 11, 12호(6회)	농업	농업학
7	1908	기호흥학회월보	이각종	실리농방	제6~12호(7회)	농업	농업학
8	1906	소년한반도	조중응	農業의 大意	제1~5호	농업	농학
9	1906	대한자강회월보	김성희	식산부	제6, 7, 8, 9, 10호(5회)	농업	농학
10	1906	태극학보	김만규	농자는 백업의 근이오 행복의 원인이라	제4, 5, 6호(3회)	농업	농학
11	1907	야뢰	김동완	농학총담	제1, 2, 3, 4, 5, 6호(6회)	농업	농학
12	1907	야뢰	권보상	농업개요	제3호 (4~6호 관련 내용)	농업	농학
13	1907	태극학보	한상기	뽈도액	제15호	농업	농학
14	1908	호남학보	이기	농학설	제6, 7, 8, 9호(4회)	농업	농학
15	1908	호남학보	윤주찬	각종학이 불여농학	제9호	농업	농학
16	1906	태극학보	김진초	조림학지 필요	제1호	농업	산림학
17	1906	태극학보	편집부	조림상 입지의 관계	제3호, 제5호(2회)	농업	산림학

순번	연대	학회보명	필자	제목	수록 권호	분야	세분야
18	1906	태극학보	김낙영	삼수식재조림법	제13호	농업	산림학
19	1907	공수학보	현단	삼림의 필요	제1호	농업	산림학
20	1908	대한협회회보	김명준	식산론	제1호	농업	산림학
21	1908	호남학보	윤주찬	종식학설	제7, 8, 9호	농업	산림학
22	1909	대한흥학보	종수생	삼림학	제3호	농업	산림학
23	1909	대한흥학보	최용화	삼림 간접의 효용	제6호	농업	산림학
24	1909	대한흥학보	양재하	삼림의 연구	제11호	농업	산림학
25	1896	대조선독립협회회보	지석영	양잠문답	제6호	농업	양잠학
26	1908	기호흥학회월보	편집부	저잠의 사육법	제10, 11, 12호	농업	양잠학
27	1908	대한학회월보	김재문	잠학설	제8, 9호(2회)	농업	양잠학
28	1909	대한흥학보	노정학	한국 잠업에 대한 의견	제1, 2, 3호(3회)	농업	양잠학
29	1906	태극학보	연구생	제충국의 연구	제25호	농업	원예
30	1906	서우	편집부	양돈 실험설	제13호	농업	축산
31	1896	대조선독립협회회보	동해목자	양계설	제6호	농업	축산학
32	1907	태극학보	김진초	양계설	제7, 12, 13, 14호(4회)	농업	축산학
33	1907	태극학보	김진초	농원 양돈설	제9, 10호	농업	축산학
34	1907	공수학보	민정기	양계론	제3호	농업	축산학
35	1908	대한협회회보	이상직	양토법	제4호	농업	축산학
36	1908	태극학보	관물객	계란의 저장법	제23호	농업	축산학
37	1908	태극학보	김낙영	계병 간이 치료법	제25호	농업	축산학
38	1908	대한학회월보	이혁	가축개량의 급무	제6, 9호(2회)	농업	축산학

순번	연대	학회보명	필자	제목	수록 권호	분야	세분야
39	1909	대한흥학보	이혁	가축개량의 급무	제1, 2, 3호(3회)	농업	축산학
40	1896	대조선독립협회회보	남하학농재	농업문답	제5호	농업	
41	1907	공수학보	최용화	농업의 필요	제3호	농업	
42	1907	대한자강회월보	이종준	명농신설	제13호	농업	
43	1908	태극학보	경세생	농업의 보호와 개량에 관한 국가의 시설	제17호	농업	
44	1908	대동학회월보	정진홍	농업의 개량	제2호	농업	

6.1. 과수

◎ 楱木法(樹木 접부치는 法), 朴相洛 譯, 〈태극학보〉 제15호,
  1907.11; 15, 16, 17, 18호 4회 연재

▲ 제15호

  (一) 總說

  楱木法이라 ᄒᆞᄂᆞᆫ 거슨--

  (二) 楱木의 效用

  楱木의 效用은 以上의 槪言ᄒᆞᆫ 바와 如히 美花 良果를 得ᄒᆞᄂᆞᆫ 外에
種種ᄒᆞᆫ 效用이 多ᄒᆞ니 此를 槪擧ᄒᆞ면,

(甲) 良種의 繁殖:

(乙) 開花結實期의 速成

(丙) 矮(小)性種의 伸張强盛

(丁) 老衰樹의 勢力恢復

(戊) 結實期의 變更

(己) 徒長强性의 種을 矮性種으로 變更ᄒᆞᄂᆞᆫ 事

▲ 제16호

(三) 椄穗와 砧木(침목)과의 關係

注意: 椄穗라 ᄒᆞᄂᆞᆫ 것은 우에 新接ᄒᆞᄂᆞᆫ 樹枝 或 樹芽를 云ᄒᆞᆷ이오 砧木이라 ᄒᆞᄂᆞᆫ 거슨 아릭 잇ᄂᆞᆫ 根本樹이니 假令 桃樹를 接ᄒᆞ면 此時에 梨樹ᄂᆞᆫ 椄穗라 稱ᄒᆞ고 桃樹ᄂᆞᆫ 砧木이라 稱ᄒᆞᆷ

大抵 椄木을 行ᄒᆞᆯ 是에 가장 注意ᄒᆞᆯ 거슨 椄穗--

(甲) 椄穗(접수)

(乙) 砧木(침목)

▲ 제17호

▲ 제18호

◎ 果木培養法, 중고산인(중악산인), 〈대한협회회보〉 제5호, 1908.8. (농학, 과수원, 임학)

*'과목 배양법'은 제6호부터 연재되었으며, 제7호부터는 '농업개요'와 통합하여 연재하였음. 여기서는 과목 재배, 채소 재배 등의 실질적인 기술과 관련된 자료를 별도로 정리함.

柿ᄂ 佳實也라. 其 種類가 甚多ᄒ거니와 宜植於西北高東南低肥沃地
ᄒ며 又宜於山下赤墳土ᄒ고 不宜於海邊沙地라. 其 作法은 多取柿核ᄒ
야 冬節에 埋於肥良之濕地ᄒ야 上覆藁草ᄒ고 時時澆灌米泔水라가 正
二月項에 待芽生而取出ᄒ야 乃穿穴而和蠟土植之ᄒ고 旱時에 以泔水盛
養水澆之라가 經四五年後正月中旬至二月中旬에 伐其本幹ᄒ고 取佳柿
枝接之호ᄃ 若以接木之梢로 至於三接則柿無核ᄒ고 又 冬令에 穿穴ᄒ
고 取良種紅柿ᄒ야 不着人手ᄒ고 以木箸로 攝入穴中而植之則其樹甚繁
而味亦最佳ᄒ고 且於春分頃에 多取良柿木梢長五六寸者ᄒ야 結束以五
六個或七八個ᄒ야 埋地深三寸許而踏之ᄒ고 覆以藁草等ᄒ야 使不入風
日ᄒ고 時澆泔水則芽生ᄒ나니 經四五十日 後에 開其覆草ᄒ고 明年春
에 但存其叢生中最實者ᄒ고 餘皆拔去或分植則其功이 勝於接木而見效
ㅣ 亦速ᄒ나니라.

凡柿橘桃李梅杏及其他菓木이 皆是多不肥養則雖發花結實이나 實多
自落이니 欲使全熟則必於寒中에 穿穴於離根一尺地ᄒ고 多埋肥料而覆
土ᄒ되 肥料則人糞이 爲上이오 其次ᄂ 活物, 肉汁, 乾鰯 멸어치 或 牛馬
糞, 廐肥也니라.

○ 栗은 土宜砂壤ᄒ고 尤宜赤壤寒地而亦能豊熟이로ᄃ 好陽地而忌陰
地ᄒ야 栽於北向則木雖繁榮이나 木不能壽ᄒ고 蠹生必倒ᄒᄂ니라. 其
作法은 必取大栗之中子ᄒ야 包以藁葉ᄒ야 埋於熱土中深一尺四五寸ᄒ
고 上覆藁菰라가 翌年春分芽生三寸許 然後에 取出移植ᄒ고 又以三年移
植ᄒ면 翌年結實而實若不結則伐其下梢ᄒ야 以生新枝則實結ᄒ고 又實
小則取大栗枝接之甚宜ᄒ고 且 栗性이 忌人手故로 雖善結之木이라도
以人手撫摩則必至不結ᄒ고 又蠹生幹朽而不多結者ᄂ 十月中旬에 以枯
草로 厚包其幹ᄒ고 下堆木葉放火則烟入蠹穴ᄒ야 蠹皆燒死ᄒ야 明年에
更多結實ᄒ며 或 冬令에 以鎌으로 刮去幹之外皮則亦好니라.

黃栗製法은 將栗浸於灰汁水ᄒ야 一日一夜後曝乾而搗於臼則皮脫ᄒ

야 經久不蟲ᄒᆞ며 又欲生栗을 久貯則以火箸로 灸其栗芽ᄒᆞ야 和沙而置於密器中則雖經春夏라도 新鮮如初니라.

▲梨ᄂᆞᆫ 快菓也라. 土宜肥良而西北高東南開ᄒᆞ야 日暖風和處則雖沙壚之土라도 亦能繁榮ᄒᆞ며 又宜於人家近地而若栽於風厲土堅之瘠土則實小味不佳니라. 作法은 取其甘味種子而植之ᄒᆞ고 土覆細土七八分ᄒᆞ야 翌年春芽生則時澆泔水ᄒᆞ야 使之成長ᄒᆞ며 又 明年移植之ᄒᆞ고 又 時澆泔水或 水糞ᄒᆞ고 夏間에 稍能成長커든 至初冬葉落時以利刀로 伐其樹去根二寸許ᄒᆞ고 吹炭火燒其所伐處則翌年에 從根生芽ᄒᆞ야 長而勢壯ᄒᆞ야 數年間에 能結其實ᄒᆞ야 漸成良木ᄒᆞᄂᆞ니 此必用之方法也오. 又 接木法은 二三月中 其芽少出之時에 斷其榦而取佳樹向南勢壯之梢ᄒᆞ야 以接之ᄒᆞ되 非南枝則結實이 甚遲ᄒᆞ고 又有捲木法ᄒᆞ니 二月中旬에 取斷向南勢壯之梢一尺五六寸許ᄒᆞ야 吹以炭火ᄒᆞ야 灸其兩頭所斷處ᄒᆞ고 構植兩端於蚕糞調理之肥土而覆土踏之後에 又遮日光ᄒᆞ고 頻澆泔水ᄒᆞ야 使無乾燥則雖幾本이라도 皆能生活이오 冬中에 穿穴於根邊一尺餘ᄒᆞ고 澆以乾鰯汴(乾鰯末一斗水三斗數日調和者) 則甚得利潤ᄒᆞᄂᆞ니라.

○梨子久貯法은 就高燥無濕處에 掘五六尺坑ᄒᆞ고 底布枯葉後에 擇其少無疵傷之梨ᄒᆞ야 以葉相間而貯藏之ᄒᆞ고 又以蕪菁으로 貫其蒂則蒂亦不折ᄒᆞᄂᆞ니 如此則雖經春夏而不傷이니라.

○林檎作法도 與梨로 同ᄒᆞ니라.

○棗ᄂᆞᆫ 不宜以實蒔之오 最宜捲木法이니 二月中取其勢壯之枝梅指大者ᄒᆞ야 斷一尺三四寸許而灸其兩端斫處ᄒᆞ고 插入兩端於少濕之地五六尺而踏之則三四十日間에 能活而生芽ᄒᆞᄂᆞ니 乃芸草而培養成長則當年에 可長五六尺이오 若欲移栽則翌年二月爲可오. 冬中에 澆糞於根邊則四五年內에 能結實ᄒᆞᄂᆞ니라.

○銀杏은 樹木也라. 實有牝牡ᄒᆞ니 牝者ᄂᆞᆫ 二角이오 牡者三角이니 植牝種無實이나 用接木法則不必拘牝牡種也오. 其 作法은 十月에 取其熟實ᄒᆞ야 去其殼肉ᄒᆞ고 埋於溝泥中이라가 明年 春分後에 植於肥地ᄒᆞ야 使苗成長ᄒᆞ고 又 明年 移植之ᄒᆞ야 及其稍長에 斷其榦ᄒᆞ고 取善結實銀

杏樹之南枝而接之ᄒ야 勤勤培養則七八年內에 必能結實이오. 其 收實法은 取結實甚多者地殼肉而入於槀囷ᄒ야 沈於池水數日後에 待其腐熟ᄒ야 拭洗而乾貯ᄒ나니라.

○ 石榴ᄂ 有大小有甘酸各種而能有殺蟲之功ᄒ며 又有磨鏡之要用ᄒ며 又以葉飼蚕則能成琴絃之絲者也니라. 其 作法은 只有捲木一法而使多結實ᄒ니 春分時에 取拇指大枝ᄒ야 斷一尺三四寸而灸其兩端處ᄒ고 揷於肥地而頻頻澆水則至四月에 根生葉繁이오. 寒地則秋末에 包之以槀라가 春分後撥去ᄒ고 寒中에 穿溝於去根一尺三四寸地ᄒ고 多澆濃糞而覆土則連結多子ᄒ고 若 枝葉이 甚繁則截去爲宜ᄒ며 又或有植之四五年而無實者則取小石與犬牛馬骨而埋其根則必結實ᄒ나니라.

○ 石榴久貯法은 取濃製者而入於大口壺中ᄒ고 灌以熱湯ᄒ고 仍卽以籮取出乾之ᄒ고 再八壺中ᄒ야 密封其日則經久不傷이니라.

○ 櫻桃ᄂ 最早熟之珍葉也오. 作法은 甚易ᄒ야 移植 或 斷枝幾植에 踦可易生而善結이되 紅紫葉種皆四月熟燒幾其樹種은 五月熟ᄒ며 又密寮其實面如乾葡萄則再以久貯니라.

○ 李掩佳果니 色葉紅紫ᄒ고 味有甘酸이라. 其雖熟時에 鹽漬而皺乾則風味可食이오 作法은 幾周에 取美實之核ᄒ야 埋於肥土中이라가 翌年春芽則作畦而稙之後에 時澆泔水ᄒ고 又 明年 二月中에 移植之호되 但忌熱地面根邊雜草를 頻頻除之則四五年內에 能繁衍結實이오 正月九日 或 十五日에 取石瓦ᄒ야 掛於木股則多實이니라.

▲ 제7호=果木培養法(續), 中皐樵夫

胡桃ᄂ 三種이 有ᄒ되 一曰 石胡桃니 實大而核殼이 瘟瘟ᄒ고 二曰 油胡桃니, 實小而無瘟瘟ᄒ고 三曰 皮胡桃니, 形雖瘟瘟로되 殼薄易碎ᄒ고 其 作法은 榧子로 同ᄒ고 取實도 亦如ᄒ며 凡 銀杏, 榧子, 桐, 欓子의 殼肉을 貯之爲肥料則甚有效ᄒ니라.

榧子ᄂ 良材而美果也오. 又 有油榧一種ᄒ야 味澁臭醜로되 可作油料

ㅎ고 其 作法은 取善熟而自落者ㅎ야 竝外肉而植之라가 三年後苗旣成
長則種於山野之眞土ㅎ고 用軟膨術而移植ㅎ야 苟能培養前十年에 一本
實이 一斗오 二十年에 三斗오 三十年 五斗오 四十年 七斗오 五十年 一
石이오 取實法은 與銀杏同ㅎ니라.

▲ 제8호 = 果木培養法

漆實은 採蠟樹也라. 古人이 只知搯膠液而己러니 日本人 佐藤信淵이
採蠟法을 發明ㅎ지라. 本性이 在寒地則宜山之陽이오 在暖地則宜山之陰
이오 其 作法은 十二月 上旬에 搗其實於臼中ㅎ야 剝其外殼之蠟氣後에
入其核於桶中ㅎ고 灌以微溫水ㅎ야 洗去蠟氣ㅎ되 五六日如是ㅎ야 使無
蠟氣然後에 入於藁囤而埋於土中ㅎ고 覆以菰藁ㅎ고 頻頻澆水而溫養이
라가 翌年 三月에 芽生則調田移植後에 結棚遮陽ㅎ고 旱則灑水ㅎ며 草
生則除去ㅎ고 又 明年 春分에 苗長一尺則更移植之ㅎ되 但 其 年 九月
葉落後에 手指로 試拔ㅎ야 易拔者는 直立根이오 難拔者는 橫蔓根이며
直立者는 牡木이라 必無實이니 拔去ㅎ고 橫蔓者는 牝木이라 結實이니
宜 培養이오 且 牡木拔出혼 穴에 多澆糞水則翌年에 自其穴로 必生牝木
之苗ㅎ나니 芸草培養ㅎ야 至於一尺三四寸則移植之可也오 移栽時期는
自正月中旬 至三月中旬이오 又 自八月中旬 至十月 衲雨後 濕栽오 尤宜
隨其苗長而厚培以土則五年開化六年結實ㅎ야 一木이 七年 二升, 八年
三升, 九年 四五升, 十年 六七升, 十五年 一斗二三升, 二十年 二斗, 三十
年 三斗, 至百年十餘斗를 可取홀지니라.

櫨와 漆의 採蠟法 十月에 以利鎌으로 附於長竿ㅎ야 採其熟實ㅎ고 十
一月 或 十二月에 搗於臼中而作末ㅎ야 鐵釜沸湯上에 橫置杠而布筵ㅎ고
筵上에 撒蒸所搗之末ㅎ고 再入布囊而蒸之ㅎ야 入於搾機如造麵機ㅎ고
以木楔로　插於上頭而以大木槌槌楔用柘木槌之則蠟從機底孔滴出이오
二回 搾時에 加入荏油(置初搾蠟十分一) 蒸之搾之를 如初ㅎ고 又以所搾
蠟으로 溶於蝸中而移瀉於木箱ㅎ고 箱下邊隅에 有孔ㅎ고 孔插小筒ㅎ고

以木箱으로 置於大桶之上而汲置冷水則自木箱小孔筒으로 蠟流於桶中 冷水ᄒ나니 乃以手로 强揉ᄒ야 攤席曝乾十五日後製燭이니라.

▲ 제9호＝菜蔬培養法

萊菔者ᄂ 蔬菜中에 最히 有用之物이라. 此 若 不足ᄒ면 與五穀凶荒으로 無異ᄒ니 且饑饉流行之時에 頗能救饑ᄒ야 實非他菜之所可及也라. 其 性이 宜於細軟之沙故로 皆以山腐壚野腐壚黑菘土等地로 爲常作之處나 然이나 輕虛之地엔 雖肥滿而精氣를 專湊於外故로 中心이 必空虛ᄒ나니 欲使根肥而心實인ᄃᆡ 必擇黃埴或黍埴力重性强之地ᄒ야 施軟膨術ᄒ며 且 不厭舊地故로 每植於同地라야 必産上品ᄒ나니 凡自落種日노 過六十日則成長ᄒ며 百日許則其根이 頗至肥大니 欲作極大之上品인ᄃᆡ 必擇牝牡種이니 牝種은 必無上品이라. 牡種은 其 粒이 長ᄒ고 牝種은 短ᄒ며 且 牝苗ᄂ 正直ᄒ고 牡苗ᄂ 蔓延而其性이 柔弱ᄒ야 葉受日光則 必萎ᄒ나니 十月 下旬에 牝菜菔之瘦者를 附葉曬乾ᄒ야 至其少皺어든 乃耕耙硬土ᄒ고 每 一步에 植立三十六本ᄒ야 至正月下旬에 其 莖이 立이어든 耘除他草ᄒ고 時湊水糞ᄒ야 養其元氣ᄒ되 莖葉이 甚茂ᄒ면 恐 爲風雨之所摧折ᄒᄂ니 必踏着其根而堅之ᄒ야 至四月에 採其種子之十 分充實者ᄒ야 貯藏紙帒라가 若 寒地雪積커든 雪降之前에 植置爲良而 七月下旬에 以長三尺圍二尺之木杭으로 每田一步四方에 穿九穴ᄒ고 小 便秇 五囷 油糟 三斗 濃糞 三荷 糠 二囷 濃溝泥 三荷 腐壚土 十荷를 調和 ᄒ야 每穴에 塡入七八分ᄒ고 上覆臙土而種子를 每一穴播五粒ᄒ고 覆 以濕灰라가 芽生後엔 留其最盛者ᄒ고 餘皆疎之ᄒ며 耘草時에 每以盛 養水洒之ᄒ면 其 根이 皮薄中實ᄒ야 多液而味甘ᄒ나니 其 殺蟲法은 苦 蔘末五斗 石灰一斗를 井花水 一石에 混浸一晝夜라가 日中에 以松板洒 之ᄒ면 蟲皆死之ᄒ나니라.

○ 胡蘿菖은 不必擇牝牡種이오 擇其根之深紅者ᄒ야 曬一於太陽後植 之ᄒ고 至立莖時ᄒ야 澆以盛養水ᄒ며 開花어든 卽 斷棄枝葉ᄒ야 專其

養幹而湊精於種子則亦十分充實ᄒᆞ나니 其 作法은 略與蘿葍同ᄒᆞ니라.

▲ 제10호=蔬菜培養法(續)

蕪菁者ᄂᆞᆫ 圓球根也니 耕耙法, 種採法, 播種法, 植立法, 培養法과 成長時候ㅣ 皆 與萊菔으로 同이로ᄃᆡ 但 軟膨術은 不必深爲埋肥니 其 根이 圓者ᄂᆞᆫ 謂之蓮花오 色白ᄒᆞ고 大如茶鐺者ᄂᆞᆫ 謂之九英이니 蔓菁이 大而長者ᄂᆞᆫ 謂之大頭菜라. 凡 食諸菜에 皆 有菜色이로ᄃᆡ 此 獨不然ᄒᆞ니 最要救饑라 故로 諸葛亮 留陣處ᄂᆞᆫ 必種蕪菁云이라.

薯蕷者ᄂᆞᆫ 農家一種産業也니 凡 質厚性强之土에 用精碎法ᄒᆞ고 又 用壓鎭法於精碎之土ᄒᆞᆫ 後에 取中等薯蕷ᄒᆞ야 切三四寸ᄒᆞ야 以堅木灰로 披其切處ᄒᆞ고 半日曝乾ᄒᆞ나니 是謂種子薯라 淺埋於細沙ᄒᆞ고 頻頻澆潤則 十餘日에 其 芽必生ᄒᆞ리니 乃移植之ᄒᆞ되 隔七八寸ᄒᆞ야 横植호ᄃᆡ 一頭ᄂᆞᆫ 高ᄒᆞ고 一頭ᄂᆞᆫ 低케 ᄒᆞ야 上覆碎土三四寸ᄒᆞ야 勿令土燥케 ᄒᆞᆯ지니 天若久旱이어든 時時灑水ᄒᆞ며 耘除雜草ᄒᆞ고 暖地則 正月 下旬에 溫養其芽而植之ᄒᆞ고 夜必覆苫而禦霜ᄒᆞ며 寒地則 三月 中下旬에 植之호ᄃᆡ 種子薯每切處에 或生二三其芽ᄒᆞ나니 留其氣壯者ᄒᆞ고 餘皆剪去而植之라가 至三年之十月而採取가 可也니라. 凡 作薯蕷의 最怕土龍이라 故로 植種時에 宜其詳察而除去니 用邊에 作細溝深二三尺ᄒᆞ고 細截海蔘而埋之ᄒᆞᆯ지니 海蔘은 氣能殺土龍根ᄒᆞ나니라. 薯蕷旣肥大ᄒᆞ면 旁必有餘零ᄒᆞ고 種子ㅣ 亦 有牝牡之別ᄒᆞ니 牡種은 稍長ᄒᆞ고 牝種은 稍圓ᄒᆞ며 牡種은 速成ᄒᆞ고 牝種은 甚遲ᄒᆞ니 上宜近水而性好水ᄒᆞ야 根欲就水ᄒᆞᄂᆞᆫ 故로 其 長이 甚速而至水則止ᄒᆞ나니라. 故로 水纔三四尺則 其 根이 短ᄒᆞ고 過一丈則 其 力이 不及ᄒᆞ며 又 有根肥方ᄒᆞ니 干鰯末五升과 胡麻油糟五升과 馬溺鹽三升과 鷄糞三升과 糟米糠八升을 共調和ᄒᆞ야 每一畝三十步地에 耙錯定例ᄒᆞ나니라.

葱蒜은 謂之襲根草니 作法은 與蕪菁으로 同而土宜堅强ᄒᆞ니 以小便糠으로 施軟膨術而凡人溺馬牛溺는 肥大襲根之第一方이오 其 次는 沙地

니라.

芎藭者는 暖地宜榮ᄒ고 寒地宜傷이라 故로 霜侵則腐敗ᄒ며 且 吸地氣를 極强ᄒᄂ 故로 不易田則根不肥大ᄒ나니 苟能溫養則早春이 葉未生而花開ᄒ야 形如長筒而中出靑鬚藥ᄒ고 花謝 後에 葉生ᄒ나니 擇乾燥之地ᄒ야 初冬에 掘三尺ᄒ고 多埋廐肥漕糠타가 返至明年二月ᄒ야 又 以濃糞小便糠草木灰로 耕錯之ᄒ고 大作廣畦라가 春分 後에 二尺許式植五個種(牡根은 上大下尖ᄒ고 牝根은 圓ᄒ며 又 牝根은 氣弱ᄒ야 肥大甚遲ᄒ여 易爲傷寒腐敗ᄒ고 又 牝根은 生牡兒ᄒ고 牡根은 生牝兒ᄒᄂ니라.) 夏中耘草時에 灌以水糞ᄒ고 霜降則以藁菰塵芥로 厚覆以防寒홀지니 二年이면 圓經三寸ᄒ고 三年이면 圓經四寸ᄒᄂ니 以後에 乃可採取오 寒地則 年年九月에 採置溫室이라가 明春에 復植別田而培養은 上同ᄒ니라.

▲ 제11호 = 蔬菜培養法

△ 甘藷者ᄂ 我國所稱南甘者也라. 有蕃藷小藷二種ᄒ니 蕃藷者ᄂ 其根色이 淡白微紫而其味臭最甘香ᄒ니 宜作沙地오. 小藷者ᄂ 其 根色이 雖黃肥大ᄒ나 其 味가 少劣ᄒ니 宜作野土어ᄂ 凡塗土壚土軟沙七則以腐藁塵芥로 耙錯ᄒ고 不待糞養ᄒ며 且熱壤土埴土則深耕而以廐肥草肥로 軟膨而植之ᄒᄂ니 牡藷ᄂ 蔓大而葉圓ᄒ고 牝藷ᄂ 蔓細而葉小ᄒ니 牡則 兒孫이 雖多而細小라 宜作牡藷니 種藷에 切二三寸ᄒ야 被灰於切處而植之니라.

△ 生薑은 最宜細沙ᄒ니 以細沙培養則凡於諸土에 無不可作이오 水邊濕地가 尤宜ᄒ니 欲作上品인딕 初冬에 以細沙廐肥로 施軟膨法而耕錯之ᄒ고 二月 上旬 或 三四月間호되 隨其地之寒暖而種之則五月에 生薑이 成ᄒ야 九月에 乃能肥大面充實ᄒ나니 其 採에 必取舊根之椏而大者ᄂ 斷截被灰ᄒ야 五七日陰乾而植之ᄒ나니라.

△ 紫根者ᄂ 我國所稱紫草根也라 山野之間에 自然之生이 最爲上品이

오. 又 右田作法ᄒ니 性宜寒地라 開懇拾荒野之黑壚土而深八九寸ᄒ고 施軟膨術호디 以草木灰活物肉腐汁으로 和雨水而耕錯之ᄒ고 每一步에 作三畦ᄒ야 四月初에 植之호디 摻以灰糞ᄒ며 生芽後耘草時엔 以盛養水로 澆之ᄒ나니 九月에 花謝實熟則可採니라. (未完)

▲ 제12호=蔬菜培用法[續]

▲ 蓮根者ᄂᆫ 蔬菜之頗美者也라. 實有牝牡ᄒ니 牡種은 本大末尖ᄒ고 牝種은 本小末大ᄒ니 牡種則 二三年間에 其 根이 頗肥ᄒ야 花開結實ᄒ고 牝種은 成長未易ᄒ니 宜蒔牡種이라 凡 水田池溝之泥深處에 皆 可植이로디 先除草根而細耕之ᄒ야 以丁字號中의 泥土溫養方法과 及丙字號中의 大溫肥方으로 每一合에 量一篦ᄒ야 散播三四篦於一步四方地然後에 以埴土로 包實而埴之ᄒ면 一兩月에 莖葉이 出水ᄒ고 其 根이 漸漸 肥大ᄒ야 作花作實ᄒᄂ니라.

▲ 水慈姑作法은 與蓮根同而水不宜深ᄒ니 十月 中에 擇新根之小球ᄒ야 水田一畝에 以臘土一荷와 小便糠三囤과 廐肥三荷로 軟膨而耕錯ᄒ고 每一步에 三十六本式植於泥中ᄒ면 翌年 三月에 出芽ᄒᄂ니 除草培養ᄒ야 至九十月이면 根皆肥大ᄒ야 多生兒孫ᄒᄂ니 乃採取之ᄒ나니라.

▲ 凡 作細條根者ᄂᆫ 如馬蘭, 細辛, 芍藥之類ᄂᆫ 土深二尺ᄒ고 細碎軟膨而植則根分而蕃衍也니라.

▲ 甘蔗ᄂᆫ 性이 宜煖而最怕寒ᄒᄂ니 秋分 後에 採取其根而作汁則可製砂糖이오. 竹筍者ᄂᆫ 以有用之材로 消於三寸舌ᄒ니 宜痛禁之나 其 法에 新墾於荒野鬆土ᄒ고 深掘二三尺之長溝ᄒ야 以臘土腐糠各一石과 馬溺鹽二斗로 瑱其中ᄒ고 五月 十三日에 植江南竹四五本ᄒ고 取埴壤土ᄒ야 覆根而作坦ᄒ야 無使風搖호디 勿堅蹈本根ᄒ고 細敷米糠廐肥니라.

○ 蔥亦莖菜也라 有大小蔥ᄒ니 大蔥은 謂之多蔥이라. 冬春間에 味甚美ᄒᄂ니 大蔥中에도 有靑蔥白蔥一本蔥ᄒ며 小蔥 中에 有春蔥夏蔥而小蔥은 分採則愈蕃故로 曰 分蔥也라. 大蔥은 精碎壤土而糞肥가 適宜ᄒ니

七月 中旬이나 下旬에 植苗ᄒ고 秋冬間에 灌水糞數度라가 至二三月ᄒ
야 花開實結ᄒᄂ니 採其黑色ᄒ야 曬而貯之라가 四月 中下旬에 落種於
軟沙ᄒ며 或野壚ᄒ고 頻以小便灰로 養之ᄒ며 易傷於旱이라. 故로 宜於
樹陰濕地니 若乾地則帶雨而蒔ᄒ고 結棚一尺之高而間一夜洒水則不日生
芽ᄒ야 至七月 下旬ᄒ면 苗勢稍長ᄒᄂ니 乃移植於沙地或野壚ᄒ고 頻澆
小便灰ᄒ며 最宜盛芽藥泥水니라. 靑蔥은 十月 中 植種而莖葉이 白如雪
ᄒ고 長이 尺餘오. 味가 甚美ᄒ며 一本蔥은 宜於壤土而以馬溺及小便灰
로 薄布其上ᄒ고 隔一尺地ᄒ야 植一本ᄒ고 覆土二三寸이라가 生芽 後
에 作法은 亦與上同이오. 春小蔥은 貯種於竹籠ᄒ아 在乾燥處라가 七月
中下旬에 植苗ᄒ고 作法은 亦與靑蔥同ᄒ며 夏小蔥은 其 葉이 稍細ᄒ나
二月 下旬 植苗ᄒ면 五月에 極爲繁茂ᄒᄂ니 作法은 亦與上同ᄒ니라.
　▲ 韭亦美菜也러라. 補人陽氣故로 謂之陽氣草라 ᄒ고 又 經年不替植故
謂之懶人菜라. 作法은 秋採其種이라가 二月 雨中에 和小便灰馬溺灰而
每年採舊根分植則尤爲繁茂ᄒᄂ니라. 漢人은 冬月에 刈韭而厚覆廐肥ᄒ
야 溫養之則能嫩黃葉ᄒᄂ니 是謂韭黃과 味其珍奇ᄒ니라.

◎ 果樹 剪定法, 金志侃,〈태극학보〉 제20호 1908.5. (농업)

　　*제15호 이후 농학 관련 논문을 수록함

▲ 제20호

▲ 제21호

▲ 제22호

冬期 剪定法

直立흔 枝幹을 橫으로 切斷흘 是에눈 其切斷흔 面을 水平面으로 切
ᄒ지 말고 좀 斜面으로 切ᄒ야 雨水가 停滯되지 아니케 홀지라. --

環狀 剝皮法

大槪 植物의 根으로부터 枝幹에 上昇ᄒ눈 養液은 幹의 中心에--

砧木(침목)의 變更(砧木은 椄木ᄒ눈 根木이라)

異種으로 相接ᄒ야 矮小性이 되눈 種類

剪根

更植

斜植

(미완)

▲ 제24호 梨樹 栽培說

*23호에는 수록분이 없으며, 24호에서는 제목이 달라짐.

世界 文明의 程度가 高흠을 從ᄒ야 衛生方法이 發達된 硏究로 果物에
滋養分이 多ᄒ고 消化力이 大흠을 覺知ᄒ야 果實의 需用이 漸漸 增加흠
으로 果樹 栽培業이 日로 進ᄒ고 月로 加ᄒ야 世界 到處에 都會와 僻地
를 勿論ᄒ고 果樹 栽培의 熱心이 一般 業務上에 多大흔 影響을 及케

ㅎ는 中에 一層 尤甚者는 卽 果樹 栽培가 是라. --

氣候 及 地勢

土質

種類

繁殖

砧木 栽培(砧木은 椄木ᄒᆞᆯ 根木이라)

（未完）

▲ 제26호＝前二十四號 續

*25호는 수록분이 없음.

挿木法

椄木法

芽椄法

◎ 葡萄栽培說, 金志侃, 〈대한흥학보〉 제2호, 1909.4.

▲ 제2호

近時의 科學進步로 因ᄒ야 葡萄酒가 醫藥用에 效驗이 有ᄒ며 飮料用에 滋養分이 多ᄒ믈 認知ᄒᄆ로 東西 各國에 葡萄酒의 需用이 日로 增ᄒ고 月로 加ᄒ야 葡萄酒의 輸出入이 貿易上에 不少ᄒ 價値가 有ᄒ야 其 釀造의 原料되ᄂ 葡萄의 栽培가 目下의 必要ᄒ 問題인 故로 栽培ᄒᄂ 方法을 玆에 紹介ᄒᆯ지라. 葡萄樹ᄂ 地味의 如何로 由ᄒ야 果實 收穫의 多寡의 別이 有ᄒᆯ 뿐 안니라 位置와 土質이 釀酒原料의 密接ᄒ 關係가 有ᄒᆫ즉 葡萄 栽培地의 撰擇은 特別히 注意ᄒᆯ지라.

位置

日光의 反射ᄂ 果實의 甘味를 生케 ᄒᄂ 基礎라. 葡萄ᄂ 此 甘味가 有ᄒᄆ로 酸酒의 原料가 되ᄂ 故로 位置의 撰定은 第一 日光을 善受ᄒᆯ 所를 擇ᄒᆯ지라. 東南으로 面ᄒ 小丘의 向陽ᄒ 處이나 大河湖池의 堤防에 無風ᄒ 處가 最好ᄒ도다 西洋의 (란인 葡萄酒가) 世界에 有名ᄒ 것은 其 原料가 (라인) 河畔의 葡萄園에 栽培ᄒ 것으로 釀造ᄒ인ᄃ 라인 葡萄ᄂ 恒常 劇烈ᄒ 日光을 (라인) 河水로부터 葡萄園에 反射ᄒ야 自然히 果實에 甘味가 多生케 ᄒ 故라. 平地와 濕地에 栽培ᄒ 葡萄ᄂ 釀造料에 適當치 못ᄒ이라.

土質

土壤은 赤色 粘土質에 砂土나 花崗石粉이 混在혼 것을 最上 適地라 ᄒ니 此 土質에셔 生長혼 葡萄로 釀酒혼 것은 (복엇도라) ᄒ는 香味가 含有혼 故라. 地下 二三尺에 小石이나 砂粒이 混在혼 地에는 根이 土壤 中에 深入치 못ᄒ고 發育養分을 枝幹에 吸取ᄒ며 地中으로 水氣를 枝幹 에만 吸上흠으로 樹勢가 强壯ᄒ고 果實이 豊熟ᄒ나니라. 此外에 花崗石 과 輕粘土와 燒石을 含有혼 土에도 可ᄒ고 又는 東으로 面혼 處와 南으로 面혼 丘坂에 粘土의 一部分믄 舍有혼 土壤이면 大抵 葡萄栽培에 適 宜ᄒ도다.

氣候

寒暖風雨는 樹木發育과 果實收獲上에 多大혼 關係가 有흠으로 氣候 는 四時變化가 一定ᄒ야 朝夕에는 寒冷ᄒ고 日中에는 暖暑혼 地方에 發育이 完全ᄒ고 果實이 豊熟ᄒ야 釀酒料에 良好ᄒ도다. 夏間에 風吹가 善通ᄒ는 地方에는 蟲害가 少ᄒ고 果實成熟의 期가 一定ᄒ야 早熟ᄒ며 秋節에 風雨가 少혼 地方에는 豊作을 占ᄒ는지라. 만일 秋間 收獲期에 雨가 多혼 地方에는 果實 破損 腐敗가 多혼 故로 釀酒用에 供給ᄒ기 不可ᄒ며 쏘는 海岸 近邊에 潮風이 多혼 地方에는 枝葉이 枯落ᄒ야 栽 培上에 不宜ᄒ도다.

撰地栽培法

一. 光線溫度의 急變이 無혼 地
一. 三月以後에 霜雪이 無혼 地
一. 貨物과 肥料의 運搬이 便利혼 地
一. 近邊에 木材가 多産ᄒ는 地(葡萄園 保護用)

一. 流水나 湧水가 不絶ᄒᆞᄂᆞᆫ 地(釀酒時에 水를 用흠)

蕃殖法

葡萄ᄂᆞᆫ 他樹보다 잘 蕃殖ᄒᆞᄂᆞᆫ 것이나 就中에 第一 安全흔 法은 杆揷과 壓條와 接木의 三種이라.

育樹園

育樹園은 葡萄의 苗木을 育成ᄒᆞᄂᆞᆫ 處인ᄃᆡ 南向흔 坂地에 土質이 肥沃ᄒᆞ고 北風이 少흔 處所를 擇ᄒᆞ야 深耕ᄒᆞ고 恒常 肥料를 施ᄒᆞ며 冬間에ᄂᆞᆫ 園의 周圍에 藁草 等으로 防寒材를 設ᄒᆞ고 園의 近邊에ᄂᆞᆫ 川溝를 通ᄒᆞ야 給水를 便ᄒᆞ게ᄒᆞ되 川水가 園內에 侵入치 아니ᄒᆞ게 注意흘지라. 園內에 植흔 幼樹ᄂᆞᆫ 斜面으로 地中에 揷入ᄒᆞ고 周圍에 柔軟흔 土粉으로 埋置ᄒᆞ며 或 幼樹 中에 疾病이나 害蟲이 發生ᄒᆞ면 곳 拔去ᄒᆞ야 燒埋흘지라. (未完)

*이하 연재물 보이지 않음

6.2. 과수원

◎ 果實 種子의 散布, 尹泰榮, 〈야뢰〉 제1권 제2호, 1907.3.
　(농학, 과수원)

植物이 花를 開ᄒᆞ고 果를 結ᄒᆞ야 種子가 生ᄒᆞ면 此 種子를 各處에 散布흘 必要가 有ᄒᆞ니 何者오. 萬一 夥多흔 種子가 同一處에 下落ᄒᆞ면 發生흘 餘地가 無흘 ᄲᅮᆫ 아니라 設令 生長ᄒᆞ야도 幼植物이 多數 叢生ᄒᆞ야

日光을 自由로 受치 못ᄒ고 營養 物質도 亦缺乏ᄒ야 完全히 發育치 못ᄒ나니 此ᄂ 植物 栽培上에 世人이 熟知ᄒᄂ 바나 自然狀態에도 亦然ᄒ지라. 是故로 一般 植物界에ᄂ 此 目的을 達ᄒ기 爲ᄒ야 果實 種子에--

6.3. 농업학

◎ 農業槪要, 中皐樵夫,〈대한협회회보〉제7호, 1908.10.
　(농업학, 농학)

▲ 제7호

　農業의 要素ᄂ 一曰 土地, 二曰 肥料, 三曰 種子揀選이로ᄃᆡ 土地ᄂ 原來 沃瘠의 區別이 不無ᄒ고 種子ᄂ 最實ᄒ 者로 揀選하기 容易ᄒ 者로ᄃᆡ 肥料ᄂ 人의 勞力을 不費키 不可ᄒ 者이며 且 況 瘠土를 變ᄒ야 沃壤을 成ᄒᄂ 者ᄂ 卽 肥料의 功이며 歉歲라도 豊年을 作ᄒᄂ 者도 卽 此에 在ᄒ도다. 然ᄒ 故로 富强을 唱ᄒᄂ 國은 肥料의 專力치 안ᄂ 者ㅣ 無ᄒ야 國內 數千里에 運輪ᄒᆯ 뿐 不是라. 牛骨 鷄糞 細魚 等을 殊方 異域에 輪取ᄒ기를 不巳ᄒ며 甚至於 人糞을 或 作粉盛袋ᄒ며 或 作塊裝載ᄒ야 輪車汽船에 搭運實多ᄒ니 於此에 肥料의 攸重ᄒᆷ을 可知ᄒ깃도다. 左에 肥料의 性質을 揭載ᄒ야 農業家에 參考에 供ᄒ노라.

苴糞法(肥料)

　糞苴ᄂ 活物類가 第一이오 其 次ᄂ 草木類오 其 次ᄂ 土石類인ᄃᆡ 今에 其 種類를 各分ᄒ건ᄃᆡ 活物類가 十二種이니 一曰 人糞, 二曰 人溺, 三曰 牛馬糞, 四曰 牛馬溺, 五曰 鷄糞, 海鳥糞, 六曰 蠶糞, 七曰 獸肉, 八曰 魚貝肉, 九曰 乾魚, 十曰 魚油, 十一曰 人髮, 十二曰 骨殼灰也오

草木類가 十二種이니 一曰 穀, 二曰 苗, 三曰 草肥, 四曰 腐肥, 五曰 廐肥, 六曰 草木灰, 七曰 穀秄, 八曰 米麥糖, 九曰 油糟, 十曰 酒糟, 十一曰 醬糟, 十二曰 海河藻也오 土石類가 十二種이니 一曰 煤, 二曰 介, 三曰 焰硝, 四曰 塵埃, 五曰 炙日泥, 六曰 硫礬, 七曰 紅砒石, 八曰 砒鑛灰, 九曰 生石灰, 十曰 溝河泥, 十一曰 川沙, 十二曰 客土也니 合 三十六種이니라.

一. 人糞者는 溫熱滋潤ᄒᆞᄂᆞᆫ 脂膏와 揮發透竄ᄒᆞᄂᆞᆫ 鹹鹽을 合ᄒᆞᆫ 故로 煦育養資ᄒᆞᄂᆞᆫ 氣가 甚强하고 植物發生케 ᄒᆞᄂᆞᆫ 勢力이 極壯ᄒᆞ도다. 灰及土水에 調和ᄒᆞᆷ이 可ᄒᆞ니 灰糞, 臘土, 合肥三合土, 及 水糞, 下肥의 類의 製法이 各有ᄒᆞ니라. 人糞者는 極히 有力ᄒᆞᆫ 肥料로ᄃᆡ 다만 惡臭가 有ᄒᆞ니 乾燥ᄒᆞᆫ 塡土를 厠中에 別貯ᄒᆞ고 杓子로 隨時掩覆ᄒᆞ야 其 臭를 防禦ᄒᆞᆷ이 可ᄒᆞ니라.

人糞腐熱釀化法 混雜ᄒᆞᆫ 物을 除ᄒᆞᆫ 人糞十荷와 雨水 或 溝水, 潦水, 長流水間, 十荷를 大桶 中에 納入 攪合ᄒᆞ야 六十日을 釀化ᄒᆞ면 糞溶如水ᄒᆞ고 其色深靑이니 是謂熱糞이오 若又過半個月餘則無效오 熱糞의 主性은 膏澤을 補化ᄒᆞ야 久效가 有ᄒᆞ니라. (釀糞者는 糞舍小屋을 預作ᄒᆞᆫ 後, 桶을 其 中에 埋ᄒᆞᄃᆡ 桶의 經은 六尺 深은 三四尺으로 ᄒᆞ고 掘地開一問 長二三問 深三四尺ᄒᆞ고 塡土와 石灰를 和ᄒᆞ야 其 內를 塗ᄒᆞ야 數日 乾燥ᄒᆞᆫ 後에 貯其人糞ᄒᆞᄂᆞ니 此를 糞溜地라 ᄒᆞᄂᆞ니라.) 塡土者는 鐵鉛金屬의 所銹化者로 與地脂相粘於土質者니 可造陶器瓦磚者라.)

灰糞製法, 生糞一荷에 草木灰 二囤을 適宜調泥ᄒᆞᆫ 者니 主性溫熱而無速效故로 多用於播種이니 是謂早肥라. (囤은 十八斗니 荒灰는 加糞末灰減量ᄒᆞ고 木灰는 與末灰同量이라.)

臘土製法, 山田亦土或紫黑土(除去小石木根精細者) 五十荷를 冬至後 二三日 或 五七日에 以生糞十荷로 均爲澆和ᄒᆞ야 置於小屋中無壁受風處五七日後 寒風이 吹射에 凍作翻花어든 反覆耕之ᄒᆞ고 待其乾而又澆生糞十荷ᄒᆞᄃᆡ 如是三遍ᄒᆞ얏다가 明年春에 攤布於場ᄒᆞ고 每日曝乾後爛搗精篩ᄒᆞ야 盛於空石ᄒᆞ야 貯在乾燥處而用ᄒᆞᄂᆞ니 主性溫煖補益化育ᄒᆞ야 使草木之根幹皮葉으로 皆能肥大而花實이 最盛故로 植木師ㅣ 甚貴之而農作

에 極有妙效니라. (未完)

▲ 제8호=農業槪要(續)

中皐樵父 述

合肥製法 黑鬆土 五十荷와 草木炭 十囤(囤 十八斗)와 米粉糖 十二囤, 合
三物을 極暑時에 鋪於場ᄒ고 澆以生糞十荷而交耕之ᄒ야 乾於太陽後에
將橫槌爛搗而精篩ᄒ야 使無木根土塊ᄒ야 盛於空石ᄒ야 貯在乾燥處ᄒ
되 若一日不能盡乾則夜覆苫藁ᄒ야 以防露濕이니라. 主性이 溫ᄒ야 能
使草木으로 肥大生長ᄒ며 葉繁花稼ᄒ고 且有餘濕之功故로 陰谷霧濕之
田에 以此培養則意外豊熟이니라.
三 和土製法 壚土 三十荷 山田赤土(或 紫黑土) 赤埴(紫赭製埴亦宜) 各
十荷, 右 三種를 耕錯於小屋中ᄒ고 澆生糞 十荷ᄒ야 釀熟 六十日ᄒ면
主性이 微溫ᄒ고 且 厚滋養이나 然無發揮上行之氣ᄒ고 專壯根莖肥大
ᄒ며 培用則根生甚速ᄒ고 且草木盆栽에 此土甚宜니라.
水肥製法 熟糞 十荷와 兩水(或 長流水) 五荷를 調合ᄒ야 休一夜用之ᄒ
면 性與熟糞同而功則少ᄒ되 凡果木不結實之樹根邊에 隔三尺掘穴一尺
六七寸ᄒ고 寒中에 用此肥則明年豊熟이니라.
下肥製法 熟糞 三荷와 雨水 四荷를 調和用之則性與水肥同而其功減半ᄒ
야 宜斟酌用之니라.
淡水糞製法 熟糞 六荷와 雨水 十八荷를 調和用之ᄒ면 性與下肥同而其
功이 薄弱ᄒ니 宜用於稚苗니라.
陳扶搖秘傳花鏡加減法 正月 十一日에 糞 七分 水 三分과 二月 十月에
糞 六分 水 四分과 三 九月에 糞水 各 半과 四 八月에 糞 四分 水 六分과
五 七月에 糞 三分 水 七分과 六月에 糞 二分 水 八分과 十二月에 糞
八分 水 二分을 和合用之則此非特種樹之良肥라 能使磽地로 化爲良田ᄒ
며 且極宜於寒地오 暖地則反害니라.

人溺 人溺ᄂ 其 性이 少滋潤之脂膏ᄒ고 多發揮之鹹醛故로 走竄滲透ᄒ며 發達化育ᄒ나니라. 凡 人糞은 持沈實厚養之性ᄒ야 使根莖으로 密且精ᄒ고 人溺ᄂ 持輕燥上行之性氣ᄒ야 使皮葉花로 專其氣而用法이 差別故로 曰 小便은 如酒ᄒ야 能令草木醉라ᄒ며 六 七月 小便 一升은 可敵多小便三升ᄒ고 八 九月 小便 三升은 可敵多小便二升也니라.

人溺釀熟法 小便 五十荷와 沐浴之汚水나 或 廚下汚水 二十荷 右三種을 調和於糞窖小屋中ᄒ야 過六七十日則能腐熟이니 主性이 溫ᄒ야 能使草木으로 壯健生長ᄒ며 葉繁花稦ᄒ고 皮 又 上品이니라.

小便稃製法 米麥稃나 其他 雜穀稃로 沈漬於小便桶中ᄒ야 過三日後에 盛於空石ᄒ야 貯在小屋ᄒ야 稍合腐朽면 主性이 溫暖ᄒ야 用於硬埴則 能使根肥而莖葉繁ᄒ고 菓菜豊熟ᄒ며 又 使植木으로 急欲生長尤妙니라.

小便灰製法 藁 及 草木灰를 如稃製法ᄒ야 過三四日後 用之則主性이 溫熱ᄒ야 蒔草木時에 和種用之則出芽甚速ᄒ고 成熟且早ᄒ며 又陰冷卑濕之地에 能有妙效니라.

▲ 제9호 農業槪要(糞苴法(續))

中皐樵夫

馬糞 馬糞은 其 性이 似人糞而柔和者也라. 少含脂膏ᄒ고 多發揮之鹽故로 膨脹之氣가 塡起土地ᄒ야 培於草木則其根이 過於肥大ᄒ고 其 幹이 速於生長이로딕 其 實은 劣於豊熟ᄒ고 惟皮葉花ᄂ 能作上品ᄒ며 且 於畏寒草木則溫養之ᄒ며 傷暑穀菜則涼育之故로 能條達乎脈理ᄒ며 强壯乎鬚根ᄒ니 培用時候ᄂ 雖未及腐熟而無害ᄒ니 植木師多乾用之ᄒᄂ니라.

(堆糞) 凡嚼食之獸ᄂ 其 糞이 消化 故로 卽 可培用於圃園어니와 而馬則不能反嚼 故로 其 糞이 未能盡化라. 故必要堆糞而用之ᄒᆯ지니 廐草ㅣ 與糞으로 乾濕相均ᄒ야 使之潤浹케 ᄒ되 沙礫之地엔 糞汁이 易爲滲漏

라. 故로 必擇硬埴之地而掘坎ᄒ고 堆糞於其中ᄒ며 又 築小堤於周圍ᄒ야 以防雨水之流入ᄒ며 雜草落葉을 混人無妨이니라.

堆糞은 最宜沈着이오 不可外氣透人이니 外氣透入ᄒ면 不能腐化ᄒ며 且欲沈着이라도 不可以脚踏之ᄒ니 每糞 一層에 薄布以土ᄒ야 要使專其蒸氣니 不然則糞質이 粗惡ᄒ야 其 量이 太減ᄒ나니 故로 善於堆糞者ᄂ 每百分에 可得二十五分之益也라. 凡 堆糞이 太久ᄒ면 其 培養之性이 爲風日所損ᄒ야 減量이 尤多ᄒ나니라.

馬溺 馬溺者ᄂ 比於人溺則柔和나 然多含硇砂焰硝之氣故로 能使作物之元氣로 增長케 ᄒ야 其 功用이 甚奇ᄒ니라.

鷄糞 鷄糞은 主性極熱ᄒ야 能溫之於陰冷ᄒ며 乾之於汚濕ᄒ고 殺蟲이 尤妙ᄒ야 培養이 皆 宜ᄒ니 硬土則軟之ᄒ며 冷處則熱之ᄒ야 若楮芋麻者ᄂ 成長이 甚速ᄒ며 橘柑葡萄ᄂ 子大味佳ᄒ며 草綿은 結子多而發花早ᄒ고 其他藍葉烟草取葉之類ᄂ 皆 作上品ᄒ나니 若 鷄糞 八斤重에 和乾鰯 十斤重ᄒ야 以用之ᄒ면 其 效ᅵ 愈長ᄒ나니라.

蠶糞 蠶糞者ᄂ 含溫煖之脂ᄒ며 多發揮之鹽故로 溫養於冷地ᄒ며 軟化於硬土ᄒ고 且 蛹與蛾ᄂ 脂油가 尤多ᄒ니라.

蠶糞製法 蠶糞 五斗에 馬糞 五斗를 渾合ᄒ야 用ᄒ면 主性溫煖ᄒ야 專氣於莖葉ᄒ나니 若培養於獨活生芌竹箚則能使芽早抽ᄒ며 又 使花實肥大ᄒ고 且 蠶蛹與蛾ᄂ 乾而用之ᄒ면 主性亦溫ᄒ야 肥養草木ᄒ고 飼魚則肥大ᄒ나니 餌飼鯉魚이 四五寸 小魚라도 三四月間에 能長一尺六七寸ᄒ며 或 至二尺ᄒ니라.

獸肉 獸肉者ᄂ 脂膏ᅵ 極盛ᄒ며 且 含溫熱氣之ᄒ야 潤澤土地故로 培養作物이 速於豊熟ᄒ며 木類ᅵ 尤多效니라.

獸肉水製法 牛馬犬猫猪鹿兎等 肉 一桶과 水 五桶을 混合沈漬於糞溜地

ᄒ되 夏則一兩月ᄒ며 冬則三四月ᄒ야 其 腐如泥ᄒ나니 若寒節速朽則
以韭葉或根으로 搗置於肉間ᄒ면 三四日內에 腐爛如泥ᄒ나니 主性溫熱
ᄒ야 培用於甘蔗紫根茜根玉芻(染草) 烟草藍葉麻枲紅花草綿則皆有妙效
ᄒ며 木類尤好ᄒ니 枇杷葡萄柹栗橘柑柚之根邊에 以此培養於寒節或春
分時而鑿穴於根邊之一尺二三寸ᄒ고 以此糞水澆乙ᄒ면 實大而味甘ᄒ
나니라.

▲ 제10호＝중고초부 業農槪要(糞苴法(續))

中皐樵父

魚貝肉 魚類之肉은 多滋養之油ᄒ야 含運動之鹽ᄒ고 貝類之肉은 有淸
凉之油鹽ᄒ야 皆肥養而惟海鰡은 小魚也로되 培養稻綿이 最有靈效니라.
魚肉水製法 海鰡과 其他 大小魚肉 一桶에 長流水四桶을 和腐於糞漕池
ᄒ야 其腐熟如泥後用之ᄒ면 主性溫熱ᄒ야 使土地로 有湧沸之勢 故로
作物에 皆有繁茂之效ᄒ고 貝肉은 主性이 上行外發 故로 專宜於皮葉ᄒ
니라.
海螺肥製法 海螺와 其他 貝類之殼薄者를 以杵로 幷殼肉ᄒ야 爛搗於石
臼如泥後用之ᄒ면 主性이 微溫ᄒ야 含有滋潤仔油와 揮發之鹽ᄒ야 作
物이 潤澤 故로 培養稻苗ᄒ면 雖旱年이나 能成豊熟ᄒ나니라.
乾魚垃魚油粕 乾魚ᄂ 海鰡이 第一이오 鰺이 次之ᄒ고 靑魚ㅣ 又 次之ᄒ
나니 乾鰯則寒時所漁가 爲上品이라 無論多夏ᄒ고 雨中所乾은 其 品이
甚劣ᄒ고 又 魚類之搾油粕은 其 效ㅣ 與乾魚로 同ᄒ니 其 油粕 則 海鰡과
海䲡가 上也ㅣ오 長鰡과 海豚이 次之ᄒ고 鱒鯖河豚이 又 次之ᄒ니라.
乾魚魚油粕糞培法 乾魚魚油粕을 細末ᄒ야 宜調和於他糞苴而用之ᄒ며
或浸腐於糞漕池而用之ᄒ나니 是謂乾魚水라 ᄒ며 或於草綿과 其他 作
物之根側에 以棒穿穴ᄒ고 理其末於穴中ᄒ나니 是謂棒糞이라 ᄒ며 又
或 以乾溺末노 刺入於草木根邊ᄒ나니 是謂圓圖糞이니 植木師鉢栽法에

一番鉢의 七八本二番鉢의 五六本式爲例ᄒᆞ야 培養果木호ᄃᆡ 若被猫鳥之掘則有害ᄒᆞ니 宜其嚴防이오 主性이 與魚肉水로 同호ᄃᆡ 潤澤溫養之氣ᄂᆞᆫ 少緩ᄒᆞ니라.

△ 活物油 活物類ᄂᆞᆫ 禽獸니 脂膏ㅣ 極多나 然이나 暖節則脂膏ㅣ 少ᄒᆞ고 寒節則多集於肩背胸筋ᄒᆞ나니 牛 則 全身이 皆 油나 死者ᄂᆞᆫ 又 減也니라.

熊及家猪取油法 熊及家猪脂膏ᄂᆞᆫ 自八九月 後로 漸凝於肩腰脊脚及胸內라가 至寒極多ᄒᆞ며 自正月復減ᄒᆞ나니 其 骨을 熬於鍋中取油ᄒᆞ면 主性이 大熱ᄒᆞ니 宜和水糞或他肥料而用之ᄒᆞ면 能使瘠地로 化腴케 ᄒᆞ나니 年年過用石灰之田에 作物이 凋瘵어든 獸油肥土米糠 三種을 調和培養ᄒᆞ면 使地膏腴케 ᄒᆞ며 又 和草木灰ᄒᆞ야 用於山間水冷之田則除陰冷之害ᄒᆞ야 稻能豊熱ᄒᆞ며 又 能殺蟲ᄒᆞ나니라.

海鰌取油法 鯨油ᄂᆞᆫ 極透明ᄒᆞ야 冬不凝ᄒᆞ나 主性이 溫熱ᄒᆞ야 草木이 繁榮ᄒᆞ고 又於稻蟲之田에 塞上下水口ᄒᆞ고 每 一段田에 取數合澆水ᄒᆞ고 以竿掃蟲ᄒᆞ면 蟲皆落死ᄒᆞ나니라.

海鰛長鰛取油法 海鰛長鰛鱒鯖河豚之類를 蒸於釜甑ᄒᆞ야 盛諸布囊而搾水取油後, 釜中水를 再次 煎熬ᄒᆞ야 幷取所浮之油而用之ᄒᆞ면 主性이 溫熱ᄒᆞ니 配合於水肥則其效ㅣ 尤著ᄒᆞ며 又 初冬에 培於田中而細耕之라가 明春種植則凡作穀物이 意外豊熟ᄒᆞ나니라. (未完)

▲ 제11호 農業概要(糞苴法(續))

中皐樵父

○ 人髮獸毛 毫毛者ᄂᆞᆫ 獸類之衣服也라 有溫煖之性ᄒᆞ며 亦多猛强發生之氣ᄒᆞ니 培用於作物則多有奇效ᄒᆞ며 人之脫髮과 及梳頭垢膩ᄂᆞᆫ 尤所尊貴者也니라.

○ 毫毛肥培養法 諸獸毛一囷과 草木灰四囷을 以小便으로 練用ᄒᆞ면 主性熱ᄒᆞ야 有滋溫之氣ᄒᆞ며 含揮發之勢ᄒᆞᄂᆞ니 培用於作物下種時則不啻

發生之速이라. 能溫煖保護ᄒ야 苗能壯健生長ᄒ며 又 六七月間에 靑稻
ㅣ 不能一齊抽葉ᄒ야 早晩參差而自然凋瘵之水田을 以此培用則其病이
速退而不能再發ᄒ며 又 櫨柑漆杮果樹之根邊에 培之以此則速爲長成ᄒ
고 其 實이 亦 豊熟ᄒ며 又 植木師ᄂ 常多用之ᄒᄂ니라.

△ 骨殼灰 活物骨殼者ᄂ 含揮發之鹽ᄒ며 多熱燥之氣ᄒ니 培用於寒濕不
熱之地ᄒ면 可以成熟이오 獸類魚類之骨과 礪蛤螺蛳蜆石決明類之殼은
可以雜燒取灰니라.

夫骨粉者ᄂ 大益於糞培者也니 昔有一匠이 多以骨材로 作刀柄ᄒ고 棄其
鉅屑於家之側이라가 己爲腐化 後에 因建屋於其地ᄒᆯ세 輸移其土於野外
러니 草忽茂蕃이어늘 尋査其跡ᄒ니 乃棄骨屑土也라. 隣人이 爭相移去
其發用棄骨土ᄒ야 至有廢用之井云이러니 其 後에 天下ㅣ 效之ᄒ야 或
以斧破ᄒ며 或以鎚碎ᄒ고 今에ᄂ 有碎牛骨器械ᄒ니 其 用이 甚便이라.
但 生骨은 多含燐酸之氣故로 必有大益於穀菜之養ᄒ며 若經煎熬而曝乾
者ᄂ 所含之膠氣가 蒸散而無功ᄒ니 宜以硫酸으로 溶化其骨而用之則功
效가 甚速이라. 故로 價直이 太高而奸商은 多賣贋品이니라.

△ 骨類糞料法 春欲培用則前年十一月에 購求骨屑ᄒ야 沈之以硫酸水而
每一日再三回攪混ᄒ야 使濕氣로 浸透而用之ㅣ 可也니라.

△ 骨殼灰製法 鯨及牛馬猪猿諸獸와 若大於魚之骨灰則可麤末이오 貝殼
之灰ᄂ 可細末이니 主性이 大溫ᄒ야 土中含油田一力이 甚强 故로 作
物成熟이 極盛이나 然이나 但 土性이 漸變膏油而埔薄故로 宜以人糞獸
肉汁魚肉水로 混和用之니 其 精氣가 最宜於花葉이오 日植甘蔗에 不以
鯨骨牛馬骨灰로 培用則甘味甚簿ᄒ야 難得砂糖이오. 又宜於藍麻絲稻雜
穀之用에 專用此灰ᄒ며 山間水冷之田에 此灰之培用이 亦甚宜也니라.
(未完)

▲ 제12호＝農業槪要(糞苴法(續))

中皐樵父

穀肥 穀肥者는 粳糯, 大豆, 小豈, 豌豆, 綠豆 蠶豆, 鵲豆, 大麥, 小麥, 蕎麥, 黍稷之類ㅣ 皆 可肥用ㅎ니 滋潤溫煖之性과 生成發達之勢가 使其 作物로 精神이 專主於莖葉及穗케 ㅎ고 於根則에 無益ㅎ니라.

大豆肥用法 大豆生肥는 專用於稻田ㅎ니 二番 耘時에 每一段 水田에 散播 大豆 四五斗ㅎ며 少或一二斗 則三伏炎暑에 泥土沸騰ㅎ야 豆悉消 化ㅎ야 肥培極良ㅎ야 大致豊熟ㅎㄴ니 一段 田에 以下用此肥者로 較之 則每多十餘斗라. 近來多以豌豆蠶豆大麥黍稷으로 代用이 性功이 些劣ㅎ 나니 但 旱年은 不可以生肥用之니 田水若 或不足ㅎ야 至於生芽則有害 ㅎ니 宜於煮用之니라.

豆肥製法 大豆 二斗 水 五斗 右를 煎減一斗ㅎ야 浸腐於桶中이라가 此 汁一斗에 和他水三斗ㅎ야 休一夜用之ㅎ면 主性이 溫煖滋潤ㅎ야 有 發達上衝之勢ㅎ야 精氣가 湊於莖穗ㅎㄴ니 不伹培用於作物이라 植木師 ㅣ 恒以此用之ㅎ니 花能穠艶ㅎ며 葉又美麗하ㄴ니라.

納豆肥製法 煮大豆五斗ㅎ야 納于空石ㅎ고 以藁厚覆ㅣ라가 經七日 後 臭惡而絲引ㅎ면 是謂納豆라 納於大桶ㅎ고 灌入熱湯一石ㅎ야 腐熟而用 之ㅎ면 主性이 溫熱ㅎ야 與人糞同功ㅎ니 諸作物培養에 皆 有功ㅎ며 又 培於極上品之菜ㅎ면 殊有妙功이니라.

苗肥 苗肥者는 田穀의 開花結實時에 翻耕爲肥ㅎ고 又 採入於水田而爲 肥者也니 第一은 豌荳오 第二는 綠荳 又 大豆 豇豆, 蠶豆, 鵲豆ㅣ 次之ㅎ 고 黍稷 蜀黍ㅣ 又 次之ㅎ고 南瓜, 西瓜, 絲瓜 菜菔이 又 其次也라. 豌豆

綠豆之苗肥는 用於水田陸田ᄒ면 皆 奏豊熟ᄒ며 作烟草에 尤 妙ᄒᄂ니 苗肥時候는 春夏 雖好나 八九月 後 蒔種이라가 明春耕耙가 最良ᄒ니라.

草肥 草肥者는 首夏에 刈採山野之靑草ᄒ야 培養麥田稻田者也라. 主性이 能使土地稀釋ᄒ며 生氣暢達ᄒ니 宜用於埴土나 然이나 比於活物之培養則功減三等ᄒᄂ니라.

埋肥 埋肥者는 一名은 軟膨術이니 凡於埴土强硬之田에 鑿穴을 如隍ᄒ되 深四尺ᄒ고 長廣은 隨宜ᄒ야 凡靑草枯草塵煤腐席菰藁諸小枝孛落木之類를 塡以一尺許ᄒ고 碎其所鑿土ᄒ야 敷以五六寸ᄒ고 其 上에 又 草肥五六寸ᄒ며 碎土五六寸ᄒ야 至於充滿ᄒ되 穴深을 無過五尺이니 此 肥는 使根으로 甚肥大케 ᄒ나니 如草薯則埋二尺이 亦 宜니라.

△ 腐肥 腐肥者는 種種 雜草를 刈聚如阜ᄒ야 數月之間에 蒸腐如泥者也니 主性이 溫煖ᄒ야 培養於田ᄒ면 補益이 頗强ᄒ야 決非草肥의 所可及이오. 比於乾鰯ᄒ면 尙減一等하니 亦 宜多用之니라.

◎ 實利農方, 이각종, 〈기호흥학회월보〉 제6호, 1909.1.
　(농학, 농업)

　　　*이각종은 〈실리농방〉이라는 교과서를 저술했음.

▲ 제6호

農業 (一) 農用土壤

　世界 六洲를 通ᄒ야 土壤이 極히 廣大ᄒ나 是必 皆農用에 適合ᄒ 者

ㅣ 아니라. 或 平原 沙漠도 有ㅎ며 或 山岳 岩石도 有ㅎㄴ니 總히 此等 土壤의 本質을 究ㅎ면 有機物 卽 草木 禽獸의 原質 及 其 腐敗 等을 含有ㅎ 者와 不然ㅎ 者의 二種으로 大別홀지니, 其中 有機物을 含有ㅎ 者ㅣ 農用 土壤을 成흠이라. 更히 此를 槪別ㅎ면 左의 五種이 有ㅎ니

一. 砂土, 二. 粘土, 三. 石灰土, 四. 墟土(노토), 五. 磽土(교토)1)가 是라.

砂土: 砂土란 者ᄂ 土 中에 十分之八, 九 以上의 砂를 含흔 者ㅣ니 此를 砂土地라 稱ㅎㄴ니 其 純粹ㅎ 砂土ᄂ 農用에 不適ㅎ되, 大抵 多少의 粘土質을 含蓄흔 者ᄂ 其性이 輕鬆(경송)ㅎ야 乾燥ㅎ기 易흠으로 耕耘에 便ㅎ야 植物에 根이 蔓延 自在ㅎ야 發育 成長흠이 容易ㅎ니라. 然而旱魃期(한발기)에ᄂ 被害가 多흔 故로 少量의 粘土, 墟土를 加ㅎ야 灌水ㅎ면 有益ㅎㄴ니 裸麥(나맥), 甘諸 等이 此 土壤에 適宜되며,

粘土: 粘土ᄂ 硅酸 '아르미ᄂ'의 化合物이니 通常 粘土ᄂ 其他 '푸ᄊᆞ슘' 石灰 曹達 소다 及 少量의 酸化--

石灰土:

燒土:

▲ 제7호

農理 [二] 土質 試驗法

土質의 區別은 右와 如ㅎ거니와 今에 鄕村에 在ㅎ야ᄂ 何者ㅣ 粘土며

---

1) 교토(磽土): 소토(燒土)의 오식.

何者ㅣ 石灰土며 又 砂土인지 一見에 是를 識別ᄒ기 困難ᄒ지라. 理化學 分析을 施치 아니ᄒ면 稍히 知키 難ᄒ지나 莫大ᄒ 費用을 要ᄒ므로 實際에 行키 難ᄒ니 故로 此를 簡易ᄒ 方法을 講ᄒ믄 實노 農家의 急務일지라. 左에 記ᄒ 識別法은 極히 簡單ᄒ야 何人이라도 實見ᄒ믈 得ᄒᆯ 샏 아니라 又 精確ᄒ믈 得ᄒ지니라.

土壤 上層의 肥瘠은 大抵 有機物을 含有ᄒ 多少에 依ᄒ야 差異가 有ᄒ니 多量을 含ᄒ 者는 肥土오 少量을 含ᄒ 者는 瘠土ㅣ라. 此를 檢ᄒ에는 最初에 土를 取ᄒ야 重量을 計ᄒ 後 此를 燒ᄒ야 其 量을 減ᄒ고, 灰白色을 呈ᄒ는 者는 有機物이 多ᄒ이니 即 肥土오 其 灰黑色을 呈ᄒ고 分量이 燃燒ᄒ기 前에와 略同ᄒ 時는 有機物이 少ᄒ이니 即 瘠地인 證迹이라. 是 有機物은 火力에 依ᄒ야 燃燒ᄒ는 性이 有ᄒ 所以니라.

上層 土壤의 深淺은 作物의 豊凶에 關ᄒ는 者인즉 能히 熟知ᄒ믈 要ᄒ지니 此를 檢ᄒ에는 田圃를 方 一尺되는 器中에 入ᄒ고 水를 注ᄒ야 全히 土를 沉澱(가라안진 것)케 ᄒ야 其 수沉ᄒ 後에 土水(웃물)를 去ᄒ고, 此를 尺度로 比ᄒ면 可히 地層의 幾十分됨을 知ᄒ지라.

粘土와 砂土를 識別ᄒ에는 田圃와 土를 取ᄒ야 乾燥ᄒ 後, --

▲ 제8호

三. 耕耘法

耕耘이라 ᄒ믄 鋤犁(서려) 又는 他의 器械로 土壤을 粉碎轉壓ᄒ는 意니 實노 作物上 必要ᄒ 事業이라. 耕耘의 目的은 第一, 地中에 空氣를 流通케 ᄒ믈 主로ᄒ고, 有機物의 醱酵作用(발효작용)을 增進케 ᄒ고 土壤으로 常히 濕氣를 有ᄒ에 在ᄒ며, 第二, 作物에 必用ᄒ 肥料를 竊취取

(절취)ᄒᆞᄂᆞᆫ 雜草를 鋤除(서제)홈이오, 第三, 土壤 中 滋養分을 良態로 變케[홈이오, 第四, 作物의 根으로 自在히 地中에 蔓延케 ᄒᆞᄂᆞᆫ 效가 有ᄒᆞ며, 第五, 土地를 輕鬆膨軟(경송팽연)케 홈이니 土地의 輕軟ᄒᆞᆫ 者ᄂᆞᆫ 水濕의 浸透를 自由自在히 ᄒᆞᄂᆞᆫ 效를 成ᄒᆞᄂᆞᆫ 者라.

其他 地中에 水潤은 配布를 適宜히 ᄒᆞ고, 又 肥料의 擴散을 均一케 ᄒᆞᄂᆞᆫ 效가 有ᄒᆞ니 右와 如홈으로 土壤은 播種前 及 作物 收穫 後에 必圭로 十分 耕鋤ᄒᆞ던지--

四. 灌水法

灌水의 必要홈은 言을 不俟홀 바니, 盖 灌水ᄂᆞᆫ 水潤을 與ᄒᆞ고 肥料를 溶解케 ᄒᆞ고 且 肥料分을 增加ᄒᆞᄂᆞᆫ 效가 有홈이라.

灌水에 用홀 水ᄂᆞᆫ 河川水가 最適ᄒᆞ고 且 利益홈이니 河流ᄂᆞᆫ 其 多量을 得홀 ᄲᅮᆫ 아니라 肥料分을 含有홈이 多ᄒᆞᆫ 所以라. 然而 此를 田圃에 灌홈에ᄂᆞᆫ 其費用이 莫大홀 ᄲᅮᆫ 아이라 旱際(한제)에 時時로 水源이 枯渴됨이 有홈으로 此 境遇에ᄂᆞᆫ 溜地水, 或 井水, 洑水(보수)를 用홈이 適ᄒᆞ니라.

凡 灌水ᄂᆞᆫ 氣候 土質에 由ᄒᆞ나 異ᄒᆞ나 要컨듸 其 時期를 不誤ᄒᆞ고 其量을 適度히 홈에 有利ᄒᆞ되 時期를 誤ᄒᆞ거나 其 量이 過不及이 有홈에 至ᄒᆞ야ᄂᆞᆫ 反히 有害ᄒᆞᆫ 者라. 然而 其 時期 及 適量은 作物의 種類에 依ᄒᆞ야 不同ᄒᆞ니(第三編 中에 分述홈)

同種의 植物이라도 或은 灌水를 好ᄒᆞᄂᆞᆫ 者도 有ᄒᆞ고 惡ᄒᆞᄂᆞᆫ 者도 有ᄒᆞ며 或은 灌水를 因ᄒᆞ야 夏日에 僅히 其 生命을 保持ᄒᆞᄂᆞᆫ 植物이 有ᄒᆞ니 粳糯(갱나, 베)가 是라. 豆類 綿莨(면랑, 담비)[2] 等은 適量의 灌水를 護ᄒᆞ고, 菜蔬類ᄂᆞᆫ 灌水의 量이 過多ᄒᆞ면 腐敗의 恐이 有ᄒᆞ고--

---

2) 면랑(綿莨): 담배.

四. 排水法

　如何히 完全 善美흔 土壤이라도 冗水(용수)를 含케 ᄒ야 過多흔 濕氣를 帶흘 時는 因ᄒ야 農作을 營키 不能홀지니 何者오 ᄒ면, 濕氣는 土地를 冷却케 ᄒ야 植物의 根으로 自由 蔓延치 못ᄒ게 ᄒ고, 冬季에는 冬枯라 稱ᄒᄂ 霜雪의 害를 被케 ᄒᄂ 事ㅣ 有ᄒ고, 不絶히 濕氣를 帶흔 土壤은 肥料의 效能을 薄케 ᄒ고, 時로 肥料를 流失케 홈으로 以홈이라. 凡 濕土는 耕鋤(경서)가 困難홈으로 作物의 味가 不美ᄒ고, 因ᄒ야 病害를 發生ᄒᄂ 事ㅣ 有ᄒ니, 此ㅣ 濕土의 排水를 要ᄒᄂ 所以라.

　排水法을 設흔 土壤은 前述흔 患害를 蒙홈이 無ᄒ나 元來 冬枯라 ᄒ야 冬季 霜雪의 害를 蒙ᄒᄂ 者는 植物의 根이 深히 地中에 不入홈으로 容易히 外寒의 侵害를 受ᄒᄂ 者니, 其 根의 深히 地中에 入키 不能홈은 土壤이 過多흔 濕氣를 帶흔 所以라. 又 地中에 水를 抱含홈이 多ᄒ면 空氣는 地中에 入키 不能ᄒ고, 空氣가 地中에 不入ᄒ면 植物은 其生을 完키 不能ᄒ니, 此는 過剩의 水濕을 排除치 아니흔 所以라. 然而 此를 行ᄒᄂ 方法을 名ᄒ야 排水法이라 謂홈이라.

　排水法을 施흔 土壤은--

肥料

　土壤에 生産力을 與ᄒ고 地味를 膏腴(고유)3)케 ᄒᄂ 物料를 稱ᄒ야 肥料라 云ᄒᄂ니 肥料의 種類가 數多ᄒ나 要컨딕 植物의 營養上 最 必

要흔 物質이 包含흔 者로써 緊要흔 農壤 肥料(농양비료)라 흠이니, 植物의 營養上 最히 必要흔 肥料 元素는 窒素(또쓰슘)4) 及 燐酸이오, 炭素, 酸素, 水素, 石灰, 曹達5)이 其次니 元來 植物은--

一. 鑛物肥料

▲ 제11호

二. 植物肥料

植物肥料 中에 在ㅎ야는 最重要흔 者난 油, 粕(박, 지게미), --

▲ 제12호

三. 動物肥料

(미완)

*12호까지 발행됨.

---

3) 고유(膏腴): 살찜.

4) 또쓰슘: 포타슘. 본래 칼륨(칼리움), 곧 알칼리 금속의 원소 K를 의미하는데, 여기서는 잘못 옮겨 온 듯하다.

5) 조달(曹達): 소다. 또는 탄산소다. 일본식 조어로 보임.

6.4. 농학

◎ 農業의 大意, 趙重應, 〈소년한반도〉 제1~5호, 1908.
(농학, 농업)

　　*농업에 대한 관심은 지속적이었으나 1900년대 교과서로는 안종수(1905)의
　　〈농정신편〉(이 책은 1881년 조사시찰단 보고서로 작성되었던 것임), 김가진
　　(1901)의 〈양잠실험설〉(광문사), 현공렴(1905)의 〈재상전서〉(학부)를 비롯하
　　여, 김진초(1909)의 〈과수재배법〉(보성사), 이각종(1910)의 〈농업대요〉(회동
　　서관/디지털 도서관 소장), 권보상 역(1908)의 〈농업신론〉(보성관), 보성관편
　　집부(1908)의 〈농업입문〉(보성관), 장지연(미상)의 〈소채재배전서〉(미상), 문
　　석원91909)의 〈신정 잠업대요〉(보성관), 김달현(1910)의 〈신찬응용비료학〉
　　(민준호), 이각종(1909)의 〈실리농방신편〉(이해조), 김재억(1910)의 〈실용과
　　재배서〉(광덕서관), 이석열 역/정우단 편(1908)의 〈양잠실험설〉(우문관), 박
　　정동(1908)의 〈초등학 농업대요〉(홍기주), 문석원(1908)의 〈최신작잠학〉(광
　　동서국) 등이 발행된 것으로 알려져 있다.

▲ 제1호

▲ 제2호　農業大旨(續)

　且使才力이 極厚하야 皆內國人民을 養하기 足흔듸도 人의 生命에 最
重흔 衣食 原料는 專히 外國에 是仰ᄒ리니 此난 全國의 生命을 擧ᄒ야
他國의 制를 受흠과 同ᄒ기로 其危險이 萬端이라. ----

▲ 제3호

　其厚積흔 力이 盤泰(반태)와 如ᄒ야 屹然 難動ᄒ며 漸進ᄒᄂ 勢는 風

潮와 同ᄒᆞ야 沛然莫禦(패연막어)ᄒᆞ기로 方今 歐美列强의 勢力이 天을 動ᄒᆞᄂᆞᆫ 듯 地를 捲ᄒᆞᄂᆞᆫ 듯 絶大 莫及ᄒᆞᆫ 運을 有ᄒᆞᆷ도 其實은 名其 國內에 __

▲ 제4호

大韓農會 趣旨書

(취지 서문은 한문 / 규칙은 국한문)

規則

第一章 名義

第一條 本會의 名은 大韓農會라 定ᄒᆞᄂᆞᆫ 事

第二章 位置

第二條 本會의 本部ᄂᆞᆫ 京城에 置ᄒᆞᄂᆞᆫ 事

第三章 主義 目的

第三條 本會의 目的은 直接과 間接을 勿論ᄒᆞ고 本邦 農林業에 關ᄒᆞᆫ 事項은 一切로써 改良發達케 ᄒᆞᆷ으로 表準을 슴ᄂᆞᆫ 事

第四章 事業

第四條 本會의 經營ᄒᆞᄂᆞᆫ 主旨ᄂᆞᆫ 全國 農民의 公共 經濟를 發達키 爲ᄒᆞ

야 其實行홀 事業의 種類를 左갓치 略定ᄒᆞᄂᆞᆫ 事
  一. 農業의 改良 發達에 關ᄒᆞ야 硏究ᄒᆞᄂᆞᆫ 事
  一. 森林業에 關ᄒᆞᆫ 事項을 硏究ᄒᆞᄂᆞᆫ 事
  一. 農林業에 關ᄒᆞᆫ 事項을 調査ᄒᆞᄂᆞᆫ 事
  一. 農林業에 關ᄒᆞᆫ 事로써 各地方에 巡廻 講話를 ᄒᆞᄂᆞᆫ 事
  一. 會報를 發刊ᄒᆞᄂᆞᆫ 事
  一. 農産物 品評會를 開設ᄒᆞᄂᆞᆫ 事
  一. 其他 農林業上에 有益ᄒᆞᆫ 事業은 一切로 勸導ᄒᆞ야 經營케 ᄒᆞᄂᆞᆫ 事

  第五章 會員

第五條 本會 會員의 區別은 四種으로써 定ᄒᆞᄂᆞᆫ 事
  一. 名譽會員
  一. 贊成會員
  一. 特別會員
  一. 通常會員

第六條 名譽會員은 本國과 外國人을 勿論ᄒᆞ고 學識과 技藝와 及 名望이
有ᄒᆞᆫ 者로써 評議員會가 推薦ᄒᆞ야 總裁가 認選ᄒᆞᄂᆞᆫ 事

第七條 贊成會員은 本會의 趣旨를 贊成ᄒᆞᄂᆞᆫ 者로써 本國人과 外國人을
勿論ᄒᆞ고 總務가 薦進ᄒᆞ야 總裁가 認定ᄒᆞᄂᆞᆫ 事
  但 贊成員은 一時에 五圜 以上 寄付金을 要홈 (未完)

▲ 제5호

第八條 特別會員은 本會에 功勞가 有ᄒᆞᆫ 者로써 評議員會가 推薦ᄒᆞ야
總裁가 選定ᄒᆞᄂᆞᆫ 事

但 特別會員은 通常會員의 代表者되야 本會 總會에 關혼 議事를 提議홈

第九條 通常會員은 本會를 成立ᄒᆞᄂᆞᆫ 基礎가 되야---

◎ 農學叢談, 金東完, 〈야뢰〉 제1권 제1호, 1907.2. (농학, 농업)

▲ 제1호

第一 園圃 月令

緒言

園圃의 解: 園圃라 홈은 果園, 花園 及 菜圃의 意味를 包含홈이니 卽 果樹 花卉 蔬菜(此 三種의 業務를 園藝라 總稱홈이라) 等 栽培에 關혼 者라. 左에 其 一年間 月令을 依ᄒᆞ야 可行홀 事項을 述ᄒᆞ노라.

園藝 思想: 園藝에ᄂᆞᆫ 緻密혼 注意와 微妙혼 知識을 要홈으로--

光武 十一年 園圃 月令

一月平
　花壇의 事爲
　菜圃의 事爲
　果園의 事爲

二月平
　花壇의 事爲

菜圃의 事爲
果園의 事爲

▲ 제2호

第一 園圃月令

三月平
  花壇의 事爲
  菜圃의 事爲
  果園의 事爲

▲ 제3호

四月小(陰曆 二月 至 三月節)
  淸明
  花壇의 事爲
  菜圃의 事爲
  果園의 事爲

▲ 제4호

五月令
  立夏
  花壇의 事爲
  菜圃의 事爲
  果園의 事爲

▲ 제5호

六月令

花壇의 事爲
　菜圃의 事爲
　果園의 事爲

▲ 제6호

七月大(陰曆五月 至六月節)
　小暑
　花壇의 事爲
　菜圃의 事爲
　果園의 事爲

◎ 殖産部, 松堂 金成喜, 〈대한자강회월보〉 제6호, 1906.12. (농업, 농학)

*제6호부터 송당 김성희가 식산부를 연재함: 제6, 7, 8, 9호까지 4회 농업

▲ 제6호

概說

　士農工商은 國民의 充分이라 一部分이 缺ㅎ면 國家不成ㅎㄴ니 四民이 職業을 各修ㅎ야 無相侵越ㅎ며 自由殖産ㅎ야 獨立生活이 卽國民團

體의 資格이라 今에 資格이 不完全흔 人이 多흠은 何也오 人種의 品質이 不良흔빈아니오 五官아 不具흔빈 아니오 但其勤勉이 不足ᄒ야 怠隳에 自甘흔 原因으로 奴隷의 性質을 作ᄒ야 目前에 溝壑이 結果라 寧不慘哉아.

士者ᄂ 自卿士以至軍人警吏庶人有祿者의 總稱이라 支那古代에 四民을 區分흘식 士ㅣ爲首ᄒ고 農工商이 次之ᄒ야 民級을 定흠이 專制國重士主義에 不過흔 故로 惟士爲榮이오 農工商은 恥之ᄒ니 於是에 耕之者少而食之者多ᄒ고 生之者寡而用之者衆ᄒ야 民散財竭에 國以貧弱ᄒ야 乃底滅亡이라 我韓이 承其獘ᄒ야 不能自振이 久矣라 況復近者에 紀綱이 頹廢ᄒ야 四民之外에 無所歸附者를 强名爲士者ㅣ比較的으로 農工商에 半之ᄒ니 詩文을 誇有ᄒ야 邊幅을 修飾者와 虛禮를 崇尙ᄒ야 高談을 馳騁者와 宦閥을 藉席ᄒ야 式斷을 肆行者와 技酒를 貪嚐ᄒ야 花柳에 駘宕者와 命數를 妄論ᄒ야 淳俗을 蠱惑者와 豁逕을 曲鑽ᄒ야 囑賂로 謀生者와 敎會를 僞托ᄒ야 殘産을 奪攘者와 狐員을 圖買ᄒ야 海峽에 出沒者와 以至剪逕刲舍에 偸盜從事者ㅣ皆不業의 人이오 强名의 士라 遊手의 害가 關係至大ᄒ야 國不自存ᄒ고 民將爲畜ᄒ야 死生與奪을 仰人鼻息ᄒ니 風潮의 激瀾이 絶島의 移泊흘 事를 試思흘지어다.

農者ᄂ 民國의 命脈이라 稼穡의 功이 歷史上에 重大흔 事業인 故로 堯舜은 臣稷而治ᄒ고 文武ᄂ 祖稷而興ᄒ며 我先王朝에도 籍田을 親耕ᄒ시며 農書를 頒行ᄒᄉ 重農主義로 艮吏를 黜陟ᄒ엿거니와 近者壓制와 剝奪이 愈甚ᄒ야 黃租數包면 白璧이 有罪라 ᄒ야 沃衍豊饒흔 地區를 一任廢棄ᄒ야 菰蘆滿目ᄒ니 全國八萬二千方哩에 耕墾이 僅爲其半則巖層道路江河外에도 閒地是多ᄒ니 엇지 可惜이 아니리오 競爭이 劇烈흔 世에 農者ㅣ在畝ᄒ고 耘者ㅣ畢出이어늘 深堂重屋에 歙手塑坐ᄒ야 他人의 奪耕흠을 待ᄒ고 天이 兩粟흠만 望ᄒ면 得乎아 外國人實業會社에서 我韓荒蕪地請求와 漁採礦務의 干涉을 試看흘지어다.

工藝ᄂ 民産에 要素라 唐虞時代에 殳斨이 皐夔로 朝班에 同列흠은 國家에 裨益이 有흔 功으로 專官을 授ᄒ며 我國에도 羅麗時代에 建築雕刻圖

繪等의 皇龍寺佛塔佛像과 萬佛山紫金樓閣과 率居僧老松畫格과 其他機織陶磁錦綺染鐵이 皆神造의 畛域이오 林材金玉의 物質이 未始不饒어늘 夫何近者에 官廳勒役과 豪族奪攘에 不堪其苦ᄒᆞ야 工業을 讎視ᄒᆞ야 父詔其子ᄒᆞ고 妻戒其夫ᄒᆞ야 技藝가 永絶ᄒᆞ니 各國과 通商以來에 所謂出口가 僅히 米穀牛皮若于種이나 此를 製造에 無意ᄒᆞ고 生物로 讓渡ᄒᆞ니 其食을 旣與ᄒᆞ고 其瀝을 丐沾홈에 何異ᄒᆞ리오 今外國人애 車船銃砲의 使用과 絲織磁冶의 物品으로 壓倒東洋ᄒᆞᄂᆞᆫ 勢力을 試看홀지어다.

商務ᄂᆞᆫ 通貨의 機關이라 國際에 進化競爭과 民生의 需要供給이 密接의 事實이니 支那中古에 官山府海ᄒᆞ야 圖倡霸業ᄒᆞ든 管夷吾와 三致千金에 修備知物ᄒᆞ든 陶朱公과 樂觀時變ᄒᆞ야 人棄我取ᄒᆞ던 白圭ᄂᆞᆫ 皆一時謀國의 良佐어ᄂᆞᆯ 我韓은 商人을 市井의 子라ᄒᆞ야 仕宦에 不齒ᄒᆞ니 此ᄂᆞᆫ 富源을 杜絶홈이오 官尊民卑ᄒᆞᆫ 謬習이어니와 商人으로 論ᄒᆞ야도 不以小安ᄒᆞ야 驟剩을 務求ᄒᆞ며 見異則遷ᄒᆞ야 專業을 不圖ᄒᆞ며 金融의 通塞과 市況에 恐慌을 夢然不覺ᄒᆞ야 雨鹽風粉에 顚倒敗散이 項背相望ᄒᆞ니 民貧則國弱은 萬古通例라 金權을 己抛ᄒᆞ고 貸路를 已讓ᄒᆞ야 外國의 製造品이 港埠에湊入홈과 市場에 卸積홈을 試看홀지어다.

然則懶怠性을 改革ᄒᆞ야 實業에 勤勉ᄒᆞᆫ 然後에야 國民의 資格을 不失ᄒᆞ리니 士農工商四業의 主要目的을 下에 論ᄒᆞ로라.

士當盡職이니 學識의 程度를 隨ᄒᆞ야 任官受秩홈에 當然ᄒᆞᆫ 職分이 自在ᄒᆞ니 政府와 人民間을 媒介ᄒᆞ야 監督權과 團體權을 共同進就ᄒᆞ며 風氣를 刷新ᄒᆞ야 生活上共濟홀 ᄲᅮᆫ 不是라 獻可贊否ᄂᆞᆫ 侍臣之職이오 擢扶良才은 選可之職이오 愼理財賦ᄂᆞᆫ 金庫之職이오 鍊兵備虞ᄂᆞᆫ 將領之職이오 處斷公允은 司法之職이오 作育教導ᄂᆞᆫ 學事之職어오 收穫成課ᄂᆞᆫ 明農之職이오 校習精藝ᄂᆞᆫ 考工之職이오 金融無滯ᄂᆞᆫ 平準之職이오 部統組合은 行警之職이오 安良戢莠ᄂᆞᆫ 力面Z職이오 演述風教ᄂᆞᆫ 社會之職이니 此에 對ᄒᆞ야 不勝任者ᄂᆞᆫ 不職科에 寘ᄒᆞ야 仕宦에 營苟心을 祛ᄒᆞ며 官民의 平等權을 與ᄒᆞ면 强名의 士도 力役을 不恥ᄒᆞ야 實業에 自進홀지니 留斯格的은 理學家로 辭宦之日에 造鞋爲業ᄒᆞ야 獨逸의 民業을 懋實

케ᄒ얏스니 心理的 實事求是가 如此ᄒ도다.

農必選種이니 其次ᄂᆞᆫ 器械修造土地改良等이라 農作物은 穀類ᄲᆞᆫ아니라 林木魚蠶牧畜等이 皆所以養民이오 本業의 制度ᄂᆞᆫ 天然的生産에 人工的을 加ᄒ야 優勝ᄒᆞᆫ 效果를 得ᄒᆞᆫ 故로 各國農學博士의 測量選種은 其方法을 論述이 已多ᄒ고 成績이 己著ᄒ니 北米의 麥棉과 西歐의 萄蔗가 善良ᄒᆞᆫ 種子아니면 品質이 엇지 世界에 擅美ᄒ리오 露國學者某가 巴里에셔 選種의 試驗ᄒᆞᆫ바를 聞ᄒᆞᆫ즉 麥一穗에 一千二百粒의 成實을 獲ᄒ얏다ᄒ니 其事의 的確ᄒᆞᆷ은 未知나 世界에 人滿이 密度에 至ᄒ면 地産의 供給이 不足ᄒᆞᆷ을 理學家가 憂之ᄒ야 此에 硏究ᄒᆯ빈라 大抵選種과 簡器와 化土等을 仿行西法ᄒ면 作物의 優利와 瘠鹵의 變沃이 不難ᄒ리니 閒曠廢棄ᄒᆯ 地가 豈有ᄒ리오 工宜分業이니 生産組織에 第一方法이라 勞力人이 一業식 分擔ᄒ야 智巧를 交換ᄒ야 一器械를 構造ᄒᆞᆷ이 方圓曲直을 各司其事ᄒ고 湊綱合目을 各適其用ᄒ야 乃完其器니 分量의 輕重과 手器의 精妙가 一或不齊ᄒ면 機關이 不成ᄒᆯ지라 故로 互益求精ᄒ야 純凝ᄒᆞᆫ 思慮로 務圖極美ᄒᄂᆞ니 歐米에 專利文憑과 保工金牌가 皆工藝의 獎勵라. 國家에 利用이 至大ᄒ니 米人 후루돈 氏의 蒸汽船物造와 英人스디분손氏의 鐵道車始製가 距今八九年事라 其國의 富强이 今云如何오 得賞賜ᄂᆞᆫ 德國에 工人이라 沙上에 埋沒ᄒᆞᆫ 一奮銳을 發見ᄒ고 模型을 製造로 拿翁의 氣勢를 摧折ᄒ얏스니 此等事業을 思量ᄒᆯ진져

商貴信用이니 資本家와 勞力家間에 對ᄒ야 信用이 無ᄒ면 借貸의 法이 豈有ᄒ리오 然則懶怠不業ᄒᆞᆫ 人이 資本이 無ᄒᆞᆷ이 아니라 信用이 無ᄒᆞᆷ이로다 英蘭銀行에ᄂᆞᆫ 預金[任實金額]에 領收証이 無ᄒᆞᆷ은 資本家의 信用이오 白耳義商業大學에 卒業人이 學熙를 帶ᄒ고 伯林銀行의 巨額을 借ᄒ야 自國의 商權을 伸張ᄒᆞᆷ은 勞力家의 信用이오 保護稅則을 設ᄒ야 輸入ᄒᆞᆫ 生粗物을 製造出口ᄒᆯ 時ᄂᆞᆫ 稅款을 豁免ᄒᆯ ᄲᆞᆫ 아니라 已納ᄒᆞᆫ 入口稅ᄭᅥ지 還給ᄒᆞᆷ은 稅關의 信用이니 故로 商利의 基礎ᄂᆞᆫ 資本이오 商權의 目的은 信用이라 ᄒ노라.

有子曰百姓足君難與不足이리오 ᄒ니 一家의 殖産이 卽一國의 殖産이

라 苟欲殖産이면 民不得不自由오 苟欲自由면 艮不得不平等이니 嗚呼
라 我韓人士여.

▲ 제7호

農業에 土地改良

松堂 金成喜

○ 殖者ᄂ 生也니 殖産이라 홈은 天然의 生産이 아니라 天地間 存在ᄒ
物에 人工을 加ᄒ야 有用性을 作ᄒ며 生産力을 增加홈이 殖産의 目的이
라. 此에 從事홈을 生産業이라ᄒ고 其 制作홈을 生産物이라 云ᄒᄂ니
其業이 아니면 生活的이 無ᄒ고 其物이 아니면 經濟的이 無ᄒ지라. 雖然
이ᄂ 人工의 部分은 資本과 勞力에 在ᄒ니 假令 五十金 資本과 五人勞力
을 與ᄒ야 五十石米生産을 得ᄒ 田域에 耕作의 方法을 改良ᄒ야 百右米
ᄅ 得ᄒ면 其利가 所費보담 加倍가 되니 此 所謂 人工의 生産이니라.
農工商業主要에 對ᄒ야 選種分業信用三題目을 前號에 記ᄒ 바어니와
此次農學 理論을 擧ᄒ면 敎育上에 順序가 自有ᄒ니 一 土地改良 二 種
子揀選 三 器械使用 四 農産製造의 四種學科라 左에 略述ᄒᄂ 窺豹 一
文에 不過ᄒ니 可歎이로다.

　一 土地改良

　土品에 壤土埴土墳土壚土塗土砂石土의 性과 鉛硫鹽灰酸의 質이 不
同ᄒ 故로 生物이 有差ᄒ니 天然的 土地에 人工의 改良은 天與人의 密
接ᄒ 關係가 此에 在ᄒ 故로 農學書曰 土質의 十分改良은 日光의 溫養
이 四分이오 水分의 滋養이 四分이오 耕耘의 培養이 二分이라 ᄒ니 總
言ᄒ면 溫養滋養培養의 三養分이 俱是人工的程度의 結果라. 其 要點을
六種에 分ᄒ니

一 土性

壤土地는 土粒과 砂粒이 混合ᄒ야 氣孔이 疎通ᄒ고 陽溫이 貫徹ᄒ야 化育力이 盛ᄒ니 如此ᄒ 上上壤土에는 厚肥의 多施를 不湏ᄒ거니와 紫黑壤과 如ᄒ 劣品에는 人馬溺尿海藻靑魚等과 酷烈性을 含ᄒ 碙礬氣等을 得ᄒ야 良ᄒ며

埴土地는 粘質無砂ᄒ야 陶民에 可供이니 發生力이 雖有ᄒᄂ 凝固中에 空氣未透ᄒ고 作物이 地下水分을 引吸치 못ᄒ야 條達이 未快ᄒ 故로 土粒을 細碎軟膨ᄒ 後에 可用이니 輕鬆ᄒ 三和客土로 其 不足을 補ᄒ며 腐藁廐肥等을 施ᄒ며 燒土法을 行ᄒ되 軟膨術에 最注意ᄒ며

墳土地는 礬石石膏等質로 合成ᄒ니 凝着力이 少ᄒ고 揮發性이 多ᄒ야 溫度가 高ᄒ면 沸揚賁起ᄒ고 作物이 軟弱ᄒ야 風雨에 靡倒ᄒ니 三和客土와 海藻海帶荇蘋水底諸草를 久久積實하며 水田에는 硫黃末을 魚油抖水에 調和ᄒ야 水口에 注入ᄒ면 稻稈이 勁ᄒ고 蟲害도 除ᄒ며 塗土地는 雨水灑洗ᄒ야 地脂가 脫失ᄒᄆ으로 粘稠質이 無ᄒ고 收濇力이 乏ᄒᆯ 샏 아니라 泥汁濃混處에 淸水湧上則地性이 甚冷ᄒ야 作物이 不成ᄒᄂ니 暗溝의 排水管이 最宜ᄒ며 草灰木炭으로 墳土에 和合ᄒ야 充塡ᄒ고 糾草土로 厚覆ᄒ며 鹹泥處에는 上流의 水를 堰止ᄒ야 時時注入脫鹽ᄒ며 溝渠泥深處에는 脂膏가 濃厚ᄒ니 赤壤土로 換施ᄒᆷ이 最宜ᄒ며

壚土地는 草木腐朽質로 成ᄒ야 眞土는 深掘乃見이라 蒸發性을 多含ᄒ야 地下根의 作物이 最宜ᄒ며 區植法으로 漆樹의 牝木百萬本(一平方里에 百萬本을 可植이오 漆木에 有實者ㅣ 爲牝)을 培養ᄒ면 十年에 至ᄒ야 萬石의 實을 可得ᄒᆯ지오 隨年增加ᄒ야 大事業이 될지라. 鎭壓法을 行ᄒ고 動物骨灰와 右灰의 肥를 施ᄒ면 禾穀荳粟도 成熱ᄒ며

砂石地는 水分과 土脈을 先通ᄒ여야 可以種植이니 細砂와 軟砂에는 風化作用과 施肥分量에 依ᄒ야 成實ᄒ거니와 磧礫地層에는 茵蔯豨薟野豌豆等의 滋蔓이 速ᄒ 草類를 包土下種ᄒ야 三四年에 開墾ᄒ며 花岡巖層과 如ᄒ 地에는 楊榭櫨樗等의 養根이 易ᄒ 樹類를 植ᄒ야 十年에 至ᄒ야 伐採起土ᄒ고 干鰍으로 施肥ᄒᆯ지라. 一儒生이 入山讀書ᄒᆯ식 初秋에 林藪를 火燒ᄒ고 生木數千株를 地面에 距離를 均排ᄒ야 列揷ᄒ고 春

溫에 至ᄒᆞ야 揷木을 盡拔ᄒᆞ고 地孔에 粟種을 下ᄒᆞ야 收穫의 美績을 獲ᄒᆞ얏다 ᄒᆞ니 此ᄂᆞᆫ 心土에 氣溫이 己人ᄒᆞ고 經冬雨雪에 樹皮腐爛ᄒᆞ야 土性을 助熱ᄒᆞ야 穀物로 하야곰 營養分의 吸收를 完全케 흔 故니라.

二 灌漑

灌漑ᄂᆞᆫ 遠流河川의 氣溫흔 水가 必要ᄒᆞ니 冷泉의 水를 灌漑할 境遇에ᄂᆞᆫ 溝渠를 透迤ᄒᆞ야 日光을 恰受흔 後에 注入ᄒᆞ며 秋季冬間에 草田苗圃에도 灌漑를 行ᄒᆞᄂᆞ니 此ᄂᆞᆫ 水流의 浮遊物을 沈澱ᄒᆞ야 滋養分을 增加ᄒᆞᄂᆞᆫ 目的이라. 其法이 緩流에 在ᄒᆞ니 田間溝渠에 句配(傾斜度)를 一00二分에 定ᄒᆞ야 漸漬流溢케 ᄒᆞ되 速流를 切忌ᄒᆞᄂᆞ니 速流ᄒᆞ면 地脂에 養分을 洗去ᄒᆞᄂᆞᆫ 害가 反有흘지라. 二毛作의 田은 (猶今稻田의 作麥) 初秋에나 春季에나 旱甚흔 時에 溝內에만 緩流ᄒᆞ야 沈泥의 利用을 計圖ᄒᆞ되 濕潤地에ᄂᆞᆫ 不宜ᄒᆞ니라.

三 排水

雨量이 多흔 時에 潦水를 排泄흘 ᄲᅮᆫ 아니라 濕潤粘重흔 地에 水氣가 滯溜ᄒᆞ고 空氣가 不透ᄒᆞ야 土性이 漸冷흔즉 作物이 不成ᄒᆞᄂᆞ니 田間에 暗溝를 多設ᄒᆞ고 燒土陶鑄흔 排水管을 理흘지나 此ᄂᆞᆫ 勞費가 多ᄒᆞ야 遽議키 難ᄒᆞ니 簡易흔 法으로 田間四五尺의 除溝를 造ᄒᆞ고 䶫朶木束夾板等으로 中通ᄒᆞ게 塡充ᄒᆞ고 糾草土로 堅築흔 後에 本土로 平埋ᄒᆞ되 溝의 深은 牛耕時에도 陷崩에 不至케 ᄒᆞ여 出水口에ᄂᆞᆫ 築堰止水ᄒᆞ야 沈泥作用으로 肥料를 得ᄒᆞᄂᆞ니라.

四 客土

同一흔 土性으로 客人홈은 無效ᄒᆞ니 埴壚砂三土로 互易ᄒᆞ며 壤墳塗

三土로 交換ᄒ되 地底層의 土ᄂ 不良ᄒ니 最注意ᄒᆯ지니라.

五 燒土

燒燻은 埴土에 最宜라. 大槪 猛火로 急燃ᄒ면 作物에 反害가 有ᄒ니 可燃性의 藁籾豆箕等을 田中에 堆積ᄒ고 點火ᄒᆫ 時에 土片으로 周匝掩覆ᄒ야 出外ᄒᄂ 熖을 防止ᄒ고 慢火로 徐徐燃燒ᄒ야 土片의 黑色이 勁固ᄒ거던 田中에 均布ᄒᄂ니 有人이 埴土로 作團ᄒ야 每炊飯時에 入竈慢燒ᄒ야 多多積實ᄒ고 凡蔬苽藍茜蕪菘等에 碎點ᄒ야 良效ᄅᆯ 得ᄒ얏스니 此亦燒土의 一法이니라.

六 休開

吸收力이 强ᄒᆫ 穀種을 不施厚肥ᄒ고 一性耕作ᄒ면 良土라도 變瘠ᄒᄂ니 此等田은 休開이 可ᄒᄂ 一任放棄ᄒ면 氣孔이 閉塞ᄒ야 滋養力을 反失ᄒᄂ니 速敷ᄒᆯ 闊葉樹ᄅᆯ 田中에 植ᄒ야 三四年 後에 伐採種穀ᄒᆫ즉 根株ᄂ 入地通溫ᄒ고 落葉이 腐朽助肥ᄒᆷ으로 收穫이 優美ᄒ니 所植의 闊葉樹ᄂ 桑木이 最宜ᄒ고 坪 田中에 距離ᄅᆯ 疎排ᄒ고 壢條의 三四間씩 互隔ᄒ야 正行으로 桑與楮ᄅᆯ 植ᄒ고 耕作을 幷行ᄒ야도 有效ᄒ며 坪 替易法은 地下根의 諸芋等 一年之上莖의 麻苧等一年씩 交替耕作이 亦可ᄒ니라. (未完)

▲ 제8호

農業의 種子揀選
松堂 金成喜
○ 天下의 財原과 人類의 需要物이 一切農界上으로부터 生産ᄒᄂ 故로 職業上經濟大要ᄂ 春耕秋穫에 在ᄒ거니와 殖産의 目的을 論ᄒ면 同一

호 土地와 同一호 農物에도 生産力을 增進호며 收穫量을 倍獲코져호는 競爭時代에 大問題니 英美의 麥棉과 普法의 葡蔗가 엇지 天雨鬼輸호 物이리오. 土地의 種植으로 興業養民호야 五洲에 稱覇홈은 人工의 生産을 增殖호야 學問上人 已十호고 人十巳百호는 造詣에 達호 비라. 如此호 意義로 前號에 上地改良方法을 先述호얏거니와 種子學은 植物學에 最主要호 專門이라. 其揀選採集호는 法을 泰西及日本學士諸氏의 試驗成績에 依호야 其 結論의 要旨를 摘錄如左하니

(一) 植物體와 機官 莖根葉의 作用으로 管養分을 攝收호야 植物體의 生長을 管轄홈은 發育機官이오 種子의 特有호 現象으로 死後遺傳을 準備호야 或 雌雄의 兩性으로 細胞를 接合호며 或 穗端과 枝間에 卵子形을 成호며 或 自體의 一部를 分離호야 新植物을 成홈은 生殖機官이니라.

(二) 植物花胎의 作用 種實은 花胎의 結果라. 花의 雌蕊雄蕊가 一花에 同着도 호며 或 一株에 雜居도 호며 或 別株에 各生도 호느니 雌蕊는 柱頭와 子房이 緊要호 部分이라. 柱頭는 花粉을 受호야 粘液을 分泌호고 子房으로 引導호야 種子를 生호며 雄蕊는 花絲와 葯이 緊要호 部分이라 葯이 花絲頂端에 位호고 花粉이 葯片內胞에 生호야 種子를 成호면 葯片이 裂開호야 花粉이 飛散호느니라. (稻麥花雌雄의 媒助法은 澳國博士 荷衣氏와 日本津田氏가 成績을 得홈)

(三) 植物種子의 構造 種子는 種皮와 胚乳와 胚의 三部가 最主要호 者니 胚는 植物生氣를 貯藏호는 庫요 胚乳는 植物幼稚호 時에 滋養分을 與호는 職이요 種皮는 胚와 胚乳를 保護호는 兵이니라. 植物學圖本을 參考홈이 可홈)

(四) 種子의 熟期 作物의 一年生多年生을 勿論호고 一定호 時期에 達호면 發育機能을 停止호고 子孫의게 遺傳을 勉力홈으로 管養分을 貯藏호느니 故로 種子의 熟度가 發芽에 關係가 大호지라 泰西學者의 檢査호 成績을 據호즉
一 乳熟期니 粒子는 靑色을 帶호고 水分을 含有호야 內部에 乳狀液이 存호 者오.

二 黃熟期니 粒子는 黃色이 顯ᄒ고 內部에 粘厚凝固ᄒ 蠟質이 存ᄒ 者오.

三 完熟期니 粒子는 稃의 脫落이 容易ᄒ고 內部가 硬化ᄒ야 爪로 壓碎키 不能ᄒ며 稃은 全혀 黃色으로 自色에 漸進ᄒ 者오.

四 枯熟期니 粒子는 附着力이 甚弱ᄒ고 內部는 强頑ᄒ야 壓碎ᄒ면 暴音이 發ᄒ며 稃은 脆弱ᄒ야 挫折ᄒ기 甚易ᄒ 者니라.

(五) 種子用에 採集時期 種子가 熟度를 隨ᄒ야 變化ᄒ는 故로 採集의 早晚을 硏究試驗ᄒ 農學士의 歧論이 多ᄒ되 黃熟期의 取ᄒ 種子는 發芽가 速ᄒ고 粒色의 償値가 高ᄒ나 重量이 乏ᄒ야 收額이 損ᄒ고 完熟期의 取ᄒ 種子는 粒實이 堅硬ᄒᆯᄯᅮᆫ 아니라 發芽力이 豊盛ᄒ고 枯熟期의 取ᄒ 種子는 發芽力이 强ᄒ나 硝子質의 惡性이 遺傳ᄒ야 不良한 子孫을 生ᄒ다 ᄒ이 第一實際의 試驗이라 然則大小麥種子用은 完然期에 取ᄒ고 食品用에는 黃熟期에 限ᄒ며 水稻種子用은 枯熟期에 取ᄒ고 (稻에는 硝質이 少) 食品用에는 完熟期에 限ᄒ며 蕃茄類種子用은 黃熟期에 限ᄒ다ᄒ니라.

(六) 種子의 虛實 試驗ᄒ는 方法은 器械의 裁制가 複雜ᄒ 則 殫述ᄒ기 不能ᄒ거니와 簡單ᄒ 法은 紅熾炭上에 種子를 投ᄒ면 燃燒ᄒ는 現狀이 發芽力이 實ᄒ 者는 回轉反復ᄒ야 爆聲이 發ᄒ고 虛ᄒ 者는 僅少히 潑烟ᄒ야 徐徐燒燼ᄒ며 截面을 檢定ᄒ에는 大小麥에 截面은 蠟黃色이 良ᄒ며 稻에 截面은 潤滑色이 良ᄒ고 靑色褐色及無色은 不良ᄒ니라.

(七) 種子의 大小와 重量 同一ᄒ 品種으로 同一ᄒ 株根이라도 種子大小의 差等이 有ᄒ니 此의 發芽勢를 檢査ᄒ 즉 大ᄒ고 堅硬ᄒ 者가 豊苗를 出ᄒ나 細粒에 産額이 多ᄒ 者도 有ᄒ니 硬實이 最佳하며
同一ᄒ 容積이라도 重量의 差等이 有ᄒ니 德國學士試驗에는 大麥一粒에 四八九三五미리ᄭ람 小麥一粒에 二七七三미리ᄭ람이 最良ᄒ며 日本學士試驗에난 水稻一升에 六六〇匁이 最重이라 ᄒ니 重量이 超加ᄒ 者도 堅硬이 乏ᄒ 者난 不良ᄒ니라.

(八) 種子의 浸漬 大小麥은 水一升에 鹽五匁 水稻난 水一斗에 鹽三匁이오 旱稻陸稻는 鹽量을 次第減殺라 ᄒ은 日本札幌學校에 試驗成績이

오 大小麥을 五十五度溫湯에 十分乃至十五分間을 浸ᄒ면 麥奴와 菌을 預防ᄒ고 子牙를 促進ᄒ다 홈은 米國學校에서 實驗ᄒᆫ 빈나 稻麥種子를 水三分鹽一分에 浸ᄒ면 發芽力과 生長力의 用이 大ᄒ며 熟期도 早速ᄒ며 收獲量이 多ᄒ다 홈은 近日東西洋學者의 主唱ᄒᄂ 빈니 十五分間을 浸ᄒ면 泡沫이 生ᄒ고 水素가 化合ᄒ야 酸素를 遊離ᄒ다 ᄒ니라. (以下 次號)

▲ 제9호

農業의 種子揀選(續)
松堂 金成喜

　(九) 種子의 部位 稻ᄂ 穗先(穗의 上部先熟者)이 良하며 大小麥은 穗中(穗의 中央部 稍大者)이 良ᄒ며 荳科類ᄂ 莢의 中央部와 玉蜀黍ᄂ 腹에 中央部가 良ᄒ며 菽瓜類ᄂ 一番成(初次結實)의 果柄近部에 生ᄒ 者와 茄子類ᄂ 二番成(再次結貴)의 果柄近部에 生ᄒ 者가 良ᄒ니 熟期早速하며 産額이 豊饒ᄒ니라.
稻麥의 種子가 母本에셔 生ᄒ 者가 枝穗에셔 生ᄒ 者 보담 最良ᄒ야 遺傳力이 强ᄒ고 發芽勢가 大ᄒ나 母本의 揀別이 容易치 못ᄒᆫ지라 泰西學者의 研究코자 ᄒᄂ 빈어니와 大小麥의 枝穗最盛ᄒ 者ᄂ 二十七八株가 되나니 母本種子의 所産을 分別키 難ᄒ니라.
　(十) 種子의 雌雄 稻種에 男種女種이 有ᄒ니 一穗中에 男七八分이오 女二三分이라 其 形體ᄂ 長短이 不等ᄒᄂ 男種은 上下銳ᄒ고 女種은 上下鈍ᄒ니 種物用에ᄂ 女多男少홈이 最宜ᄒ니라.
　(十一) 種子의 新舊와 生麾의 關係 東西學者의 實驗ᄒ 者ㅣ 多ᄒ니 活力의 保存期ᄂ 大小麥과 蕎麥은 五年이오 大麻와 亞麻ᄂ 八年이라 ᄒ며 坐 四五年을 經ᄒ 䔃瓜種子ᄂ 物體ᄂ 雖弱ᄒ나 産額이 多ᄒ고 品味가 良ᄒ며 二三年 經ᄒ 菜豆豌豆種子ᄂ 物體가 强ᄒ고 熟期가 早ᄒ며 三年을 經ᄒ 南瓜種子ᄂ 雄花少ᄒ고 雌花多ᄒ야 産額이 富ᄒ고 開花結實期

가 俱早ᄒᆞ니라.

(十二) 種子를 發芽 種子를 購買時에 虛實을 試驗코져 ᄒᆞ면 器具가 複雜ᄒᆞ거니와 少時間電氣를 與ᄒᆞ야 七八時間이 되면 發芽를 始ᄒᆞ며 七十二時間이 되면 發芽의 形勢가 電氣를 不受ᄒᆞᆫ 者부담 十分의 三이 增加ᄒᆞ며 生長ᄒᆞᆫ 植物에도 電氣로 繼續ᄒᆞᆫ즉 成熟을 促進ᄒᆞᄂᆞᆫ 功이 有ᄒᆞ다 ᄒᆞ니라.

(十三) 三種子의 儲藏 一年用種子라도 發芽力의 關係가 儲藏에 在ᄒᆞ니 注意ᄒᆞᆯ 빅어니와 意國人 某가 五十年前에 西曆 四世紀頃에 封植ᄒᆞᆫ 古墳中에 得ᄒᆞᆫ 「야구루막기구」 一種과 「쓰메구ᄉ」 一種(皆草種)이 能히 開花ᄒᆞ얏다 ᄒᆞ며 二千年을 經ᄒᆞᆫ 英國古墳中에 出ᄒᆞᆫ 「기이지곳」 種子가 結實ᄒᆞ얏다 ᄒᆞ니 此를 確信키 難ᄒᆞᄂᆞ 理論上에 推究ᄒᆞ면 藏實가 旣密ᄒᆞ야 空氣가 不入흠으로 外部의 作用을 防止ᄒᆞ야 活力의 保持가 長久ᄒᆞᆫ 빅니라.

(十四) 種子의 眞僞鑒定 奸商의 欺騙이 多흠으로 歐米에셔ᄂᆞᆫ 市長이 郭大鏡과 顯微鏡으로 鑒定ᄒᆞᆫ 後에 出賣케 ᄒᆞᄂᆞ니 無機雜物의 土石等과 有機雜物의 他劣種을 混合ᄒᆞ야 重量을 加흠은 詳察ᄒᆞ면 綻露ᄒᆞ거니와 着色塗油와 炙蒸ᄒᆞᄂᆞ 弊ᄂᆞ 化學的試驗이 아니면 眞僞를 難辨이라. 蒸炙ᄒᆞᆫ 者ᄂᆞ 發芽試驗器에 入ᄒᆞ야 七八時면 生死를 可見이오 着色塗油ᄒᆞᆫ 者ᄂᆞ 試驗管에 入ᄒᆞ고 酒精을 加ᄒᆞᆫ 數時에 少量의 水를 添ᄒᆞ면 塗油ᄒᆞᆫ 種子ᄂᆞ 透明ᄒᆞᆫ다 ᄒᆞ며 一法은 種子를 盛水器中에 投ᄒᆞ고 樟腦小片을 入ᄒᆞ면 水上에 回轉不止ᄒᆞ고 塗油ᄒᆞᆫ 者ㅣ 在ᄒᆞ면 樟腦가 靜止不動ᄒᆞᆫ다 ᄒᆞ니라.

▲ 제10호

○ 本報第七號土性改良條中壚土性이 染木의 栽培가 宜하다 하얏거니와 染樹의 種植法과 染實의 採蠟法을 玆에 追揭하야 備考케 하노라.

一 漆樹種稙法

漆性이 寒地에는 山陽이 宜하고 暎地에는 山陰이 宜하니 十二月上旬에 漆實을 臼中에 搗하야 外殼의 蠟氣를 脫케 하고 又 其 核을 微溫水로 洗去하되 五六日을 如是하야 蠟氣가 無케혼 後에 藁囲(俗名 명석)에 入하야 土中에 埋하며 藁稈으로 覆하고 頻頻히 澆水溫養하야 翌年 二月에 芽가 生하거던 調田移植하고 當年 九月 葉落後에 手指로 試引하야 拔흠에 拔出키 易혼 者는 直立根이오 拔出키 未易혼 者는 橫蔓根이니 直根者는 牡木이라 無實하니 拔去하고 橫蔓者는 牝木이라 有實하니 培養흠이 宜하며 坯 牡木拔出혼 後에 其穴에 糞水을 多澆하면 翌年에 牝木의 苗가 生하느니 大抵漆木苗가 一尺三四寸이 長하거던 移栽가 可하며 苗長을 隨하야 厚培하면 五年에 花開하고 六年에 實結하느니라.

二 漆實採蠟法

古人이 다만 漆樹의 膠腋을 取하더니 日本佐藤信淵이 採蠟法을 비로쇼 發明하니 十月에 枯熟實을 採摘하야 十二月에 臼搗作末하야 鐵釜沸湯 上에 杜木을 橫實하고 杠木에 布筵하고 筵上에 搗末을 撒蒸하며 再히 布囊에 入하야 爛蒸後에 搾蠟機에 入하야 大木으로 槌혼즉 蠟이 機底孔에 滴出하며 又再搾時에는 荏油를 加入하야 蒸搾하기를 如初하고 又 搾出혼 蠟으로 鍋中에 溶解하야 木箱에 移瀉하고 箱을 大桶上에 寘하고 桶中에 冷水을 寘혼즉 木箱孔中으로 蠟이 冷水에 流滴하거던 手로 强揉하야 席上에 曬乾하느니 蠟燭製造用에 最要하고 其他 哭械工作에 廣用하느니라.

◎ 農者는 百業의 根이오 幸福의 原因이라,
   荷汀生 金晚奎, 〈태극학보〉 제4호, 1906.11.

   *농업의 의미와 농업사

▲ 제4호

遊牧時代에 農業

農耕時代의 農業

▲ 제5호

商業時代의 農業

工業時代의 農業

農業의 要務

▲ 제6호

第二節 勞力

第三節 資本

◎ 農學叢談, 金東完, 〈야뢰〉 제1권 제1호, 1907.2. (농학, 농업)

▲ 제1호

第一 園圃 月令

　緖言

園圃의 解: 園圃라 홈은 果園, 花園 及 菜圃의 意味를 包含홈이니 卽 果樹 花卉 蔬菜(此 三種의 業務를 園藝라 總稱홈이라) 等 栽培에 關혼 者라. 左에 其 一年間 月令을 依ᄒ야 可行홀 事項을 述ᄒ노라.

園藝 思想: 園藝에ᄂ 緻密혼 注意와 微妙혼 知識을 要홈으로--

　光武 十一年 園圃 月令

一月平
　花壇의 事爲
　菜圃의 事爲
　果園의 事爲

二月平
　花壇의 事爲
　菜圃의 事爲
　果園의 事爲

▲ 제2호

第一 園圃月令

三月平
　花壇의 事爲
　菜圃의 事爲
　果園의 事爲

▲ 제3호

四月小(陰曆 二月 至 三月節)
　淸明
　花壇의 事爲
　菜圃의 事爲
　果園의 事爲

▲ 제4호

五月令
　立夏
　花壇의 事爲
　菜圃의 事爲
　果園의 事爲

▲ 제5호

六月令

花壇의 事爲
  菜圃의 事爲
  果園의 事爲

▲ 제6호

七月大(陰曆五月 至六月節)
  小暑
  花壇의 事爲
  菜圃의 事爲
  果園의 事爲

◎ 쏠도 液, 한상기, 〈태극학보〉 제15호, 1907.11. (농업)

◎ 農業槪要, 권보상, 〈야뢰〉 제1권 제3호, 1907.4. (농학)

▲ 제3호

  世人이 言必稱호딕 韓國의 農業은 未開라, 韓國의 農地ᄂᆞᆫ 未堅이라 ᄒᆞᄂᆞ니 此ᄂᆞᆫ 或有其理ᄒᆞ나 皆其眞相은 未深ᄒᆞᆫ 言論이라. 我國은--

▲ 제4호=농학용어 해

    (용어해로 되어 있으나 실제로는 설명문임)

緒言

第一節 農

▲ 제5호

第二節 作物

▲ 제6호＝제2절 작물(속)

목축업(민영환 관련 내용 포함)

典圃局

◎ 農學說, 李沂, 〈호남학보〉 제6호, 1908.11. (농학)

　　*농학초계라는 책이 있었을 것＝각 주제에 대한 항목을 차례대로 역술했으나,
　　해당 주제가 무엇인지를 밝히지 않음 〈1〉, 〈2〉, 〈3〉으로 표시함

▲ 제6호

　　農學之見於古者ㅣ 惟周官糞壤之法과 李俚代田之術이로딕 而其詳을
又不可得聞ᄒ니 則姑置之勿論이오 我韓素稱爲農國ᄒ고 愚亦生長農家
나 然以其所常聞見而言之ᄒ면 天時旱澇를 不得捍禦矣오 地味沃療을
不得更改矣오 人功巧拙을 不得通變矣라. 故로 其耕其出이 亦大同而小
異而己라. 雖在閉關自守之時에도 猶不免口多食寡ᄒ야 國計之虛絀과
民生之困苦ㅣ 有不可勝言者어든 而況今拓植社ㅣ 已至成立ᄒ야 其利害
得失之數ㅣ 現在眼前ᄒ니 農學講究ㅣ 亦己晩矣라. 然而今日之備ㅣ 或
有明日之效니 則 豈可遽自暴棄哉아. 故로 玆以農學初階로 謄載如左ᄒ

노라.

農學初階 〈1〉[6)

一 溫度와 植物

動物과 植物은 適當흔 溫度를 得ᄒ야 生長繁植ᄒᄂ 것이니 만약 溫度가 適宜치 못ᄒ면 完全히 生育지 못ᄒᄂ니 假令 植物이 春에 生長ᄒ고 夏에 繁茂ᄒ고 秋에 紅葉을 成ᄒ고 冬에 至ᄒ야 枯木狀을 成흠은 皆溫度關係에 由흠이니라.

　　一 植物은 適當흔 溫度를 得ᄒ야 生育ᄒ며
　　二 植物이 異흠에 從ᄒ야 各其溫度가 亦異ᄒ며
　　三 植物은 最低흔 溫度와 最高ᄒᄂ 溫度에ᄂ 生育ᄒ기 不能ᄒ니라.

二 播種의 時節

收穫物의 多量과 또 品質의 優等을 得코져 ᄒ면 반다시 下種期節에 住意ᄒ지니 下種期節에 不適흔 作物은 完全흔 生育을 不遂ᄒ고 生育에 完全치 못ᄒ면 또 收穫이 不多ᄒ니라.

　　一 同一흔 作物이라도 土地가 異ᄒ면 下種期節이 異ᄒ며
　　二 下種期節이 異흠은 氣候와 土質이 不同흠에 由ᄒ며
　　三 種子의 發芽ᄂ 氣候 及 溫度에 因ᄒ며
　　四 溫度가 適흔 時ᄂ 速히 發芽ᄒ며
　　五 溫床을 用ᄒ면 期節을 不拘ᄒ고 發芽ᄒᄂ니라.

---

6) 〈1〉은 주제 구분을 위해 입력자가 붙인 것임.

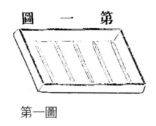

第一圖

三. 發芽와 水分

種子는 適當한 溫度及空氣流痛하는 處에 직하고 水分을 與하면 土中이 아니라도 能히 發芽하느니 如何한 種子라도 水盆이 欠乏한 時에는 發芽가 遲하니라. 土圖와 곳치 發芽試驗器에 布를 載하야 兩端을 器重에 垂하야 水五六分에 入하면 布兩端으로붓터 水를 吸土하야 適當히 濕한 後에 種子를 下하야 發芽케하느니라

　一 發芽에는 溫度와 空氣外에 水分을 要하며
　二 發芽에는 日光을 必要치 아니하며
　三 下種後 乾燥한 時에는 水를 注하야 水分의 不足을 補하며
　四 稻種을 水의 浸홈은 발아를 용이케 홈이라

四 種子의 大小와 輕重

種子는 內皮 外皮 胚及胚乳가 有하니 譬컨듸 稻種의 穀은 外皮오 糠은 內皮 오 米는 胚乳오 米의 一端白部는 胚中小芽는 胚乳를 養料삼아 生長하고 地上에 出하야는 土中과 空氣中으로 養料를 吸取하느니라

　一 胚乳의 胚는 乳母의 小兒와 如하니 稚植物은 全혀 胚乳를 因하야 生長하며
　二 完全한 種子와 半切한 種子를 蒔하면 其生長이 大差하며
　三 大하고 重한 種子는 小하고 輕한것보다 完全히 生長하며

四 近來水選及鹽水選法等을 用홈은 此를 爲홈이며

五 發芽試驗器에 各種種子를 蒔ᄒ야 物育ᄒᄂ 狀을 試ᄒᄂ니라

五 母本의 良否

種子를 選홈은 未來收獲을 위홈이니 作物의 品秩을 改良코져 홀진딕 몬져 母本을 選홀지니 種植物의 性質善惡이 皆遺傳ᄒᄂ니라

一 純良ᄒ 母本에 結實은 良種이 되며

二 不良ᄒ 母本에 結實은 惡種이 되며

三 每年純良ᄒ 母本을 擇ᄒ야 종자를 採ᄒ고 다시 其中 純良ᄒ 것을 選ᄒ야 用ᄒ면 作物의 性質을 漸次改良ᄒᄂ니라

六 種子의 新舊

種子ᄂ 年月을 久經ᄒ면 發芽ᄒᄂ 力을 減ᄒᄂ니 故로 一兩年內에 採取ᄒ 種子를 用홈이 可하니라.

一 新種子를 功斷ᄒ면 其 面에 素有ᄒ 潤澤色이 有ᄒᄂ 舊種子ᄂ 不然ᄒ며

二 新種子ᄂ 몬져 穉根이 生長ᄒ고 次에 穉芽가 出ᄒᄂ 舊種은 不然ᄒ며

三 發芽試驗器에 新種과 舊種을 홈게 試驗ᄒ면 新種은 發芽가 多ᄒ야도 舊種은 不然ᄒ며

四 亞麻와 胡瓜ᄂ 三四年 經ᄒ 種子를 可타 ᄒ니 此ᄂ 例外며

五 發芽力을 減ᄒᄂ 根因은 貯藏 中 空氣에 觸ᄒ 바와 或은 寒暖이 變홈을 遭遇홈에 有홈이니라.

七 播種의 深淺

各種 植物이 幼稺時에는 種子 中에 含有흔 養料를 因ᄒ야 生育ᄒ고 莖葉이 地上에 出ᄒ야는 비로소 他를 因ᄒ야 養料를 吸取ᄒᄂ니 覆土가 過深ᄒ면 害가 有ᄒ니라.

一. 種子가 小흔 것은 覆土를 淺케 흠이 可ᄒ며

二. 種子가 大흔 것은 覆土를 深케 흠이 可ᄒ며

三. 至小흔 種子는 土를 覆ᄒ야 發芽치 못ᄒ는 境遇에는 切藁와 或 稻殼을 覆ᄒ며

四. 溫度와 空氣와 水分을 適當케 ᄒᄂ니라.

八 整地의 目的

農作物의 根은 大抵 軟弱ᄒ야 土壤이 堅硬ᄒ면 本直흔딕로 伸長ᄒ기 難흔 故로 播種과 或 移植ᄒ기 前에 土壤을 堀起ᄒ야 土塊를 碎ᄒ고 雜草를 除ᄒ야 田圃를 淸潔케 ᄒᄂ니 此를 整地라 云ᄒᄂ니라.

一. 人馬의 通行 及 降雨 等을 因ᄒ야 土地가 堅硬흔 故로 土塊를 碎ᄒ고 瓦石을 去ᄒ야 土地를 軟厚케 ᄒᄂ니 土地가 軟厚ᄒ면 作物의 生長이 最宜며

二. 作物의 生長이 宜ᄒ면 生産物이 多ᄒ고 且 品質도 佳良ᄒ니라.

農學初階

一 墾起碎土의 器具

農業上에 必要ᄒ을 器具는 犁와 鋤와 鍬와 鍤과 牛耙와 鎌과 木耙이니 就中鋤鍬鎌이 最緊要흔 것이니라.

一. 犁는 鐵로 造홈이 居多ㅎ니 其 價가 貴ㅎ고 本邦作農에 多用ㅎ며,

二. 鋤는 土를 剗起ㅎ야 作物根을 培ㅎ고 雜草를 掘去ㅎᄂ니 此를 鐵로 造ㅎ야 使用에 輕便케 ㅎ며,

三. 鍬는 土를 起ㅎ야 土塊를 碎ㅎ고 雜草를 除ㅎᄂ 等事에 兼用ㅎ기 便利ㅎ며,

四. 鍤은 溝를 浚ㅎᄂ 것이니 質은 木으로 造ㅎ야 柄이 長ㅎ고 末端은 半月形과 如ㅎ며 鐵刃을 甲ㅎ고 兩邊에 大索을 繫ㅎ야 一人은 柄을 執ㅎ고 二人은 索을 引ㅎ야 土를 掘ㅎ며,

五. 牛耙는 土塊를 碎ㅎ야 地를 均케 홈에 用ㅎ며,

六. 鐵三鉤[소시랑]는 堆肥를 積ㅎ고 또 甘藷類를 收穫홈에 用ㅎᄂ니라.

二 耕鋤의 深淺

耕鋤ㅎ기 淺케 ㅎ면 作物根이 任意로 伸長치 못ㅎ야 能히 生長치 못ㅎᄂ 故로 深耕홈이 最宜ㅎ니라.

一. 深耕홈은 作土를 增深케 ㅎ며,

二. 土壤이 軟厚홈으로써 空氣가 流通ㅎ야 肥料의 分解를 促ㅎ며,

三. 根이 深케 伸長ㅎ면 旱害를 免ㅎ며,

四. 一時深耕ㅎ 時ᄂ 下層에 有害物을 上層에 致ㅎᄂ 害가 有ㅎ나 後ᄂ 無害ㅎ며,

五. 栽培ㅎᄂ 作物에 由ㅎ야 耕鋤의 深淺이 自異ㅎ니라.

三 日光과 植物

萬物은 太陽의 變形物이라 ㅎᄂ 日光은 最大 緊切ㅎ 것이니 此가 無ㅎ면 一日도 生存치 못ㅎᄂ니라.

一. 暗地에 生長ㅎ 植物은 初에 其 色이 黃白ㅎ고 畢竟에 枯死홈은

陽氣가 通化치 못ᄒᆞᆫ 故이며,

二. 密生ᄒᆞᆫ 植物이 軟弱ᄒᆞᆷ은 日光이 不足ᄒᆞᆫ 바ㅣ며,

三. 日光은 植物에 體를 强剛케 ᄒᆞ며, 四. 良苗를 得코져 ᄒᆞᆯ진ᄃᆡ 日光이 適當ᄒᆞᆫ 地에 苗板을 設ᄒᆞ며, 五. 蔥과 獨活 等을 軟弱케 ᄒᆞ고져 ᄒᆞ면 日光을 遮ᄒᆞᄂᆞ니라. (未完)

▲ 제7호＝農學(農學初階(續))

四 播種量

異種作物에 播種量이 不同ᄒᆞᆷ은 勿論ᄒᆞ고 同種作物이라도 播種ᄒᆞᄂᆞᆫ 方法이 異ᄒᆞᆫ 時에ᄂᆞᆫ 其量이 不同ᄒᆞ니 必要ᄂᆞᆫ 過不足이 無케 ᄒᆞᆯ지니라.

一 疎播ᄒᆞᆷ은 地面을 虛費ᄒᆞ고 收穫ᄒᆞᆯ 量이 亦少ᄒᆞ며

二 密播ᄒᆞᆷ은 種子를 多費ᄒᆞ고 發芽 後에 日光이 透射치 못ᄒᆞᆫ 故로 倒靡ᄒᆞᄂᆞᆫ 弊가 有ᄒᆞ며

三 作物中에 密播ᄒᆞᄂᆞᆫ 것은 細線을 用ᄒᆞᄂᆞᆫ 亞麻(어자커)와 夏間帽 子에 用ᄒᆞᄂᆞᆫ 麥稈 等物이니라.

五 施肥

作物의 收穫을 多得코져 ᄒᆞᆯ진ᄃᆡ 肥料를 施ᄒᆞ기 不怠ᄒᆞᆯ지니 或은 肥料를 不施ᄒᆞ야도 農産物이 多數ᄒᆞ다 ᄒᆞ나 비록 肥沃ᄒᆞᆫ 土壤이라도 連年肥料가 無ᄒᆞ고 作物을 栽培ᄒᆞ면 養料가 漸次 減耗ᄒᆞ야 農産을 減却ᄒᆞᄂᆞ니 此를 地力이 衰耗ᄒᆞ다 云ᄒᆞᄂᆞ니라.

一 作物을 收穫ᄒᆞᆯ 時ᄂᆞᆫ 地中의 養料를 作物이 吸盡ᄒᆞ얏ᄉᆞ며

二 養料를 吸收ᄒᆞᆫ 故로 後番農作을 爲ᄒᆞᆷ에 施肥ᄒᆞᆯ 必要가 生ᄒᆞ며

三 土壤이 瘠薄ᄒᆞᆫ 地에 養料를 不補ᄒᆞ면 作物이 生育지 못ᄒᆞᄂᆞ니라.

六 施肥量

肥料는 作物栽培上에 缺치 못홀 것이나 土地肥瘠과 作物種類에 因ᄒ야 施用ᄒᄂ 量이 異ᄒ니라.

　一 施肥는 農作에 每番施홈도 有ᄒ고 或은 不施홈도 有ᄒ며

　二 一次農作에 數次式施홈도 有ᄒ며 或은 前作에 施ᄒ고 後作에 不施홈도 有ᄒ며

　三 氣候가 溫暖ᄒ고 또 溫潤ᄒ 地方에ᄂ 徐徐히 分解홀 肥料를 用ᄒ고 此에 反ᄒ 地方에ᄂ 溶解ᄒ기 易ᄒ 肥料를 用ᄒ며

　四 吸收蓄力이 强ᄒ 粘土ᄂ 一次 施肥홈이 足ᄒᄂ 砂土ᄂ 數次 施肥ᄒ며

　五 下種과 又 移植홀 時에 施ᄒᄂ 肥料를 元肥 또 基肥라 ᄒ고 其 後에 施ᄒ 것을 加肥 또 補肥라 ᄒᄂ니라.

七 蠶의 掃取

春氣가 方暖ᄒ야 桑樹가 發芽ᄒ거든 貯藏ᄒ얏던 蠶種을 蠶室에 出送ᄒ야 蠶을 取出ᄒᄂ니 依例 春分節에 蠶種을 室內에 置ᄒ야 溫度를 加ᄒ 則 其 色이 漸變ᄒ야 靑色을 帶ᄒᄂ니 此를 催靑이라 云ᄒᄂ니라.

　一 蠶室에 移置ᄒ야 漸次 溫度를 加ᄒᄂ 時ᄂ 大抵 二週日間에 卵化ᄒ며

　二 最初에 卵化ᄒ 것과 最後에 卵化ᄒ 것은 除去ᄒ고 其 中間에 發生ᄒ 것을 掃取ᄒ야 飼育ᄒ며

　三 家蠶은 卵化홀 時ᄂ 黑色이오 全體에 細毛가 生ᄒᄂ니 此 時ᄂ 蟻虫이라 ᄒᄂ니라.

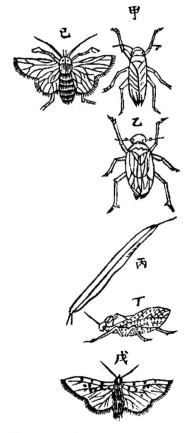

第二圖

八 作物의 害蟲

作物을 成良增進코져 흘진된 몬져 昆蟲의 大要를 知흘지니 其 形狀
과 性質을 詳知치 못ᄒ면 益蟲을 殺ᄒ고 害蟲을 保護ᄒᄂ니라.

　　一 螟蟲은 一年에 二次 發生ᄒᄂ는 것과 三次 發生ᄒᄂ는 것이 有ᄒ니
　　　　皆稱莖中에 入ᄒ야 害가 有ᄒ며

　　二 浮塵子(飛蟲이니 身黑翅白ᄒ고 頭有絮ᄒ야 天陰時 群飛ᄒ면 遠

望에 如雲霞故로 一名은 雲霞)는 二十餘種이 有ᄒ니 一年에 四
五次 發行ᄒ야 稻莖과 稻葉液汁을 吸收ᄒ며

三 僞瓢蟲은 茄子와 甘諸葉을 蝕ᄒ며

四 其他 天牛, 蝗, 蛄蟖烏蠋(桑蟲) 水蝨(囓人蟲) (사루ᄒ무시) (壁鏡
박휘) 蚜蟲 木蠹 等이 有ᄒ니라.

九 害蟲預防

作物에 害되는 者ㅣ 各種이 有ᄒ나 其 最害者는 昆蟲이니 昆蟲 中에
作物의 莖과 葉을 食ᄒ는 者ㅣ 有ᄒ고 或은 根을 食ᄒ는 者ㅣ 有ᄒ고
或은 莖, 葉, 根에 液汁을 吸ᄒ는 者ㅣ 有ᄒ니라.

　　一 害蟲이 發生ᄒ 後에 除去홈은 不及ᄒ 慮가 有ᄒ니 故로 發生ᄒ
　　　 기 前에 預防ᄒ며

　　二 害蟲이 發生홀 時에는 一介라도 輕忽치 못ᄒ며

　　三 驅除預防은 一人의 力으로 能치 못ᄒᄂ니 一區 一村 或은 數村
　　　 이 竝力ᄒᄂ니라.

農學初階

一 霜雪

秋冬의 霜은 作物에 害가 無타 ᄒ나 早秋에 結實이 未熟時에 霜이
降ᄒ면 其 害偏多ᄒ고 且 季春發芽 後에 降ᄒ는 霜은 芽를 枯死케 ᄒ는
故로 害가 有ᄒ니라.

　　一 霜은 天晴風靜ᄒ 曉夜에 多ᄒ며,

　　二 天陰風吹ᄒ 時에는 霜이 無ᄒ며,

　　三 霜害를 防ᄒ랴면 田圃에 烟을 燻ᄒ고 或은 日出前에 作物에게
　　　 水를 灌ᄒ며,

四 朝暉를 不受ᄒᄂᆫ 地ᄂᆫ 霜害를 免ᄒᄂ니라.

二 田植

稻苗를 田에 移植홈을 田植 又 移秧이라 ᄒᄂ니라.
　一 一年一耕田은 季冬의 土壤을 耕起ᄒ야 陽氣를 曝曬ᄒ고 季春에
　　整地ᄒᄂ 一年二耕田은 收穫後에 地를 均平케 ᄒᄂ니라.
　二 一株의 苗數가 多ᄒ고 株間이 疎혼 거보담 一株의 苗數가 少ᄒ
　　고 株間이 密혼 것이 勝ᄒ며,
　三 株間을 縱橫正直케 ᄒ고 且 淺植ᄒᄂ 것이 宜ᄒ며,
　四 揷秧은 陽暖風靜혼 日에 行ᄒ며, 五 移秧홀 時에 秧苗를 傷치
　　안토록 ᄒᄂ니라.

▲ 제8호＝農學(農學初階)

三 植苗法의 疎密

植苗法의 疎密은 他日에 收穫홀 實效를 爲ᄒ야 土質과 品種을 擇ᄒ야
植ᄒᄂ니라.
　一 肥沃혼 土地에ᄂᆫ 株間을 廣케 ᄒ고 薄土에ᄂᆫ 狹케 ᄒ며
　二 種子의 品質이 異혼 故로 分蘖力의 多少가 有ᄒ니 分蘖力이 多혼
　　것은 苗數를 少케 ᄒ고 分蘖力이 少혼 것은 苗數를 多케 ᄒ며
　三 晚稻ᄂᆫ 早稻보담 苗數를 少케 ᄒᄂ니라.

四 植法의 淺深

作物栽培中에 下種과 移植이 切當ᄒᄂ 深殖홈은 不可ᄒ니 미양 移秧
홀 時에 雇人을 多用ᄒ야 奔忙히 事役홈은 良法이 아니니라.

一 深植ᄒ면 根이 發育ᄒ기 不能ᄒ야 近延ᄒ고 淺植ᄒ면 根이 發育ᄒ기 宜ᄒ야 遠延ᄒᄂ니라.

二 故로 苗株가 倒靡치 안토록 淺植홈이 最宜ᄒ니라.

五 蠶體의 名稱

蠶兒를 飼育홈에ᄂ 蠶體 各部 名稱을 熟知홀지니라.

一 蠶兒ᄂ 頭 及 身에 十二環節이 有ᄒ며

二 脚은 胷에 三對, 腹에 四對, 最後에 一對가 有ᄒ니 化蛾홀 時에ᄂ 胷脚三對만 餘存ᄒ고 其他ᄂ 盡消ᄒᄂ니라.

三 第十一節 背上에 突起ᄒ 것은 尾尖이며

四 氣穴은 第一節 及 第四節로부터 第十一節ᄭ지 其間 兩測에 在ᄒ야 空氣를 呼吸하며

五 第五 及 第八節 背上에 斑紋이 有ᄒ니 八節에 斑紋은 生卵器가 되고 五節에 斑紋은 化蛾時에 羽가 生ᄒᄂ 處이니라.

六 眼은 左右에 各 六個式 有ᄒ며

七 體內通明ᄒ야 曲結홀 繩樣으로 二筋이 有ᄒ니 此ᄂ 絹絲脈이라 云ᄒᄂ니 絲가 生ᄒᄂ 處이니라.

六 蠶의 性質

蠶은 二眠蠶, 三眠蠶, 四眠蠶의 區別이 有ᄒ니 四眠蠶의 性質을 左에 記ᄒ노라.

一 蠶兒ᄂ 初生時에 色黑有毛ᄒ나 稍長ᄒ야ᄂ 體毛를 脫ᄒ고 灰白色을 成ᄒ며

二 蠶兒ᄂ 生長時에 食을 止ᄒ고 靜息ᄒᄂ 時가 四次이니 此를 眠이라 云ᄒ고 且 化蛹, 化蛾 及 卵化를 合ᄒ야 七次가 되며

三 四眠ᄒ 間을 齡이라 ᄒᄂ니 生長ᄒᄂ 中間에 五次齡이 有ᄒ니

第五齡에 至ᄒ야ᄂ 桑을 最盛히 食ᄒ야 體長이 二寸이 餘ᄒ고 終末에 食을 止ᄒᄂ 時에ᄂ 身體가 縮小ᄒ고 通明ᄒᄂ니 此를 滿項蠶이라 ᄒ며

四 滿項蠶은 上薪後 二周日에 繭을 結成ᄒ야 繭內에 變化爲蛹ᄒ며 二三周日間에 化蛾ᄒ야 繭을 脫出ᄒ야 産卵ᄒᄂ니라.

七 養蠶上에 用語

養蠶上에 用語ᄂ 各 地方이 不同ᄒᄂ 大略은 左와 如ᄒ니라.
　一. 蠶에 桑을 與흠을 給桑이라 ᄒ고 眠ᄒ기 前에 與흠을 止桑이라 ᄒ고 眠起後 最初에 與흠을 覺眠桑이라 ᄒ며
　二. 蠶을 飼ᄒᄂ 具를 蠶席이라 ᄒ고 生長홀 時에 蠶席을 他에 增置 흠을 分箔이라 ᄒ며
　三. 蠶糞을 除흠을 除糞이라 ᄒ며
　四 繭을 作成ᄒᄂ 具를 薪이라 ᄒᄂ니라.

八 蠶의 飼育法

飼育法은 冷蠶, 溫蠶, 兼冷溫蠶 三種區別이 有ᄒ니 冷蠶을 育ᄒᄂ 法은 全혀 天然으로 委置ᄒ야 暫時라도 火氣를 不用ᄒ고 溫蠶을 育흠은 人力으로써 終始 溫度를 加ᄒ고 兼冷溫蠶을 育흠은 寒冷홀 際에만 火氣를 用홀 ᄲᆞᆫ이니라.
　一 蠶室內에 空氣를 流通케 ᄒ며
　二 蠶室과 蠶具를 淸潔케 ᄒ고 除糞ᄒ기를 不怠ᄒ며
　三 分箔을 適當케 ᄒ야 疎密흔 弊가 無케 ᄒ며
　四 溫氣가 太過흠을 避ᄒ고 溫氣가 適當케 ᄒ며
　五 給桑ᄒᄂ 多少量과 番數를 錯誤케 아니ᄒ며
　六 濡桑과 雨桑과 露桑을 與치 아니ᄒ며

七 上薪後에도 空氣의 流通과 溫度와 濕度에 加減을 注意홀지니라.

(새로운 장절이 시작되는 부분으로 보임)

一 雜草의 害

農作物에 害되ᄂᆞᆫ 草를 雜草라 云ᄒᆞ니 雜草ᄂᆞᆫ 農作物에 比ᄒᆞ면 寒暑風雨를 堪耐力이强ᄒᆞ니 除ᄒᆞ지 아니ᄒᆞ면 作物이 生育지 못ᄒᆞᄂᆞ니라.
    一 雜草ᄂᆞᆫ 作物의 吸收ᄒᆞᄂᆞᆫ 養料를 奪ᄒᆞ며
    二 雜草가 繁茂ᄒᆞ면 作物을 掩倒ᄒᆞ고 日光을 遮ᄒᆞ며
    三 日光을 遮ᄒᆞᄂᆞᆫ 故로 土壤을 冷케 하ᄂᆞ니라.

二 田에 除草

稻田은 依例 四五次를 除草ᄒᆞ나 我國 農作法은 三次에 不過ᄒᆞᄂᆞ니라.
    一 第一次 除草ᄂᆞᆫ 移植後 十數日을 經ᄒᆞ야 苗根이 稍伸ᄒᆞ거든 水를 減ᄒᆞ고 鴈爪(小鋤)로 細密히 株間을 括起ᄒᆞ며
    二 第二次 除草ᄂᆞᆫ 第一次後 一週日을 經ᄒᆞ야 田面을 平均케 ᄒᆞ고 同時에 雜草를 除ᄒᆞ며
    三 其後 十日內外間에 三次 四次 五次 除草를 行ᄒᆞ며
    四 最後 除草ᄂᆞᆫ 每樣 翌年에 雜草가 生치 못ᄒᆞ게 預防ᄒᆞᄂᆞᆫ 것이며
    五 除草홈은 雜草를 除ᄒᆞ고 土壤을 軟厚케 ᄒᆞᄂᆞ니라.

三 稻田에 灌漑

灌漑ᄂᆞᆫ 稻苗의 水氣와 養料를 與ᄒᆞᄂᆞᆫ 法이니라.
    一 移植後에 水深이 一二寸이 되면 適當ᄒᆞ며
    二 稻가 穗를 孕홀 時브터 漸次 水深을 增加ᄒᆞ고 開花時에ᄂᆞᆫ 三四

寸 深케 호고 結實時에는 水를 排出호야 田面을 燥乾케 호느니
此 時期에 排水치 아니호면 米質을 損호며

三 灌漑를 溫暖케 호야 養料를 含有케 호느니라. (以下次號)

▲ 제9호

四 農作物栽培上에 用語

作物栽培上의 用語는 左와 如호니라
一. 麥과 油菜 等은 冬에 栽培호는 故로 冬作이라 호며
二. 稻와 大豆 等은 夏에 栽培호는 故로 夏作이라 호며
三. 或作物을 他作物 收穫훈 地에 耕作호는 時에는 一은 前作이라
호고 一은 後作이라호며 或作間에 他作物을 交作호면 此를 間
作이라 호며
四. 每年 同作物을 同地에 作홈을 連作이라 異種을 換호야 作홈을
換作이라 호느니라.

五 換作 及 連作

換作과 連作은 前章에 說明훈 故로 利害諸條를 左에 揭호노라.
一. 連作은 利益이 少호고 換作은 利益이 多호며
二. 後作은 前作의 餘存훈 養料를 利用호며
三. 大抵 作物은 種類가 異훈 故로 其 相害되는 것도 亦異호니 換作
호는 時에는 其 害를 免호며
四. 作物 中에 連作호야 利益훈 것이 有호니 假令 棉과 藍과 甘藷
等이니라.

六 亢旱

오리 降雨치 아니홈을 亢旱이라 ㅎㄴ니라.

一. 日氣가 久旱ㅎ면 土中에 水氣가 空乏ㅎ며

二. 水氣가 空乏ㅎ면 何植物이라도 生長치 못ㅎ며

三. 水ㄴ 土中養料를 溶解ㅎ야 植物體內에 運致ㅎ며

四. 粘土ㄴ 旱時에 龜坼ㅎ야 植物根을 傷害ㅎ며

五. 土壤은 地下에 水가 有ㅎ 故로 外面이 乾燥ㅎ야도 自然水氣가
有ㅎ니 旱害를 豫防ㅎ랴면 土壤을 深耕ㅎ야 軟厚케 ㅎ야 根이
深處에 伸入ㅎ도록 用意홀지니라.

七 土壤의 毛管(細管) 引力

布紙 或은 細孔管 一端을 水에 侵ㅎ야 水를 引上ㅎㄴ 力을 毛管引水
라 ㅎㄴ니라.

一. 管孔이 小홀스록 水를 吸上ㅎㄴ 力이 强ㅎ며

二. 土粒의 隙間이 小ㅎ면 水를 吸上ㅎㄴ 力이 强ㅎ며

三. 粘土ㄴ 隙間이 小ㅎㄴ 砂土, 礫土ㄴ 隙間이 大ㅎ며

四. 粘土ㄴ 毛管引力이 强ㅎ고 砂土, 礫土ㄴ 弱ㅎ며

五. 毛管引力이 弱ㅎ면 旱害를 易被ㅎㄴ니라.

八 水源

河水ㄴ 吾人의 飮料가 되고 又 灌漑홈에ㄴ 引水機械를 使用ㅎ며 川,
溪, 澤 等水ㄴ 機械가 無ㅎ야도 我國 農地에 灌漑ㅎ기 便利ㅎ니라.

一. 雨雪은 水에 源이니 雨雪이 小ㅎ 地方에ㄴ 水源이 乏ㅎ며

二. 森林이 多ㅎ 地方에ㄴ 水源이 不乏ㅎ며

三. 自古로 雪은 豊年徵兆라 云ㅎ며

四. 我國은 雨雪이 多흔 故로 五穀이 豊熟ᄒ며

五. 沙漠地方은 植物이 生育지 못ᄒᄂ니라.

九 森林의 功用

我等의 居住, 家屋과 日用器具, 器械와 薪炭과 至於死後棺槨까지 皆 樹木을 用ᄒᄂ니라.

一. 樹木 中에도 衣食, 居住에 原料되ᄂ 것이 多ᄒ며

二. 樹木의 功劾ᄂ 또 氣候를 調和ᄒ고 雨雪이 多量케 ᄒ며

三. 山에 樹木이 多ᄒ면 落葉이 堆積ᄒ야 雨水를 吸收ᄒ며

四. 樹根이 四方에 蔓延ᄒ야 山이 不崩ᄒᄂ니 山林을 濫伐ᄒ면 大 雨時에 洪水가 多ᄒ니라.

農學初階 〈4〉

一 鳥類의 功害

鳥類ᄂ 蟲을 食ᄒᄂ 것과 農作物의 種子莖葉을 食ᄒᄂ 것이 有ᄒ니 蟲을 食ᄒ면 害蟲을 除ᄒᄂ 功이 有흔 故로 益鳥라 ᄒ고 作物을 害ᄒᄂ 것을 害鳥라 ᄒᄂ니라.

一. 從地理鳥, 山雀, 四十雀, 啄木鳥, 鶺領, 鶯, 鷦鷯, 梟, 白鷺, 燕, 繡眠兒, 鶉 等을 益鳥라 ᄒ며

二. 鳥類ᄂ 恒常 作物種子를 食ᄒᄂ 雛를 哺ᄒᄂ 故로 昆蟲을 捕食 ᄒ며

二 蟲類의 功害

蟲類에도 農作物을 害ᄒᄂᆫ 것과 害蟲을 食ᄒᄂᆫ 것이 有ᄒ니 作物을 食ᄒᄂᆫ 것을 害蟲이라 ᄒ고 害蟲을 食ᄒᄂᆫ 것을 益蟲이라 ᄒᄂᆫ니라.

　一. 螟蟲, 浮塵, 螽斯, 地蠶, 螟蛉, 蘘蟲, 蛄蜇, 天牛, (一名 黃金蟲) 金龜子, 尺蠖蟲, 象鼻蟲, 椿象, 蚜蟲(壁鏡박휘) 等은 作物을 害ᄒ며

　二. 瓢蟲, 히메기구스이, 쇼미무시水虱, 蜻蜓, 螳螂, 蟋蟀, 斑猫, 寄生蜂, 시리앙에무시 等을 益蟲이라 ᄒᄂᆫ니라.

　三. 益蟲을 保護ᄒ야 蕃殖케 ᄒ고 害蟲을 驅除ᄒ야 豫防ᄒ니라.

三 摘芽

農作物의 芽ᄅᆯ 摘採ᄒᆷ을 摘芽라 ᄒᄂᆫ니 果樹, 茄類, 棉, 南草 等은 摘芽ᄅᆯ 行ᄒᆷ이 甚宜ᄒ니라.

　一. 作物에 實效ᄅᆯ 肥大케 ᄒ고져 ᄒᆯ진딗 無用ᄒᆫ 芽ᄅᆯ 摘去ᄒ야 其 養料ᄅᆯ 移ᄒ야 作物을 完全케 ᄒ며

　二. 果樹ᄂᆫ 結實ᄒᄂᆫ 年과 不結實ᄒᄂᆫ 年이 有ᄒ니 摘芽ᄅᆯ 行ᄒ면 此弊 無ᄒ며

　三. 摘芽ᄅᆯ 行ᄒ면 品質이 佳良ᄒ고 收量이 多ᄒ니라.

四 同化作用

葉表裏에 多數ᄒᆫ 小孔이 有ᄒ니 蓋ᄂᆫ 氣孔 又 呼吸孔이니 氣孔은 葉表보다 葉裏에 多ᄒᄂᆫ 浮草와 如ᄒᆫ 것은 表에 有ᄒ고 裏에 無ᄒ니라.

　一. 氣孔은 空氣의 乾濕과 日光의 多少에 有ᄒ야 開閉ᄒ며

　二. 葉은 日光의 流化ᄒᆷ을 受ᄒ야 空氣中으로 吸收ᄒᄂᆫ 氣體에 養料와 根으로 吸收ᄒᄂᆫ 體液에 養料ᄅᆯ 消化ᄒ야 新物質을 作ᄒ야 植物을 生長케 ᄒᄂᆫ니 此ᄅᆯ 同化作用이라 云ᄒ며

　三. 植物의 葉이 有ᄒᆷ은 動物의 胃가 有ᄒᆷ과 如ᄒ니라.

五 日光과 同化作用

暗處에 生育ᄒᄂᆫ 植物은 重且大ᄒᄂᆫ 假物質을 生成홈이 아니오 水氣
에 由ᄒ야 增大홈이니라.
  一. 日光을 受ᄒ면 同化作用홈이 盛行ᄒ야 其 中에 生成ᄒᄂᆫ 物質
     이 多ᄒ 故로 生長홈이 速ᄒ며
  二. 日蔭地의 植物은 其 色이 黃白ᄒ야 生長치 못ᄒᄂᆫ 故로 密播密
     植ᄒ 作物은 其 生長홈에 有害ᄒ니라. (以下次號)

◎ **各種學이 不如農學, 尹柱瓚, 〈호남학보〉 제9호, 1909.3.**
  (농학)

時代의 古今과 世界의 東西를 不問ᄒ고 何로 由ᄒ야 國力이 伸張ᄒ며
民智가 啓發ᄒ야 文明軌道에 進ᄒ며 富强事業을 做ᄒᄂᆫ냐 ᄒ면 敎育上
學問中으로 産出홈은 智者를 不俟ᄒ야 明ᄒ려니와 新學問이라 ᄒᄂᆫ 範
圍가 甚廣ᄒ고 種類가 甚多ᄒ야 禮樂射御書數의 舊規를 一邊에 閣置ᄒ
고도 政法醫兵工商의 新學이 愈出愈奇ᄒ야 博物館陳列品이 耳目을 眩
慌ᄒ듯 賞花室綺羅叢이 精神을 奪去ᄒ듯 歐美 國에 留學人과 公私校에
脩業生이 仕宦特性이 有홈인지 安逸習慣이 有홈인지 所學은 皆 政治法
律이오 所究는 皆聲光重化오 實業學에는 頓不留心ᄒ며 一不着手ᄒ니
豈不慨歎이리오. 蓋邦은 民으로써 本을 삼고 食으로써 天을 삼ᄂᆫ니 邦
이 民이 아니면 何依ᄒ야 立ᄒ며 民이 食이 아니면 何賴ᄒ야 生ᄒ리오.
故로 大則國家가 其 富强ᄒᄂᆫ 業을 欲圖ᄒ며 文明의 化를 欲開ᄒ야도
農에 在ᄒ며 小則人民이 生産의 事를 欲旺ᄒ며 契活의 樂을 欲遂ᄒ야도
亦農에 在ᄒᄂᆫ니 若 農業이 不興ᄒ야 食道가 維艱ᄒ즉 百姓이 流離ᄒ야
四方이 散亂ᄒ고 田畝는 荒廢ᄒ야 千里가 蕭條ᄒ리니 然ᄒ즉 土地가
雖曰 肥沃이는 不毛沙漠과 何異며 人民이 雖曰 衆多ᄒᄂᆫ 游手丐乞과

奚殊ᄒ리오. 或曰 此는 往昔未開ᄒ 時의 适論이오 今日은 交通ᄒᄂ 道가 大開ᄒ야 宇內萬國이 其 有無를 相資ᄒᄂ 世에ᄂ 國家의 富强과 人民의 産業을 增旺코져 ᄒ진ᄃᆡ 工商만 專用ᄒ야 世界의 財權을 籠絡ᄒ며 天下의 商務를 操縱ᄒ즉 農業을 不務ᄒ여도 穀物이 自至라 ᄒᄂ 是ᄂ 井蛙의 局見이라. 設又一步를 流ᄒ야 農을 全廢ᄒ고 木食毛茹ᄒᄂ 邃初玄風에 返ᄒ야 其 生을 得遂ᄒᄂ 道가 自有ᄒ다 ᄒ진ᄃᆡ 貨物이 山積ᄒ야도 貿易의 必要가 絶ᄒ지니 工商의 用을 何待ᄒ리오.

且夫 古의 農은 其 義가 狹ᄒ더니 今의 農은 其 義가 大ᄒ야 世界上 現存ᄒ 芸芸萬物 中 金石鑛物類를 除ᄒ 以外에ᄂ 凡水陸間 充備ᄒ 動植飛潛의 類가 農業範圍에 不屬ᄒ 者ㅣ 無ᄒ니 然ᄒ 故로 衣食住로부터 日用ᄒᄂ 千種萬品이 農産物이 아니면 其 從出ᄒᄂ 源이 塞ᄒᄂ지라. 是以로 或者의 說갓치 一國의 金錢經濟를 爲ᄒ야 工商의 捷經으로 世界의 財物을 吸收코져 ᄒ야도 農의 産出ᄒᄂ 原料物이 無ᄒ면 何物로써 工業製造材料를 供ᄒ야 商業의 貿易에 從ᄒ리오. 設或 他道에 依ᄒ야 工商을 辦ᄒ드라도 全國人民을 養育키 難ᄒ고 人民養育ᄒ기로 ᄒ주ᄒ여도 人民生命의 最重ᄒ 衣食原料를 專히 外國에 是仰ᄒ리니 此ᄂ 全國生命을 擧ᄒ야 他國에 受制ᄒ면 其 危險이 何如타 ᄒ리오.

方今 歐美列强의 勢力이 天을 動ᄒ며 地를 捲ᄒ야 絶大莫及ᄒ 運을 有ᄒ도 其實은 各其 國內에 一夫一家의 農民이 耕作을 勸勉ᄒ야 産業의 根本을 培植發達케 ᄒ 功效에 出ᄒ이라. 話顧를 一轉ᄒ야 吾東洋으로 論之ᄒ면 其 傳來習慣이 泰西諸國보다 純全ᄒ 農業世界라. 書契以前은 杳漠難考어니와 何經傳에 載ᄒ 者가 農說이 아니며 何史籍에 論ᄒᄂ 者가 農事가 아니며 尋常ᄒ 詞人의 諷詠과 歌客의 謳吟에 農談이 아니리오. 韓日淸 三國의 政治盛衰를 遡想컨ᄃᆡ 國家를 維持ᄒᆷ과 人民을 保存ᄒᆷ도 此에 由ᄒ얏고 將來의 富强을 圖謀ᄒᆷ과 文明을 發達ᄒᆷ도 是에 資ᄒ지니 然則 古今東西에 自然ᄒ 至理가 脗合ᄒ야 農은 天下의 大本이라 謂ᄒᆷ이 全世界의 名論이로다.

我韓이 自

大祖 高皇帝 龍興以來로 經邦大計牧民大業이 農으로 主ᄒ야 九重宵旰
도 此에 在ᄒ시며 廟堂發政도 此에 在ᄒ며 地方官行政도 此에 在ᄒ야
鄕村各面에 勸農官을 置ᄒ엿고 甚至於 國郊에 農壇을 設ᄒ고 籍田에
親耕을 行ᄒ시니 田野가 由是而闢ᄒ고 倉庫가 由是而溢ᄒ야 幾百年升
平을 安享ᄒᄂ 비라. 況又 我國이 氣候溫和ᄒ고 土壤膏沃ᄒ니 天然ᄒ
農産國이라. 習慣의 舊經驗과 文明의 新學術을 參互ᄒ야 農産을 擴張ᄒ
면 目下의 困苦를 免ᄒ기에 不止ᄒ고 富强ᄒ 鴻業을 立致홀지라. 昨年
夏間의 自內部로 警視一人(日人)을 元山平壤 等地로 派送ᄒ야 地方情形
을 視察케 ᄒ엿ᄂᄃ 該 警視가 大都會學校에 學徒 數百人을 會集ᄒ고
㮣板上에 政治 法律 經濟와 農工商 各料를 書ᄒ고 學徒의 願學홀 바를
問ᄒᄃ 學徒 中 百分의 九十九ᄂ 皆 政法經學科로 歸하고 農工商實業의
對ᄒ야ᄂ 百分一에 不過ᄒ거ᄂᆯ 警視가 剴切曉諭ᄒ여 曰 韓國으로 言ᄒ
면 二千萬人衆이 敎育을 受ᄒ드라도 政治 法律 經濟에만 從事ᄒ고 農工
商實業을 泛忽ᄒ면 何로 由ᄒ야 衣食住를 ᄒ리오 ᄒ엿다 ᄒ니 海外學
生과 校中學徒ᄂ 實業에 注意ᄒ야 實業中에도 農業이 그 首位를 占居함
을 學而知之ᄒ고 知而實施홈을 切有盼焉ᄒ노라.

6.5. 산림학

◎ 造林學之必要, 김진초, 〈태극학보〉 제1호, 1906.8. (농업, 산림)

　　*목재 – 조림학

◎ 조림상 입지의 관계, 〈태극학보〉 제3호, 1906.10.
　　(농업, 산림학)

▲ 제3호

▲ 제5호(제3호 속)

　　五. 砂土는 其大部分이 石英의 分碎 成立훈 것인데 粘土를 含有훈 量
이 少후니 通常의--

◎ 杉樹植裁 造林法(삼수식재조림법),
　　초해생 김낙영, 〈태극학보〉 제13호, 1907.8.

　　杉樹는 元來 日本國 所産이라. 樹體는 녹아지 樹[7]와 恰似후야 直立후
고, 葉은 전나무 葉과 近似훈듸 長成후는 度數가 甚히 迅速후고--

---

7) 녹아지 수: 녹아지 나무. 일명 '노간주나무'라고 하는데 한자어는 '두송(杜松)'. 측백나뭇
　　과의 상록 교목. 열매는 둥글거나 넓은 달걀 모양으로 꽃이 핀 다음 해에 녹색에서 자흑
　　색으로 변하는데, 이뇨제로 쓰거나 양주의 향미료로 쓴다. 동북아시아의 히말라야, 유럽,
　　북아메리카 등지에 분포한다. (Juniperus communis)

適當혼 土地:

種子:

種子의 採集:

苗圃:

播種:

苗圃整理:

改畝(개무):

山地에 植出ᄒᄂᆫ 節季:

植出의 準備:

苗木 植付法:

補植:

造林地의 整理:

削枝:

拔取:

伐期:

杉林의 保護:

◎ 森林의 必要, 玄檀, 〈공수학보〉 제1호, 1907.01.31. (산림학)

   *논설임

◎ 殖産論, 金明濬, 〈대한협회회보〉 제1호, 1908.4. (산림학)

   *낙엽송과 포플러 식목 방법

○古今 東西洋을 勿論ᄒᆞ고 邦國을 治ᄒᆞᄂᆞᆫ 道ㅣ 오작 理財養民二者에 不外ᄒᆞ도다. 今에 我韓을 扶掖ᄒᆞ야 能히 此世에 立케 홈은 何에 在ᄒᆞ뇨 先히 其 財源을 開發ᄒᆞᄂᆞᆫᄃᆡ셔더 急홈이 無ᄒᆞ고 其 財源을 開發ᄒᆞᄂᆞᆫᄃᆡᄂᆞᆫ 殖産을 奬勵ᄒᆞᄂᆞᆫᄃᆡ셔더 右홈이 無ᄒᆞᆯ지라. 本會에 殖産部를 置홈이 亦玆에 在홈이 아닌가 多言홈을 不須ᄒᆞ려니와 <u>姑先栽植에 最易ᄒᆞᆫ 者 二種을 畧擧ᄒᆞ야</u> 讀者 諸氏의 叅考를 供ᄒᆞ노라.

○落葉松

落葉松은 植物學上 松柏科의 松樅族에 屬ᄒᆞᆫ 樹木인ᄃᆡ 其 長短枝에 針과 如ᄒᆞᆫ 葉이 發生ᄒᆞ야 晩秋에 凋落ᄒᆞᄂᆞ니 萌芽力이 非常히 强壯ᄒᆞ야 枝梢를 伐採ᄒᆞ야 盡홀지라도 再히 夥多ᄒᆞᆫ 新枝梢를 生 ᄒᆞ야 樹勢가 조곰도 不衰ᄒᆞ고 幹長이 二十間에 達ᄒᆞᄂᆞᆫ 者ㅣ 有ᄒᆞ니라. 凡樹木中에 此와 如히 旺盛ᄒᆞᄂᆞᆫ 者ㅣ 無ᄒᆞ니 第一成長이 甚遠ᄒᆞ고 第二寒氣日射에

對ㅎ야 抵抗力이 最强ㅎ며 第三木質이 堅實ㅎ야 容易히 腐敗치 아니ㅎ느니라. 故로 材木은 船舶電柱鐵道枕木에 使用ㅎ야 效力이 顯著홀 쑨 不啻라 家屋等用材로 一般 需用範圍가 非常히 廣大홈.

大抵樹勢가 旺盛홈으로 松杉 其他 各種 樹木이 生長치 못ㅎ는 瘠地에도 十分 發育ㅎ느니 或이 云호되 落葉松은 水中을 除혼 外에는 何地에 던지 生長혼다홈은 果然虛言이 아니로라. 寒暑를 不畏ㅎ고 高燥혼 山地를 不厭ㅎ느니 故로 寒氣日射가 甚ㅎ야 高燥혼 我韓 山野에라도 決코 失敗가 無ㅎ리로다.

德國에셔는 百年以前부터 盛히 栽培ㅎ는듸 人力으로 廣大혼 森林을 造成ㅎ야 其 利益을 多大히 收獲ㅎ기는 他種樹木이 實노 不能及ㅎ느니라. 又는 針葉樹와 闊葉樹 叢中에 混植ㅎ여도 決코 妨害홈이 無홀 쑨 아니라 寒氣日射를 恐ㅎ는 他種樹木을 栽培홀 洋에 此가 庇蔭木이 되여 最히 適宜ㅎ도다.

蓋寒氣日射高燥를 決코 恐치 아니ㅎ거니와 唯陰濕혼 地道를 不好홀 쑨이라 其 生長의 迅速은 約二十年間이면 長이 三間直徑이 五寸되는 好角柱를 成ㅎ느니 其 生長이 迅速홈을 可知ㅎ리로다.

○ 봅부라(왜버들 혹 아라사버들)

봅부라는 現在 國內 各地에 繁殖ㅎ는 樹木인즉 詳說을 不要ㅎ여도 世人의 熟知홀 바어니와 今에 所聞所見혼 事實을 畧記ㅎ야 其 如何히 殖林用에 適合혼 것을 語ㅎ노라.

봅부라는 日本에셔 俗諺으로 三年大木이라 稱ㅎ느니 其 生長의 神速홈은 實노 他에 類例치 못ㅎ리로다. 子指大의 苗木이 四五年間에 忽然히 周圍八寸 乃至 一尺長이 三間假量되는 木材를 成홈이 常例라 果然大驚홀 事ㅣ 아닌가. 日本은 富士山 附近에셔 盛히 栽培ㅎ느니 此는 同地에 設立혼 富士製紙會社의 製紙ㅎ는 原料에 需用ㅎ는 所이라. 近年에 비로소 着手혼 事어니와 元來 所産地는 北海道인듸 燐寸(셕량) 軸木(셕

량깁히)으로 需用이 極히 多大ᄒ니라.

其 樹質은 落葉松과 類似ᄒᆫ 點이 多ᄒ야 寒氣를 耐ᄒ며 日射를 恐치 아니ᄒᄂ도다. 唯落葉松은 高燥ᄒᆫ 地를 好ᄒ고 陰濕ᄒᆫ 地를 厭ᄒ나 봅부라는 陰濕ᄒᆫ 地를 好ᄒ고 高燥ᄒᆫ 地를 稍厭ᄒᄂ 傾向이 有ᄒ도다 樹勢가 甚히 猛烈ᄒ야 枝梢의 繁茂흠이 亦甚夥多ᄒ지라.

所聞을 據ᄒ 즉 近來 日本에셔ᄂ 前述과 如히 製紙原料에 需用흘 ᄯᅮᆫ 아니라 燐寸軸木에 需用額이 非常히 增加ᄒᆫᄃᆡ 供給이 不足ᄒ다 云흠 要케ᄃᆡ 落葉松은 高燥ᄒᆫ 地에 適合흠으로 山地에 栽培ᄒ고 봅부라는 陰濕ᄒᆫ 地에 適合흠으로 荒蕪地에 栽培흘지라 然즉 氣候 及 地味에 適合ᄒ고 栽培키 至易ᄒ 此兩種을 急急히 着手흘 바 아닌가 僅僅數年만 經過ᄒ면 山野到處에 綠葉이 鬱鬱ᄒ 大森林을 必成흘지니 國益을 助흘 事ㅣ 莫大ᄒ리로다.

◎ 種植學說, 尹柱瓚, 〈호남학보〉 제7호, 1908.12.
　(임학, 산림학)

　　*산림학을 소개하고, 산림법을 등재함

▲ 제7호

夫 森林者ᄂ 人生日用에 必須ᄒ 비라. 宮室棺槨이 是에 仰ᄒ며 舟楫橋梁이 是에 賴ᄒ며 耒耜器皿과 鹽陶薪炭食品의 類가 是에서 莫不資焉ᄒᄂ니 木根이 入地ᄒ면 沙礫의 土가 化瘠而爲沃ᄒ며 樹陰이 蔽天이면 亢旱의 時에 引澗而致雨ᄒ고 深林密葉之中에 四時之氣候가 常調ᄒ야 夏不過熱ᄒ며 冬不過冷ᄒ야 綠蔭이 蕩漾에 空氣가 極淸ᄒ야 可以爲休憩ᄒ고 可以爲衛生이니 是以로 虞衡이 著九考之制ᄒ고 貨傳에 稱十年之計ᄒ며 官有掌材ᄂ 盛周之所治오 道無列樹ᄂ 淫陳之將亡이니 此乃

民富之所藏이오 邦賦之所出이라. 當此爭富競强之世ᄒᆞ야 試以泰西言之
ᄒᆞ면 法國 百年前에 四境이 蕭條ᄒᆞ야 林木이 不生ᄒᆞ니 君民이 困苦ᄒᆞ고
荒歉이 時聞터니 其 後에 令民種樹ᄒᆞ고 設官經理ᄒᆞ야 雖寸壤尺土라도
無有閒曠ᄒᆞ야 明種植之法ᄒᆞ며 定戕伐之禁ᄒᆞ니 不出十年에 民之貧者富
ᄒᆞ며 弱者强ᄒᆞ고 地之磽者肥ᄒᆞ며 荒者熟ᄒᆞ야 運售各國에 歲獲數千萬
圓ᄒᆞ고 又漸伐其無利者ᄒᆞ야 改良其有利者 故로 法國豐富가 冠於五洲
ᄒᆞ니 今不獨法國爲然이라 英美德義俄 諸邦이 莫不從事於斯ᄒᆞ야 斫賊
有禁ᄒᆞ고 經理有部ᄒᆞ며 印度에 亦有林學部ᄒᆞ야 三十年間에 得其利益
이 不可數計니 蓋種樹之獲利ᅵ 如此ᄒᆞ고 無樹之得損이 如此ᄒᆞ니 民之
厚生과 國之優强이 章章然較明矣오. 至於 我朝ᄒᆞ야도 禁松이 載大典之
一律ᄒᆞ며 勸桑이 爲守令之七政ᄒᆞ야 法非不嚴이오 規非不美로ᄃᆡ 民不
務本ᄒᆞ고 官亦弛禁ᄒᆞ야 山皆童焉ᄒᆞ고 宅不毛焉ᄒᆞ니 興言及此에 寧不
慨然이리오. 經濟家嘗云 我國 二千萬 人口에 每人口 均種一株木ᄒᆞ야 養
成一圓價値之材면 必得二千萬圓이라 ᄒᆞ니 蓋我韓이 山多野小ᄒᆞ야 溫
帶地方이 氣候가 調和ᄒᆞ니 若使二千萬人으로 學得造林課業ᄒᆞ야 無山
不種ᄒᆞ고 無峽不植이면 十年之內에 必得幾億萬圓ᄒᆞ야 全國富强이 不
求而自至ᄒᆞᆯ지니 凡我同胞ᄂᆞᆫ 試想一想ᄒᆞᆯ지어다.

　愚ᄂᆞᆫ 謂今欲行種植學이면 則 必須識森林法이니 故로 以隆熙 二年 一
月 二十一日 法律 第一號 森林法을 謄載于左ᄒᆞ노라.

第一條 森林은 其 所有者에 依ᄒᆞ야 此를 分ᄒᆞ되 帝室林, 國有林, 公有林
　　　　及 私有林으로 홈.山野ᄂᆞᆫ 森林에 準ᄒᆞ야 本法을 適用홈.
第二條 國有森林山野의 賣却, 讓與, 交換 又ᄂᆞᆫ 貸付 及 國有森林産物의
　　　　賣却의 關ᄒᆞᆫ 規定은 勅令으로써 定홈. 國土保安 又ᄂᆞᆫ 國有林野
　　　　의 經管上 國有保存의 必要되ᄂᆞᆫ 森林山野ᄂᆞᆫ 此를 賣却, 讓與, 交
　　　　換 又ᄂᆞᆫ 貸付ᄒᆞᆯ 事를 得치 못홈.
第三條 農商工部大臣은 造林者와 其 收益을 分收ᄒᆞᄂᆞᆫ 條件으로써 國有

森林山野에 部分林을 設定홈을 得홈.

第四條 部分林의 樹木은 國과 造林者의 共有로 ᄒ고 其 指分은 收益分 收部分에 均케 홈. 部分林 設定前으로브터 生存ᄒ 樹木은 國의 所有로 홈.

第五條 農商工部大臣은 左에 記載ᄒ 箇所를 保安林에 編入홈을 得홈.

一. 土地壞崩流出防備에 必要ᄒ 箇所

二. 飛砂防備에 必要ᄒ 箇所

三. 水害, 風害, 潮害防備에 必要ᄒ 箇所

四. 頹雪墜石의 危險을 防備홈에 必要ᄒ 箇所

五. 水源涵養에 必要ᄒ 箇所

六. 魚附에 必要ᄒ 箇所

七. 航行目標에 必要ᄒ 箇所

八. 公衆衛生에 必要ᄒ 箇所

九. 壇 廟 社 殿 宮 陵 園 又ᄂ 名所 或은 舊跡風致에 必要ᄒ 箇所

第六條 保安林을 盡伐ᄒ고 又ᄂ 開墾홈을 不得홈.

第七條 農商工部大臣은 保安林의 伐木을 禁止ᄒ고 又ᄂ 制限홈을 得홈. 境遇에 生ᄒ 直接損害에 限ᄒ야 補償을 請求홈을 得홈. 但 國有 林 又ᄂ 帝室林에 付ᄒ야ᄂ 此限에 在치 아니홈. 前項에 補償은 保安林 編入에 依ᄒ야 直接의 利益을 蒙홀 者가 其 責에 在홈.

第九條 農商工部大臣은 保安林 編入의 原因이 消滅ᄒ거나 又ᄂ 公益上 特別의 事由가 有ᄒ 時ᄂ 此를 解除홈을 得홈.

第十條 農商工部大臣은 保安의 必要가 有ᄒ 森林山野 所有者의게 其 造林 及 保護를 命홈을 得ᄒ며 所有者가 前項에 依ᄒ야 命令事 項을 不遵ᄒ 時ᄂ 農商工部大臣은 此를 行ᄒ고 其 費用을 懲收 ᄒ며 或은 部分林을 編入홈을 得홈. 前項 部分林에 編入ᄒ 者ᄂ 本法 第三條 及 第四條의 規定을 適用홈.

第十一條 森林에 害蟲이 發生ᄒ거ᄂ 又ᄂ 發行홀 慮가 有홀 時ᄂ 其 森林 所有者ᄂ 卽時 此를 驅除預防홈이 可홈. 前項 境遇에 農商

工部大臣은 害蟲의 驅除 又는 預防의 必要가 有호 處置를 該
森林所有者에게 命令홈을 得홈. 所有者가 前項의 命令을 不遵
흔 時는 農商工部大臣은 此를 行호고 其 費用을 懲收홈을 得홈.

第十二條 農商工部大臣의 許可가 無호면 森林山野의 開懇을 不得홈.

第十三條 所有者의 許諾을 受치 아니호면 森林山野에 墳墓入葬홈을 不
得홈.

第十四條 地方官 又는 警察官吏의 許可를 受치 아니호면 森林山野에
入火홈을 不得홈.

第十五條 森林에 其 主副産物을 竊取흔 者는 刑法 第六百二條 及 第六
百三條에 準호야 處罰홈.

第十六條 他人의 森林山野를 開懇호거나 又는 此에 放火흔 者는 刑法
第六百六十九條 但書에 準호야 處罰홈.

第十七條 他人所有에 屬흔 森林樹木을 傷害흔 者와 森林을 爲호야 設흔
標識을 移轉호거나 又는 毀壞흔 者 及 第六條 第十二條 乃至
第十四條의 規定 又는 第七條 命令에 違背흔 者는 禁獄 又는
一圜以上 二百圜以下 罰金에 處홈.

第十八條 本法을 施行홈에 必要흔 命令은 農商工部大臣이 此를 定홈.

附則

第十九條 森林山野의 所有者는 本法 施行日로부터 三個年 以內에 森林
山野의 地籍 及 面積의 略圖를 添付호야 農商工部大臣에게 申
告호되 期間內에 申告치 아니호는 者는 總히 國有로 見做홈.

第二十條 森林法 發布以前에 在호야 國有森林山野에 植樹의 許可를 受
호야 其 效力이 尙存續흔 者는 本法 施行日로부터 一個年 以來
에 部分林의 設定을 農商工部大臣에게 請願호야 認證을 受흔
時는 第四條의 規程에 依호야 部分林을 設定흔 者로 看做홈. 前
項의 期日內에 請願치 아니흔 者는 植樹의 許可와 其 效力을

失홈.

第二十一條 森林法 發布以前에 在ㅎ야 國有森林의 伐木 或은 森林山野
　　　貸下의 許可를 受ㅎ야 其 效力이 尙且 存續ㅎ 者는 本法 施行日
　　　로부터 一個年 以內에 農商工部大臣에게 請願ㅎ야 認證을 受홈
　　　이 可홈. 前項은 期日內에 出願치 아니ㅎ 時는 伐木 又는 貸下
　　　의 許可와 其 效力을 失홈.

　第二十二條 本法은 頒布日로부터 施行홈.

三月五日 農商工部令 第六十三號 國有森林山野部分林規則

第一條 森林法 第三條에 依ㅎ 部分林에 設定은 本則의 定ㅎ 바에 依홈.

第二條 部分林의 設定地域은 五町(一町 三千步) 以下됨을 不得홈.

第三條 部分林의 存續期間은 百年을 超過홈을 不得홈. 前項의 期間은
　　　此를 更願홈을 得홈.

第四條 部分林은 伐期前에 此를 伐採홈을 不得홈. 伐期는 部分林 設定
　　　ㅎ 翌年부터 喬林은 二十年이오 矮林은 五年以內됨을 不得홈.

第五條 部分林의 收益分收比例는 農商工部大臣이 此를 定홈. 造林者의
　　　分收比例는 十分의 九를 超過홈을 不得홈.

第六條 部分林 設定ㅎ 後 天然으로 生育ㅎ 樹本은 部分林의 樹木으로
　　　看做홈.

第七條 根株는 特別ㅎ 規定이 有ㅎ 境遇를 除ㅎ 外에는 國의 所有로
　　　홈.

第八條 部分林을 設定코쟈 ㅎ 者는 第一號 樣式의 請願書에 第二號
　　　樣式의 造林設計書 及 第三號 樣式의 造林預定圖를 添付ㅎ야 農
　　　商工部大臣에게 提出ㅎ야 許可를 受홈이 可홈.

第九條 農商工部大臣이 部分林의 設定을 許可홀 時는 第四號 樣式의
　　　許可證을 下附홈. 前項의 許可證을 受ㅎ 者는 一週間以內에 第
　　　五號 樣式의 哲約書를 提出홈이 可홈.

第十條 農商工部大臣은 第六號 樣式의 國有森林山野部分林帳簿를 調製
  ᄒ야 部分林을 登錄홈.

第十一條 造林者는 部分林 設定의 許可를 受혼 日로부터 五十日 以內로
  第七號 樣式의 境界標를 建設홈이 可홈.

第十二條 造林者는 左記혼 事項에 關ᄒ야 部分林을 保護홀 義務가 有홈.
  一 火災의 預防 及 消除
  二 盜伐 誤伐 騙賣 侵墾 其他 加害行爲의 預防 及 防禦
  三 有害動植物의 預防 及 驅除
  四 境界標와 其他 標識의 保存
  五 天然生稚樹의 保存

第十三條 造林者는 左와 如혼 境遇에는 卽時 農商工部大臣에게 申告홈
  이 可홈.
  一 部分林의 植樹 補植 保育 其他 造林에 必要혼 行爲를 施코ᄌ
    홀 時
  二 事業設計에 基ᄒ야 其 一個年分 又는 全部의 植樹를 終홀 時
  三 部分林 又는 其 木竹에 異狀이 生혼 時
  四 部分林의 樹木數에 變更이 生혼 時
  五 採取홀 生産物의 搬出을 終혼 時
  六 部分林에 管理人 或은 看守人을 置홀 時와 又는 此를 變更홀 時
  七 造林者의 氏名住所를 變更혼 時

第十四條 造林者가 部分林의 管理人 又는 看守人을 置홀 時는 部分林
  存續期間內에 部分林 又는 其 接近혼 國有森林山野에셔 地域을
  撰定ᄒ야 農商工部大臣의 許可를 得ᄒ야 百町步에 一戶의 比例
  로써 一戶에 對ᄒ야 一町步以內의 耕作地를 設홈을 得홈. 前項
  의 耕作地는 無料로 貸付홈.

第十五條 造林者는 左에 記載혼 産物을 採取홀 權利가 有홈.
  一 下草, 落葉, 及落枝
  二 樹實 及 菌蕈類

三 喬林을 植樹ᄒᆞᆫ 後 伐期 四分一以內의 年數에 在ᄒᆞ야 保育ᄒᆞ기
爲ᄒᆞ야 伐採ᄒᆞᆯ 樹木 及 枝條 (以下次號)

▲ 제8호

第十六條 造林者가 伐期에 達ᄒᆞᆫ 部分林을 伐採코ᄌᆞ ᄒᆞᆯ 時ᄂᆞᆫ 第八號 樣式
의 請願書를 農商工部大臣에게 提出ᄒᆞ야 許可를 受홈이 可홈.
第十七條 造林者가 第十五條에 依ᄒᆞ야 産物을 採取코ᄌᆞ ᄒᆞᆯ 時ᄂᆞᆫ 同條
第一號 乃至 第二號의 物件에ᄂᆞᆫ 其 意를 農商工部大臣에게 報
明ᄒᆞ며 其 第三號의 物件에 在ᄒᆞ야ᄂᆞᆫ 農商工部大臣의 許可를
受홈이 可홈.
第十八條 部分林의 收益은 其 樹木의 賣却代金으로써 分收홈. 國에서
伐期 後에 樹木을 保存ᄒᆞᆯ 必要가 有ᄒᆞᆫ 時ᄂᆞᆫ 材積으로써 分收ᄒᆞ
되 此 境遇에ᄂᆞᆫ 造林者와 立會ᄒᆞᆫ 後 其 分收ᄒᆞᆯ 樹木을 指定홈.
第十九條 前條 第一項의 境遇에 樹木의 賣却은 農商工部大臣이 此를
行홈. 造林者ᄂᆞᆫ 國에 分收部分에 對ᄒᆞᆫ 代金을 上納ᄒᆞᆫ 後 特賣를
受홈을 得홈.
第二十條 第十八條 第二項의 境遇에ᄂᆞᆫ 造林者ᄂᆞᆫ 農商工部大臣이 指定
ᄒᆞᆫ 期間內에 其 分收樹木의 搬出을 終홈이 可홈. 前項의 搬出期
間은 三年에 超過홈을 不得홈. 但 農商工部大臣은 不得已ᄒᆞᆫ 事
由가 有홈으로 認定ᄒᆞᆯ 時ᄂᆞᆫ 一年을 勿過ᄒᆞᆯ 範圍內에셔 搬出期
間을 伸長홈을 得홈. 搬出期間內에 搬出을 終치 못ᄒᆞᆫ 樹木은 國
의 所有에 歸홈.
第二十一條 部分林에 損害를 加ᄒᆞᆫ 第三者에게 賠償으로 得ᄒᆞᆫ 金額은
分收比例에 依ᄒᆞ야 此를 分收홈.
第二十二條 天災 其他 避치 못ᄒᆞᆯ 事變에 依ᄒᆞ야 部分林 設定의 許可가
無效된 境遇에 在ᄒᆞ야ᄂᆞᆫ 現存ᄒᆞᆫ 樹木은 分收比例에 依ᄒᆞ야 此를
分收홈. 造林者가 不得已ᄒᆞᆫ 事由가 有ᄒᆞ야 部分林 設定의 廢止를

請願ᄒ야 農商工部가 此를 許可ᄒ 境遇에도 亦 前項과 同홈.

第二十三條 造林者가 部分林을 讓與ᄒ거나 典當에 供ᄒ며 又ᄂ 他人에게 貸付ᄒ며 或은 使用케 ᄒ 時ᄂ 第九號 樣式의 請願書를 農商工部大臣에게 提出ᄒ야 許可를 受홈이 可홈.

第二十四條 造林者의 權利ᄂ 相續홈을 得홈. 相續홈을 因ᄒ야 造林者의 權利를 得ᄒ 者ᄂ 相續者된 證明書를 添附ᄒ야 農商工部大臣에게 報明홈이 可홈.

第二十五條 農商工部大臣은 如左ᄒ 境遇에ᄂ 部分林 設定의 許可를 激消홈을 得홈.

一 詐僞 又ᄂ 錯誤에 依ᄒ야 許可를 與ᄒ 事를 發見ᄒ 時

二 植樹期間의 始期로브터 一個年以內에 事業에 着手치 아니ᄒ 時와 又ᄂ 着手後 相當ᄒ 事由가 無ᄒ고 預定ᄒ 進行을 不行ᄒ 時

三 植樹를 終ᄒ 後 五年을 過ᄒ야도 成林ᄒ 所望이 無ᄒ 時

四 第四條 第十六條 第十七條의 規定에 違背ᄒ 時 又ᄂ 第十二條 義務를 履行치 아니ᄒ 時

五 造林者가 其 部分林에 關ᄒ야 犯罪ᄒ 時

第二十六條 部分林 設定의 許可를 激消ᄒ 時ᄂ 設定日로브터 貸地料를 徵收ᄒ고 現存ᄒ 樹木은 國의 所有로 홈. 但 許可繳銷에 原因이 造林者의 責에 歸치 아니ᄒ 時ᄂ 第二十二條의 例에 依홈. 前項의 規定은 第十四條의 耕作地에도 此를 適用홈.

第二十七條 國有森林山野 部分林 帳簿 及 圖面의 謄本 又ᄂ 抄本의 下付를 受코ᄌ ᄒᄂ 者ᄂ 一件에 對ᄒ야 金十錢의 比例로써 收入印紙를 貼用ᄒ야 農商工部大臣에게 請願홈이 可홈.

第二十八條 部分林을 他目的에 使用ᄒ거나 又ᄂ 第二十三條의 規定에 違背ᄒ 時ᄂ 農商工部大臣은 造林者를 五十圜以下의 過料에 處홈을 得홈.

第二十九條 第十一條 及 第十三條의 規定에 違背ᄒ 時와 又ᄂ 第二十四條 第二項의 規定에 違背ᄒ 時ᄂ 農商工部大臣은 造林者 又ᄂ

相續者를 十圜以下의 過料에 處흠을 得흠.

附則

第三十條 森林者 第二十條에 依ᄒ야 植樹許可의 認證을 受코ᄌ ᄒᄂ
　　　　者ᄂ 第一號 乃至 第三號 樣式에 準ᄒ야 請願書를 農商工部大
　　　　臣에게 提出흠이 可흠. 農商工部大臣이 前項의 請願을 受理ᄒ
　　　　야 適當흠으로 認흘 時ᄂ 第四號 樣式에 準ᄒ야 認證을 給與흠.
第三十一條 本令은 頒布日로브터 此를 施行흠.

第壹號 樣式 / 部分林設定請願書

何道 何郡 何面 何里字何何國有森林山野
　一 面積 幾町 幾反 幾畝 幾步
　　　殖竹樹木의種類 何何
　　　數盆分收比例 幾官 幾民
　　　植樹期間 何年 何月로 至(何年 何月)
　　　存續期間 何年
　　　伐期 何年
　　　伐採回數 何回
　前期條項에 依ᄒ야 部分林 設定을 許可ᄒ심을 望ᄒ와 造林設計書 及
造林預定圖를 添附ᄒ야 玆에 請願흠.
　　　　　年 月 日
　　　　　　　住所
　　　　　　造林者 氏名(印)
　（日本人以外의 外國人은 捺印ᄒᄂ 代에 自書흠을 要흠. 以下에도 此
에 倣흠.）
　　　　　　　農商工部大臣 閣下

第二號 樣式 / 造林設計書

(이하 양식은 생략함)

▲ 제9호

勅令 第二十四號
  隆熙 二年 四月 四日
  國有森林山野及産物處分規則

第一章 森林山野의 處分

第一條 農商工部大臣은 國有森林山野處分審查會의 決議를 經ᄒ야 左開
境遇에 限ᄒ야 隨意契約으로써 國有森林을 賣却흠을 得흠
  一. 公用 又는 公益事業爲ᄒ야 必要가 有ᄒᆯ 時
  二. 公立學校의 基本財産으로 ᄒᆯ 時
  三. 民有地 道路 河川 等에 介在ᄒᆫ 十町步 以內의 森林山野를 賣却
    할 時
  四. 道路, 溜池, 堤塘, 溝渠 等의 敷地로 貸付 中의 森林山野를 其
    借地人에게 賣却흠 時
  五. 佛堂, 墓碑 其他의 遺跡이 存在ᄒᆫ 森林山野를 其 遺跡緣故가
    有ᄒᆫ 者에게 賣却흠 時
  六. 古記 又는 歷史에 證ᄒᆫ 바에 依ᄒ야 緣故가 有ᄒᆫ 森林山野를
    其 緣故者에게 賣却흠 時
  七. 官地民木의 森林을 其 樹木所有者에게 賣却흠 時
  八. 重要ᄒᆫ 産物을 採取ᄒ든 習慣이 有ᄒᆫ 森林山野를 其 採取ᄒ든
    者의게 賣却흠 時
  九. 共同利用ᄒ든 習慣이 有ᄒᆫ 森林山野를 其 共同利用ᄒ든 道, 府,

郡, 面 又ᄂ 道, 府, 郡, 面의 一部에 賣却ᄒᆞᆯ 時

十. 保安林을 其 直接利害關係者에게 賣却ᄒᆞᆯ 時

十一. 鑛業上 必要될 森林山野를 其 鑛業人에게 賣却ᄒᆞᆯ 時

十二. 部分林을 其 分収權利者에게 賣却ᄒᆞᆯ 時

第二條 農商工部大臣은 左開境遇에 限ᄒᆞ야 國有森林山野를 讓與ᄒᆞᆷ을 得ᄒᆞᆷ.

一. 面積 一町步 以下로 公立學校 病院 其他 公衙用地에 供ᄒᆞᆯ 時

二. 道, 府, 郡, 面, 及 居留民團과 其他 公共團體에서 道路, 河川, 港灣, 水道, 堤塘, 溝渠, 溜池, 火葬地, 基地, 公園 等 公共用에 供ᄒᆞᆯ 時

第三條 農商工部大臣은 國有森林山野處分審査會의 決議를 經ᄒᆞ야 左開 境遇에 限ᄒᆞ야 國有森林山野를 他의 同價格되ᄂ 以上 土地와 交換ᄒᆞᆷ을 得ᄒᆞᆷ.

一. 國土保安上 必要가 有ᄒᆞᆫ 時

二. 森林經營上 必要가 有ᄒᆞᆫ 時

三. 交換에 依치 아니ᄒᆞ면 極히 官民의 不便을 生ᄒᆞᆯ 時

第四條 農商工部大臣은 左開境遇에 限ᄒᆞ야 隨意契約으로 國有森林山野 를 貸付ᄒᆞᆷ을 得ᄒᆞᆷ.

一. 公用 又ᄂ 公益事業을 爲ᄒᆞ야 必要가 有ᄒᆞᆫ 時

二. 鑛業上 必要가 有ᄒᆞᆫ 時

三. 牧蓄 又ᄂ 植樹ᄒᆞ기 爲ᄒᆞ야 必要가 有ᄒᆞᆫ 時

四. 林業付帶事業을 爲ᄒᆞ야 必要가 有ᄒᆞᆫ 時

五. 一個年 貸付料金이 五百圜에 不超ᄒᆞᆯ 時

第五條 農商工部大臣은 左開境遇에 限ᄒᆞ야 隨意契約으로써 國有森林 山野의 産物을 賣却ᄒᆞᆷ을 得ᄒᆞᆷ.

一. 公用 又ᄂ 公益事業을 爲ᄒᆞ야 必要가 有ᄒᆞᆫ 時

二. 非常ᄒᆞᆫ 災害가 有ᄒᆞᆫ 境遇에 其 罹災者에게 建築營繕 又ᄂ 薪炭 의 材料를 賣却ᄒᆞᆯ 時

三. 從來의 慣行에 因ᄒ야 薪炭材 又ᄂ 副産物을 該地 人民에게 賣却時

四. 部分定林設前부터 存在ᄒ 樹木을 造林上 障碍를 除ᄒ기 爲ᄒ야 造林者에게 賣却ᄒ 時

五. 部分林의 産物을 造林者에게 賣却ᄒ 時

六. 國有森林山野의 事業請負人 又ᄂ 國有森林山野의 産物買受人 에게 其 事業에 必要된 産物을 賣却ᄒ 時

七. 採取節期에 在ᄒ 副産物을 賣却ᄒ 時

八. 鑛業에 必要ᄒ 産物을 鑛業人에게 賣却ᄒ 時

九. 賣却, 讓與, 交換 又ᄂ 貸付ᄒ 森林山野의 産物을 其土地 買受 人, 讓受人 換受人 又ᄂ 借地人에게 賣却ᄒ 時

十. 民地官木林의 産物을 其 土地 所有者에게 賣却ᄒ 時

十一. 建築其他用에 供ᄒ 土石을 發見ᄒ 境遇에 此를 其 發見人에 게 賣却ᄒ 時

十二. 林業經營上 伐採치 아니면 不得策될 境遇에 此를 確實ᄒ 請 願人에게 賣却ᄒ 時

十三. 見積價格이 五百圜에 不過ᄒᄂ 産物을 賣却ᄒ 時

第六條 第一條, 第四條 及 五條의 規定에 不依ᄒ고 國有森林山野를 賣 却 或은 貸付ᄒ며 又ᄂ 森林山野의 産物을 賣却ᄒ 境遇ᄂ 競爭入札에 附ᄒ.

前項의 競爭入札에 關ᄒ 規定은 農商工部大臣이 次를 定ᄒ.

附則

本今의 施行期日은 農商工部大臣이 此를 定ᄒ.

勅令 第二十五號

隆熙 二年 四月 四日

國有森林山野處分審査會規則

第一條 國有森林山野處分審査會는 左의 事項에 就ᄒ야 審査 決議홈.

    一. 國土保安上 又는 國有森林山野의 經營上 國有로 保存홀 必要가
        無ᄒᆫ 國有 森林山野 個所의 決定
    二. 公益上 特別ᄒᆫ 事由를 生홀 境遇에 國有 保安林의 解除
    三. 國有森林山野의 隨意契約에 依ᄒᆫ 賣却
    四. 國有森林山野의 交換

第二條 國有森林山野處分審査會는 會長 一人 委員 九人으로 組織홈.

    會長은 農商工部次官으로써 充ᄒ고 委員은 農商工部勅任官 或은 奏
任官 三人이오 內部勅任官 或은 奏任官 三人이오 度支部勅任官 或은
奏任官 三人으로 此를 充홈.

第三條 臨時로 必要될 境遇에는 前條 定員外에 三人以內에 臨時委員을
命홈을 得홈.

第四條 委員及臨時委員은 農商工部大臣의 奏請을 依ᄒ야 內閣 總理大
臣이 此를 命홈.

第五條 會長은 議事規則에 依ᄒ야 議事를 整理ᄒ고 會議의 決議를 農商
工部大臣에게 通告홈.

第六條 會長이 事故가 有홀 時는 委員 中 上席의 勅任官 或은 奏任官으
로 其 事務를 代理케 홈.

第七條 國有森林山野處分審査會의 議會 及 會務整理에 關ᄒᆫ 規則은 農
商工部大臣이 此를 定홈.

第八條 國有森林山野處分審査會에 幹事 一人을 置ᄒ되 農商工部奏任官
中으로 農商工部大臣이 此를 命홈.

    幹事는 會長의 指揮를 承ᄒ야 庶務를 整理홈.

第九條 國有森林山野處分審査會에 主事 二人를 置ᄒ되 農商工部判任官
中으로 農商工部大臣이 此를 命홈.

    主事는 會長及幹事의 指揮를 承ᄒ야 庶務에 從事홈.

第十條 幹事 及 主事에게는 事務의 繁簡흠을 應ᄒ야 相當흔 手當金을 給與흠을 得흠.

附則

本令의 施行期日은 農商工部大臣이 此를 定흠.
農商工部告示 第七號
隆熙 二年 勅令 第二十四號 國有森林山野及産物處分規則과 同年勅令 第二十五號 國有森林山野處分審査會 規則은 隆熙 二年 五月 一日노부터 施行흠.
隆熙 二年 四月 十四日
農商工部大臣臨時署理法部大臣 趙重應
農商工部令 第六十五號

森林法施行細則

第一章 通則

第一條 森林法 及 其 附屬法令에 依ᄒ야 請願人 又는 契約當事者의 代理人은 其 代理權을 證홀 書類를 提出흠이 可흠.
前項의 請願人 又는 契約當事者가 二人以上될 時는 總代를 選定흠이 可흠
第二條 森林法 及 其 附屬法令에 依ᄒ야 請願人 又는 契約當事者가 國內에 住所가 無흘 時는 假住所를 定ᄒ야 農商工部大臣에게 提出흠이 可흠.
第三條 森林法 及 其 附屬法令에 依ᄒ야 請願코ᄌ ᄒ는 者로 國有森林의 調査 又는 測量흠을 必要로 認흘 時는 其 事由를 陳述ᄒ야 農商工部大臣의 許可를 受흠을 得흠.

第四條 公用 又는 公益事業을 爲홈이나 又는 公立學校用에 關혼 請願으로 其 監督官廳의 許可를 受홀 事項이 될 時는 請願書에 其 許可證의 謄本을 添附홈이 可홈.

第五條 森林法 附屬法今에 坪(步)이라 稱홈은 常用尺 六尺平方, 一町步는 三千坪, 一段은 三百坪, 一畝는 三十坪이며 尺締라 稱홈은 常用尺 十二立方尺, 棚은 常用尺 一百〇八立方尺(實積六尺締로 換算홈)이며 功이라 稱홈은 常用尺 一立方尺을 云홈.

第二章 森林山野 及 産物의 特賣

第六條 國有森林山野 及 産物의 特賣를 受코즈 ᄒᄂ 者는 第一號 樣式에 依ᄒ야 農商工部大臣의게 請願홈이 可홈.

第七條 特賣의 許可가 有홀 時는 買受人은 農商工部大臣의 指定혼 期間內에 指定혼 契約保證金을 納入ᄒ고 第二號 樣式에 依ᄒ야 賣買契約書를 作成홈이 可홈.

但 代金이 千圜에 未滿홀 境에는 第三號 樣式에 誓約書로서 契約書에 代用홈을 得홈.

買受人 前項 期間內에 契約書를 作成ᄒ며 又는 誓約書를 提出치 아니홀 時는 農商工部大臣은 特賣許可를 繳消ᄒᄂ 事이 有홈.

前項에 依ᄒ야 特賣許可를 繳消홀 時는 違約金으로 代金의 十分一에 相當혼 金額을 徵收홈.

第八條 左開境遇에 在ᄒ야는 契約保證金을 徵收치 아니홈을 得홈.

　一. 代金이 百圜에 未滿홀 時

　二. 公共團體에 賣却홀 時

　三. 公共 又는 公益事業을 爲ᄒ야 賣却홀 時

第九條 現金으로써 納入혼 契約保證金은 代金에 充用홈.

有價證券으로써 納入혼 契約保證金은 代金을 完納혼 後에 還給홈.

第十條 買受人은 契約書에 定혼 바에 依ᄒ야 納入期間內에 代金을 納入

홈이 可홈.

買受人이 物件의 搬出 又는 採取코져 홀 時는 其 渡與 又는 採取 許可를 受홈이 可홈.

前項의 渡與 及 採取許可는 代金을 完納혼 後가 아니면 此를 行홈을 不得홈.

第十一條 買受人은 物件의 渡與 又는 採取許可前에 在ᄒ야는 農商工部大臣의 許可를 得홈이 아니면 其 物件에 對ᄒ야 一切의 處分을 行홈을 不得홈.

第十二條 買受人이 物件에 渡與를 受ᄒ며 又는 採取許可를 得혼 時는 領收證 又는 誓約書를 作ᄒ야 此를 農商工部大臣에게 提出홈이 可홈.

第十三條 主産物의 根株는 特別契約에 依혼 者 外에는 賣却 以外로 ᄒ야 數量 計算에 加入치 아니홈.

第十四條 賣却物件의 面積收量 或은 品質에 錯誤가 有ᄒ거나 又는 其 物件에 隱匿혼 瑕疵가 有ᄒ야도 買受人은 異議를 陳述홈을 不得홈.

第十五條 買受人이 納入期限內에 代金을 納入치 아니ᄒ며 又는 第十一條 規定에 違背홀 時는 農商工部大臣은 其 契約은 解除홈을 得홈.

第十六條 前條에 依ᄒ야 契約을 解除할 時는 契約保證金은 國의 所得으로 ᄒ며 契約保證金이 無홀 時는 違約金으로 代金의 十分一에 相當혼 金額을 徵收홈.

第十七條 産物의 搬出 又는 採取期間은 物件의 渡與 又는 採取許可日로부터 主産物은 二個年이오 副産物에는 一個年을 超過홈을 不得홈.

買受人이 前項 期間에 搬出 又는 採取홈을 畢了치 못홀 時는 期間에 延期를 請願홈을 得홈. 此 境遇에는 農商工部大臣은 相當혼 期間을 指定ᄒ고 違約金으로 左開金額을 徵收홈.

　一. 價金이 百圜 以上될 時는 一日에 對ᄒ야 其 千分之一

　二. 價金이 百圜 未滿될 時는 一日에 對ᄒ야 金十錢

第十八條 前條의 請願이 搬出 又는 採取期間 經過後에 在홀 時는 期間의 日數에 應ᄒ야 前條의 定혼 金額의 二倍를 徵收 前項의 規定은 買受

人이 搬出 又는 採取期間經過後 三十日 以內에 延期 請願을 不行ㅎ는 境遇에 準用홈.

第十九條 買受人이 搬出 又는 採取홈을 終홀 時는 卽時 其 意를 農商工部大臣에게 提出홈이 可홈.

第二十條 左開境遇에는 買受人이 搬出 又는 採取未畢흔 物件을 抛棄흔 者로 看定홈.

　　一. 買受人이 搬出 又는 採取期間經過後 三十日 以內에 延期 請願
　　　　을 不行홀 時

　　二. 買受人이 延期期間內에 搬出 又는 採取홈을 未畢홀 時

第二十一條 買受人이 搬出 又는 採取未畢흔 物件을 讓渡홀 時는 第四號 樣式에 依ㅎ야 農商工部大臣에게 提出홈이 可홈.

　前項의 提出이 有홀 時는 第十七條 第十八條 規定에 依ㅎ야 違約金으로 徵收홀 金額은 搬出 又는 採取 未畢흔 者에게 徵收홈. 但 讓受人이 此를 不納홀 時는 最初의 買受人에게 此를 徵收홈.

　第一項의 提出이 無홀 時는 第十七條, 第十八條 規定에 依ㅎ야 違約金으로 徵收홀 金額은 最初의 買受人에게 此를 徵收홈.

第二十二條 特定흔 目的으로써 賣却을 受흔 者는 農商工部大臣의 許可를 得홈이 아니면 其 目的 以外에 物件을 使用 或은 消費ㅎ며 又는 此를 讓與홈을 不得홈.

　前項 規定에 違背홀 時는 違約으로 代金의 半額에 相當흔 金額을 徵收홈.

第二十三條 物件搬出 又는 採取홈에 當ㅎ야 買受人이 不正흔 行爲가 有홈으로 認定홀 時는 農商工部大臣은 其 物件을 執留ㅎ거나 又는 搬出 採取의 中止홈을 命홈을 得홈. 此 境遇에 買受人은 損害賠償을 請求홈을 不得홈. (以下次號)

◎ 森林學, 種樹生, 〈대한흥학보〉 제3호, 1909.5. (임업, 산림학)

▲ 제3호

土地 生産物에 米粟과 相並ᄒ야 用道가 廣大ᄒ며 經濟上에 大影響이 有ᄒᆫ 거슨 卽 森林이라. 家屋도 此가 아니면 難建이요 橋梁도 此가 아니면 難架요 船舶 車輛도 此가 아니면 難造요 百般 器具가 此를 因ᄒ야 成ᄒᄂ니 實 人類社會에 難缺ᄒᆫ 要物이로다. 往古에 在ᄒ야ᄂᆫ 世界 陸地가 大部分은 樹木이 鬱蒼ᄒ야 採無盡用不竭홈이 恰是 水與空氣와 如ᄒᆫ 故로 經濟上에 價格이 有ᄒᆫ줄를 不知ᄒ엿더니 其後 人類가 增加ᄒ고 智識이 進步됨을 從ᄒ야 材木의 需用도 亦 增益ᄒ야 採伐홈이 多大ᄒᆫ 故로 森林의 面積이 隨減ᄒ고 又 減縮에 有力ᄒᆫ 大原因은 農業의 進步가 是라. 森林을 伐ᄒ며 燒ᄒ야 田圃를 開墾ᄒ고 原隰을 鑿ᄒ며 平ᄒ야 屋宅을 化作ᄒ니 森地의 自縮은 必然ᄒᆫ 理勢라. 此 減縮됨을 因ᄒ야 材木을 需用치 아니ᄒ면 可ᄒ거니와 減縮됨을 不計ᄒ고 用途ᄂᆫ 日益增 月益加ᄒ야 諸般 製造工業에 意外 需用이 往往 現出ᄒ며 且 洪水與旱魃이 不時劇烈ᄒ야 貽害가 頗多ᄒ야 世人의 欲望을 達치 못ᄒ게 ᄒᄂᆫ 境遇가 不一ᄒᆫ 故로 於是乎에 森林을 荒廢홈이 不可ᄒ다ᄂᆫ 論이 起ᄒ야 上古와 如히 天然的에 付치 아니ᄒ고 人爲的에 用意ᄒ야 人工을 加ᄒ며 經營整理ᄒᄂ니 此是 近代文明 諸國의 一般通則이라.

森林이라 云홈은 林地와 材木을 合稱ᄒᆫ 바니 卽 其 林地上에 天然的 又 人爲的으로써 育成ᄒ야 人類의 需用을 充ᄒ며 又 間接으로 其 森林 存在홈을 因ᄒ야 國土의 保安을 維持ᄒ기로 爲定ᄒᆫ 土地라 ᄒᆫ번 政府의 認定을 依ᄒ야 森林地目에 入ᄒ면 비록 或時에 竹木이 無ᄒ더라도 猶其森林이라 稱홈이라.

森林의 種類

森林의 種類를 二種으로 區別ᄒᆞ니 一曰 原生林이요 二曰 施業林이라. 原生林이라 홈은 天然的으로 自生自育홈을 謂홈이요 施業林이라 홈은 人工을 加ᄒᆞ야 經營ᄒᆞᄂᆞᆫ 바라.

施業林을 經濟上 目的으로 區別ᄒᆞ면 亦 二種에 有ᄒᆞ니 曰 經濟林 曰 保安林이 是라. 經濟林이라 云홈은 營業的으로 其 木材를 生育ᄒᆞ야 生産에 需用ᄒᆞᆯ 目的이요 保安林이라 云홈은 營業生産에 主目的을 置ᄒᆞ지 아니ᄒᆞ고 如水源을 涵養홈과 土砂를 打止홈과 潮風을 防禦ᄒᆞᄂᆞᆫ 等 無形의 利益을 目的ᄒᆞ야 生育ᄒᆞᄂᆞᆫ 거시라 保安林은 原則上에ᄂᆞᆫ 採伐을 禁止ᄒᆞ엿시되 或 境遇를 隨ᄒᆞ야 採用ᄒᆞᄂᆞ니 然ᄒᆞᄂᆞ 種種 制限을 加ᄒᆞ야 利用ᄒᆞ며, 作業上에 依ᄒᆞ야 三種分類가 有ᄒᆞ니 曰 喬林, 矮林, 中林이라 喬林云은 杉松檜과 如ᄒᆞᆫ 等이니 種子를 依ᄒᆞ며 更新ᄒᆞ야 用材를 産홈을 目的홈이요 矮林云은 櫟橰楢과 其他 雜木의 等이니 萌芽를 依ᄒᆞ며 更新ᄒᆞ야 薪炭材를 産홈을 目的홈이요 中林云은 以上 二種에 混合된 거시니 卽 上木下木 二段이 有ᄒᆞᆫ지라 上木은 松과 如ᄒᆞᆫ 喬木이 有ᄒᆞ고 下木은 楢와 如ᄒᆞᆫ 薪炭林이 存在ᄒᆞᆫ 者를 稱홈이로다.

又 所有의 種類가 六種이 有ᄒᆞ니 曰 御料林, 曰 國有林, 曰 部分林, 曰 公有林, 曰 社寺林, 曰 私有林이 是라.

御料林이라 홈은 皇室의 所屬이니 宮內省에서 此를 管理ᄒᆞ야 其 收入을 皇室經濟에 充ᄒᆞᄂᆞᆫ 거시요 國有林이라 홈은 農商務省에셔 此를 管理ᄒᆞ야 其 收入을 國家經濟에 充ᄒᆞᄂᆞᆫ 거시요 部分林이라 홈은 其 林地ᄂᆞᆫ 國有라도 人民이 此에 樹木을 植栽ᄒᆞ야 其 收入을 政府와 人民이 分配ᄒᆞᄂᆞᆫ 거시니 以上 三種은 俗에 官林이라 稱ᄒᆞ고 公有林이라 홈은 市町村과 其他 團體의 所屬이요 社寺林이라 홈은 神社佛宇의 所屬이요 私有林이라 홈은 一個人의 所有니 此 三種은 民林이라 稱ᄒᆞᄂᆞ니라.

造林法

凡 種子가 其 母樹의 性質을 遺傳的으로 繼受ᄒᄂ니 造林者가 十分 注意ᄒ야 種子를 取ᄒᆯ지라 種子는 其 性이 熟ᄒ고 其 形이 大ᄒ고 其 量이 重ᄒ거시 最宜ᄒ니 形狀이 扁片ᄒ며 或 細長ᄒ 거슨 不宜ᄒ도다. 經驗上으로 論ᄒᆯ진ᄃᆡ 其 實를 切斷ᄒ여 其 仁이 充滿ᄒ고 其 色이 光澤 ᄒ고 香氣와 汁液 等이 有ᄒᆷ을 要ᄒᆯ지라 (未完)

(미완이지만 더 이상 연재되지 않음)

◎ 森林 間接의 效用, 崔容化(譯), 〈대한흥학보〉 제6호, 1909.10.

*역술, 대상 번역 자료 미상＝2~3개 추려서 번역함

森林의 效用은 直接의 效用과 間接의 效用과 二種이 有ᄒ니 直接의 效用이라 云ᄒᆷ은 吾人의 常히 住居ᄒᄂ 處의 家屋 及 日常 使用ᄒᄂ 處의 器具類 其他 文明의 利器라 稱ᄒᄂ 電信 電話 汽車 汽船 等의 類로 부터 軍艦 橋梁 馬車 人力車 類에 至ᄒ기까지 皆 木材를 以ᄒ야 造ᄒ 것 卽 木材를 本來의 形ᄃᆡ로 使用하ᄂ 效用를 云ᄒᆷ이니 其 效用의 大ᄒ 것은 雖 何人이던지 認知ᄒᄂ 것 이어니와 間接의 效用에 至ᄒ야ᄂ 此 를 不知ᄒᄂ 者ㅣ 不少ᄒᆯ지라. 故로 予ᄂ 此에 對ᄒ야 其 間接의 效用 中 主되ᄂ 点二三를 譯述ᄒ야 愛譯 諸氏의 參考에 供ᄒ노니 左의 理由 에 據ᄒ면 我國 近年 洪水와 旱魃의 災와 厲疾의 流行이 엇지 森林亂伐 의 原因에 在ᄒ지 아니ᄒ리오.

一. 水源極養과 土砂扞止.

　森林이 荒廢ㅎ면 降雨 時마다 洪水가 되며 山崩을 起ㅎ며 家屋을 流ㅎ며 其他 人畜을 害ㅎᄂᆫ 事ㅣ 多ㅎ고 쏘 此에 反ㅎ야 晴天이 連日ㅎ면 水源이 渴하야 旱魃의 害를 起ㅎᄂᆫ 然이ᄂᆞ 森林이 繁茂ㅎ면 如此ᄒᆫ 災害ᄂᆫ 不起ᄒᆯ 것이오 何故냐 ㅎ면 降雨ᄒᆯ지라도 其 雨水의 大部分은 樹木의 根과 枝葉 或 落葉 蘚苔類의 吸收ㅎᄂᆫ 바이되야 蒸發홈이 亦 少ᄒᆫ 故로 雖 旱魃之際라도 間斷업시 徐徐히 水를 流出ㅎ야 其 供給의 困難을 無케 ᄒᆯ ᄲᅥᆫ더러 如此히 一時에 流出ㅎ지 안음으로써 土砂를 流케 ㅎ지 안코 쏘 森林內의 空氣ᄂᆫ 常히 冷ᄒᆫ 故로 風이 森林內에 吹來ㅎ면 濕氣의 量을 增ㅎ야 起雲降雨홈에 至ㅎᄂᆞ니 實際上 森林잇ᄂᆫ 山에ᄂᆫ 雲霧가 多ᄒᆫ 것은 人皆 認知ㅎᄂᆫ 것이오. 此에 反ㅎ야 森林을 亂伐ᄒᆫ 地方으로부터 流出ㅎᄂᆫ 江水ᄂᆫ 一時에 雨水가 流出홈으로써 非常히 激流되야 山麓을 洗ㅎ며 山崩이 되야 其 土壤은 雨水에 混合ㅎ여 濁流가 下處에 流ㅎᄂᆞ니 其 土砂가 江水의 下流平緩ᄒᆫ 處에 沈澱ㅎᄂᆫ 故로 江底ᄂᆫ 年年이 高ㅎ야 堤防을 一寸 高케 ᄒᆯ ᄉᆞ이에 江底ᄂᆫ 二寸 假量이ᄂᆞ 高ㅎᄂᆞ니 要컨ᄃᆡ 森林이 잇스면 時時로 降雨ㅎ고 쏘 洪水를 少케 ㅎ며 樹木의 根도 地底의 水를 其 表面에 吸上ㅎ야 常히 水分을 保ㅎ고 쏘 根에 依ㅎ야 土壤을 固定케 ㅎ고 土砂의 崩頹를 防ㅎᄂᆫ 故로 水ᄂᆫ 不絶ㅎ야 河川에 流ㅎ며 旱魃의 害와 洪水의 憂를 無케 홈에 至ㅎ며

二. 漁業의 保護.

森林이 無ㅎ면 魚類가 不盛ᄒᆫ다 ㅎᄂᆫ 것이 비록 異常ᄒᆫ 것 갓흐나 卽 左의 原因에 依ㅎᄂᆞ니

一. 森林은 陸地로부터 河海에 土砂의 流出을 防ㅎ고
二. 森林이 잇스면 河川은 晴과 雨에도 同樣으로 海에 流ㅎ고

三. 森林잇슴을 爲ᄒ야 樹木의 蟲과 及 植物質의 腐敗ᄒ 것이 水中에
落ᄒ야 魚類의 食料가 되고

四. 水邊에 森林은 水面에 蔭影을 與ᄒᄂ니 魚類가 海面暗黑ᄒ 處에 多
集ᄒ며 其 産卵ᄒᄂ딕도 便ᄒ거니와 海面이 淸白ᄒ면 其 卵을 他物의
게 食害되기 易ᄒ 故로 産卵이 少ᄒᄂ니라. (日本 舊藩 制度에 魚付林或
은 魚寄林 名稱으로 海岸 其他 水邊의 林에 特別 保護를 與홈)

三. 氣候의 調和

　森林은 氣候를 調和ᄒᄂ 效가 잇ᄂ니 卽 夏를 凉케 ᄒ고 冬을 暖케
ᄒ며 또 一晝夜에도 夜 中 土地의 冷却홈을 防ᄒ고 日 中은 土地의 强熱
홈를 防ᄒ야 晝와 夜의 溫暖의 差를 減ᄒ야 氣候를 溫和ᄒ게 ᄒ며 如此
ᄒ 森林과 氣候의 關係ᄂ 南方暖國 假令 印度갓흔 地方은 森林을 爲ᄒ
야 酷暑의 際에 華氏 十度 假量은 減ᄒ다 云ᄒ며 如何ᄒ 地方이던지
森林을 爲ᄒ야 氣候 溫和케 되며

四. 衛生上 效用

　森林은 空氣 中 汚物을 分解ᄒ야 空氣를 新鮮케 ᄒ며 또 濕潤케 ᄒᄂ
效가 잇ᄂ니 卽 森林內의 空氣 중에ᄂ (Assein)이라 ᄒᄂ 것을 含ᄒ 故
로 其 空氣ᄂ 吾人의 健康에 適當ᄒ야 傳染病類(Bacteria)를 殺ᄒᄂ니
故로 山林 繁茂ᄒ 地方은 健康地ᄙ 稱ᄒᄂ 것이오 獨逸셔ᄂ 蒼鬱ᄒ 森
林 中에 病院 或은 (Hotel) 族館 等를 設ᄒ야 身體 柔弱ᄒ 人의 保養場을
삼는 故로 森林 繁茂ᄒ 地方에ᄂ 流行病이 甚少ᄒ니라. 以上은 森林間
接의 效月 中 主되ᄂ 것 이어니와 一國의 風致를 保ᄒ며 山川을 秀麗케
ᄒᄂ 數多ᄒ 效用은 ——히 枚擧키 不能ᄒ야 此에 略홈.

◎ 森林의 研究, 楊在河, 〈대한흥학보〉 제11호, 1910.03.
(농업, 임업, 산림학)

森林研究의 必要라.

大抵 森林은 國民의 生活上 各方面에 至大흔 關係가 有흘 뿐 不啻라 國家富源의 基礎가 되느니 엇지 斯業에 對흔 學理上 研究와 實地上 經營에 從事흠이 必要흔 事業이라 아니흐리요. 故로 現今先進諸國은 廣大흔 森林地를 置흐고도 此에 對흔 研究를 忽諸에 付치 아니흐거든 況我韓의 禿山衰林을 有흔 者ㅣ리오.

雖一抱의 木과 一莖의 草라도 莫非一般社會에 供給할 財産이니 森林이 莫大흔 價値가 有흠은 世人이 咸須認定히는 바ㅣ라. 呶呶히 陳迤할 必要가 無흐나 森林에 關흔 影響의 如何를 暫陳할진덴 森林이 茂盛히면 地面에 細根과 枝葉이 散布如綱如衣흐야 積水의 容積이 大흐니 如何흔 急雨가 降히더릿도 洪水漲溢흐야 人畜의 死傷과 農作物의 冒損과 良田沃土를 洗滌흐야 惡畓薄土를 作할 念慮가 無흐며 流川不息흐야 비록 一隅乾田이라도 灌水의 困難이 無할 긋이며 또 飮料水質를 淸淨케 흐야 吾人生活에 間接直接으로 幸福을 與흐니 如斯흐면 비륵 須臾의 間이라도 此業의 研究를 怠히흘 者ㅣ 無흘지며 從事치 아니할 者ㅣ 稀하깃도다. 故로 森林은 益益盛旺흐야 地衣를 鞏固케 홈으로 山川崩壞는 氷絶不起흘지며 他日要塞의 地에 砲臺를 排置흐고 敵艦을 射擊흘 時에 森林이 茂盛흐면 砲身을 隱閉흐야 敵兵의 目標를 眩暈케 힐 것이오 또 自然森林이 鬱蒼흐면 恒流悠悠흐야 魚族이 繁殖흐고 各種의 飛禽走獸가 雲集흐야 天然的 植物園과 天然的 動物園을 作흐니 獅吼虎嘯와 橡抱齊立은 吾人으로 흐야금 一大雄略을 成케 할지며 落落壯林과 轟轟水聲은 山家道人의 圓覺佛性을 催促할 긋이오 喚友鶯聲과 歸蜀杜鵑 等의 奇唱妙曲은 文人墨客의 文章各句를 做出케 할지라. 斯如흔 긋은 다만

關係的 人士에만 專用되야 利益을 獻貢홀 者ㅣ나 쏘 一般이 흠기 普蒙
ᄒᆞᄂᆞᆫ 現像은 森林이 有ᄒᆞ면 四季의 節候와 溫度를 調和ᄒᆞ야 空氣中濕度
를 適當케 ᄒᆞ며 炭素酸素를 互相交換ᄒᆞ야 養生上에 天然의 稗益이 되야
物質的 高尚ᄒᆞᆫ 誤樂과 精神的 爽快ᄒᆞᆫ 慰安을 與홀지니 故로 森林과 吾
人의 關係난 上述홈과 갓치 經濟上, 教育上, 宗教上, 文學上, 衛生上, 國
土保安上, 國防上에 重大ᄒᆞᆫ 關係가 有ᄒᆞ니라.

　是故로 一國家의 農政에 當局ᄒᆞᆫ 諸氏와 農學에 多年研究ᄒᆞᆫ 有志諸士
ᄂᆞᆫ 一便으로 山林保護政策을 實施ᄒᆞ야 一般公衆에 害毒이 不及케 ᄒᆞ고
他方面으로난 原理를 研究ᄒᆞ야 蟲災, 旱災 等을 豫防ᄒᆞ야 國民의 幸福
을 增加ᄒᆞ며 國家의 富源을 計劃홀지로다.

　噫라 我韓은 元來農業國이라 古代森林의 有餘홈은 可히 歷史上으로
證明홀지나 然ᄒᆞ나 中世에 至ᄒᆞ야 政法이 解弛ᄒᆞ야 一般政治와 갓치
森林에 注意치 아니할 쑨 不啻라. 國民도 無識ᄒᆞ야 遠大ᄒᆞᆫ 思想이 無ᄒᆞᆫ
故로 年年歲歲로 濫伐ᄒᆞᄂᆞᆫ 소ᄅᆡ 丁丁ᄒᆞ드니 於焉間에 幾年內로 山頂이
赤脫ᄒᆞ야 一大慘景을 묠홈이 全國이 同一ᄒᆞ니 自外國으로 木材輸入이
年年幾十萬圓의 高額이 되고 民間需要ᄂᆞᆫ 日日增加ᄒᆞ나 國家森林은 時
時退縮ᄒᆞ니 如此ᄒᆞ고야 엇지 國家가 貧弱치 아니ᄒᆞ며 人民이 困窮치
아니ᄒᆞ리오.

當此境遇ᄒᆞ야 秦瘠越視ᄂᆞᆫ 韓國人民된 者의 義務가 아니며 農學研究ᄒᆞ
ᄂᆞᆫ 本意가 아닌 故로 玆에 不才를 不謝ᄒᆞ고 敢히 比較的 長話로 說明의
便宜를 從ᄒᆞ야 自後日로 第一第二……等의 第目에 分ᄒᆞ야 森林
研究의 必要를 迷코자 ᄒᆞ노라.

6.6. 양잠학

◎ 桑蠶問答, 池錫永, 〈대조선독립협회 회보〉 제6호, 1897.2.15.
(한문)

*부항신문(부산에 있는 일본인계 신문)에 실린 일본인 상잠 대박사가 조선에
와서 조선 양잠과 관련한 연구를 한 것을 소개

◎ 柞蠶의 飼育法 〈기호흥학회월보〉 제10호, 1909.5.
(농업, 양잠업)

▲ 제10호

柞蠶의 一生

柞蠶은 一年에 二度 化生ᄒᄂ 者이니 卵으로 孵化흠은 家蠶과 同一
ᄒ니라. 櫟(력, 참나무) 槲(해, 가도토리나무)[8], 楢(유, 굴참나무) 等의
葉을 食ᄒ고, 四回 脫皮ᄒ며 生長ᄒ야 繭을 結ᄒ고, 其內에서 蛹(용, 번
덕이)이 되며 雯히 蛾(아)로 化ᄒ야 交接 産卵ᄒᄂ니라. 但 家蠶은 二化
性과 多化性(다화성)을 勿論ᄒ고, 必 皆卵으로 越年(월년)ᄒ나 柞蠶은
蛹 卽 繭으로 越年흠을 異ᄒ다 ᄒᄂ니라.

第一次 化生은 春季 清明節에 發蛾를 始ᄒ야 産卵 後--
　春蠶

---

8) 槲(해): 가도토리나무. 槲는 송진, 겨우살이를 뜻하는 한자. 가도토리나무라는 표현은 이
　자료에만 쓰인 듯.

飼料

杵蠶의 飼料가 되는 者는 櫟, 槲, 楢 栗木 等이라. 何든지 高가 四五尺
되는 者를 最適當ㅎ다 ㅎ고 그보다 大흔 者는 受風이 强ㅎ야 樹를 動搖
ㅎ야 蠶兒의 發育을 遲緩케 ㅎ며 且 鳥虫의 害를 受흠이 多ㅎ며 又 收繭
흠에 不便ㅎ니라. 又 小흔 者도 亦 虫害를 受ㅎ기 易ㅎ니라.

杵蠶도 亦 他動物과 如히 飼料가 不良ㅎ면 其發育이 遲ㅎ며 體軀가
疲小ㅎ야 良繭을 營ㅎ기 不能ㅎ니라. 甚히 不良흔 葉은 食치 아니ㅎ고
--

飼養地

飼養地는 高ㅎ고, 乾燥ㅎ며 受風이 不强흔 處를 適好ㅎ다 ㅎ니라. 秋
蠶의 飼養地는 南面흔 處를 要ㅎ느니 此는--

飼養의 準備

稚蠶時의 管理

杵蠶은 午前 午後의 區別이 無ㅎ고 孵化ㅎ나 每日 午前 五時로 同七
時의 間 卽 早朝에 最多히 孵化ㅎ느니 故로 아모조록 午前 中에 蟻蠶(의

118

잠)을 養樹에 放養(방양)홀지니라. 若 孵化흔 蟻蠶에 直時 飼料를 不與
ᄒ야 時間을 經過ᄒ면 蠶兒는 疲勞 衰弱ᄒ야 其 發育이 자못 不良ᄒᄂ
니 遲ᄒ야도 當日 中에 放養홈을 忘却치 못홀지니라. 特히 溫度가 高ᄒ
고 乾燥흔 境遇에는 最注意ᄒ야 遲緩치 아니케 홀지닐라.

杵蠶 飼養上 最忌홀 暴風雨 降雹(강박) 等은 稚蠶時에 被害 最甚ᄒ니
不幸히--

壯蠶 時의 管理

--

(미완)

(제12호까지 발행됨)

◎ 蠶學說, 金載汶, 〈대한학회월보〉 제8호, 1908.10.
　(농업, 양잠학)

▲ 제8호

國家生存은 主權獨立에 在ᄒ고 獨立鞏固는 生産增加에 在ᄒ나니 故로
現今世界競爭은 自國의 富强을 孜孜增加ᄒ기 爲홈이라. 蓋以國家富强
으로 列强에 威示코저 ᄒ면 國民의 財産增殖에 勉勵ᄒ야 一方으로는
內地農工水産에 專務ᄒ며 他方으로는 海外通商貿易을 勉行하야뻐 國
財를 豊富케홈이 今日之現行目的이라.
貿易者는 自國原料의 生産物로 外國輸出를 爲主하야 金貨를 收入홈이

오 外國의 物産을 引入하야 自國의 金貨를 支出홈은 아니라. 此는 但一射利에 不過홀 쑨이오 國家生産增加에는 大違反이 되는도다.

故로 於東於西를 勿論하고 自國原料를 生産홈에 着心勉勵하야 通商貿易에 競爭홈은 論者의 苟苟說去홈을 不待어니와 日本에는 蠶業界의 發達로 隱隱히 國財에 增殖이 되야 日露戰爭의 得勝者도 蠶兒의 功이라 云하며 日本쑨 不啻라. 今世紀 東西各國의 經濟上 大部分을 占有흔 者는 蠶業이라 謂홀지라도 過言이 아니라 其産額增加의 比較表와 奬勵하는 現狀은 余의 學友盧君庭鶴이 임의 本報第三號에 揭載하얏거니와 實로 農家唯一의 副業인즉 더욱 我韓과 如흔 農産國名稱이 有흔 國人民에는 先務홀 必要가 有하다고 思惟ᄒ노라. 故로 斯業에 從事하실 僉君子의게 參考를 供하기 爲하야 玆에 蠶兒의 元祖 由來와 飼育起原과 及其 方法에 就하야 次第로 論述코저 하노라.

養蠶의 方法을 實行코저 홀진딕 蠶兒의 飼養起源과 爾後沿革 等 節를 專攻ᄒ야써 蠶兒의 習性과 現今 實行ᄒ는 飼育法 由來를 仔細히 講究홈이 第一 緊要ᄒ도다.

想컨딕 吾人 飼育ᄒ는 家蠶의 元祖는 本是 野生으로 數千年 往昔에는 山野自生흔 桑樹에 棲息ᄒ던 者라. 吾人이 常常目擊ᄒ는 바어니와 今日之野生桑蠶 又曰野蠶은 自己繭巢를 桑葉上에 結成ᄒ야 桑幹隱密處에 産卵孵化ᄒ는 者라 時人이 其繭巢를 收集紡繰ᄒ야 衣帛之料에 需要를 計劃홀ᄉᆡ 其 纖維의 美麗ᄒ며 輕暖홈을 認識ᄒ고 彼의 産卵를 採集ᄒ야 目的흔 桑樹에 孵化放養타가 漸漸人智가 進步ᄒ며 絹絲의 需要가 增加ᄒ는딕 及ᄒ야 蠶種의 製造를 試ᄒ야 室內飼育方法에 至흔 同時에 品質良好흔 桑葉을 多量收獲ᄒ기 爲ᄒ야 桑樹栽培를 企圖ᄒ며 蠶具를 考按ᄒ야 溫暖의 飼育에 至ᄒ며 尙又一層智識이 發達ᄒ야 蠶兒의 强弱好嫌의 性質이 有홈을 硏究ᄒ야 其 溫暖育의 誤홈을 知ᄒ고 其法을 改良ᄒ니 卽 今日飼育의 實行ᄒ는 折衷育卽不寒不溫取其中之法인딕 寒字天然育이오 溫字는 高溫育이 是이라.

就中數千年을 不絶ᄒ고 人爲的 保護愛育으로 吾人需要에 向ᄒ야 淘汰

選擇을 被흔 家蠶은 本是 太古野生時代 性狀으로 今日 如彼흔 狀態에 至호엿심은 眞實로 不思議(이상)의 事이라. 故로 其 變化의 由來 原因과 其 狀態에 就호야 最先飼育에 基礎와 將來 改善을 加호야 善美之境에 至흔 方法을 考案치 안코는 其 習性을 認得호기 難홀지로다.

要컨뒤 家蠶의 始祖가 太古野生時에는 其棲息狀態也와 其成繭形狀品質也가 今日 吾人目睹호는 桑蠶과 同祖라고 不可不 推認홀 者라 如此히 豊大纖麗흔 繭巢를 結成호는 家繭과 如彼히 蠶色도 特異호고 繭巢도 粗薄極劣흔 者와 元祖同一이라홈은 唯一假想이라고 誤認호기 易호나 此 辨明에 對호야는 本人의 研究所得者로 擧告호야 以解其誤코저 호노라.

如此히 好成績의 功果를 凱奏호는 者라도 粗放飼育호며 繭蛾等選擇淘汰를 不顧放任호야 數年만 彼의 任意로 孵化케 호면 遂히 桑蠶과 相距가 不遠흔 劣種에 同歸호기 易호도다. 故로 吾人飼育의 家蠶과 彼此間 元祖同一이란 說이 假想이라. 誤認홀 바 아니라 호노라.

然이나 悠久數百千年間에 彼는 自然淘汰를 受호고 此는 人爲的 保護淘汰를 受흔 者라. 其 結果 兩者間 如此히 懸隔흔 差異를 生흔 바ㅣ 太古由來之歷과 粗放飼育의變化如何를 不試호고 但 現時의 習性形態와 及 其成繭等으로써 兩者에 對照호면 右同祖說의 非認홈이 必然호도다.

今玆에 二三의 例로 以호야 比較로 試擧코저 호노니 彼桑蠶의 蛾는 飛翔이 自在호야 交尾産卵을 自由로 行爲호되 能히 桑樹枝幹을 擇호야 雨露日光及外敵等의 不犯홀 個所에 産卵附着호야 越冬來春을 期호며 且幼蟲(蠶時代)으로 論之라도 其 動運의 活潑홈과 索食의 自由로 適當흔 桑枝에 處食호되 其 枝葉을 食盡홀 時는 他枝로 移轉홀 能力이 有호고 體軀의 色彩形態도 各頗異樣호야 擬於桑幹者도 有호고 保護警戒之態로 害敵과 又日光雨露之害를 巧避호야 適所에 隱居호는 者도 有호며 營繭호는 境遇에도 枯凋흔 桑葉과 如히 黃褐色을 呈호야 吾人需要慾望에 缺點되는 粗繭을 營結호나 大凡 自己生活 自衛方面에는 少無缺處이오 又其體質이 一般强健호야 氣象上障害에 對호야 强益흔 抵抗力이 具

備혼 者라. 家蠶은 不然ᄒ야 其 形態生活이 幼蟲에 在하야는 體軀가 肥大히 成長하나 保護警戒의 色彩가 缺하야 他物에 擬홀 形態를 全失하야 體質上 防害에 抵抗力이 弱하며 又蠶峨는 飛翔力이 無하야 雄蛾는 雌蛾를 尋訪ᄒ기 難ᄒ야 人力에 依치 안코는 交尾에 不及하며 又雌蛾는 桑蠶蛾와 如히 桑樹를 求索하야 産卵홀 習性이 無하며 蠶卵은 溫濕에 忍耐力이 弱하니 非人爲的이면 不能生存者也라. 然이나 吾人需要의 焦點되는 成繭의 豊大와 絲量의 富饒와 絲縷의 纖麗는 薄劣혼 桑蠶에 比홀 바ㅣ 아니라.

然則 同祖之兩者의 差異는 如斯하려니와 如何혼 次第로 如彼히 變化하야 良蠶에 至하얏느뇨. 大疑問이 生하는도다. 此는 吾人需要에 向하야 淘汰的으로 繭絲의 豊美혼 者만 選擇하야 原種에 供혼 所以이니 卽 蠶種을 製造ᄒ는딕 當히야 種繭의 選擇淘汰를 嚴密히 行ᄒ야 性質의 劣等者는 除去하며 又蠶卵의 保護貯藏에는 天候如何를 不計ᄒ고 周到혼 注意로써 溫濕劇變의 害에 不罹케 하야 其 健康을 安保하며 且蠶兒飼育中에 就ᄒ야는 滋養에 豊富혼 良桑을 潤澤케 與하며 常히 溫濕度를 調和ᄒ야 蠶兒를 便宜케하되 爲先 空氣流通, 除沙(除糞) 分箔 等 節에 注意홈이 養蠶家에 最先務이니 總히 彼의 衛生上 障害되는 事은 人爲로써 未遂前에 豫防하야 適當혼 保護를 與하야 生育에 供홈이 可하도다. (未完)

▲ 제9호

(사정상 게재하지 못함) = 이후 연재되지 못함

◎ 韓國 蠶業에 對흔 意見, 盧庭鶴, 〈대한흥학보〉 제1호, 1909.3.
 (농업, 양잠업, 양잠학)

▲ 제1호

　余ㅣ 此을 論함에 對호야 特히 韓國蠶業이라 題호은 韓國이 蠶業界 天然的에 如何한 方面에 在호며 此方面의 就호야 如何흔 方策을 執호면 適當호믈 論코져 함이라. 蠶業界 天然的이라 호믄 何을 謂함인요 호면 卽 第一 氣候오 其他은 此 蠶業發展에 對호야 人工을 小加호면 可히 應用할 者을 皆稱호미니 以上 如何흔 方策을 執호면 適當호믈 論코져 함니라 호믄 卽 天然界 自然物을 適當히 應用호여 生産이 增大호는 同時의 經濟事情을 調合코져 호미라. 余 前 日本國의 在할 時에 一村翁이 蠶卵 數枚을 持來호여 余의게 言曰 此 種은 一年에 一生 二生 三生에 數次의 養을 得호므로 爲利莫大云而日本人이 販賣故로 余買來而今年 試養云矣러니 該 年 冬에 村翁이 因事호야 余家의 訪來흔지라 余ㅣ 今年 養蠶事을 聞한즉 其 村翁이 恨言曰 昨年에 該 種을 飼養한 바 四次 發生은 日本人의 言과 如호느 太半 病死호야 四度飼養이 昨年 一度 春蠶의 繭量에 不過호엿다 云호던 說을 余 今日 思之컨되 此翁이 春夏蠶이 天然界에 對호야 其 嗜好호미 不同호믈 不知호고 다만 一年 一生 二生 三生호는 好奇心으로 此을 飼養호다가 失敗함에 不過흔지라. 此外에 伊太利國 養蠶者와 日本 養蠶者와 佛國 養蠶者가 一場同集호여 養蠶法을 相論할시 其 言이 各各 不同호야 彼善我善에 論議가 一定흠을 得치 못호거늘 我韓國 養蠶者가 此을 論辯호여 曰 諸君은 爭치 勿호라 諸君의 言이 皆是로다. 伊, 日, 佛에 地勢氣候 同치 못한즉 其 飼養法이 同치 아니흠은 自然흔 理라. 我國은 國南國北에도 飼養法이 不同호노라. 諸國人이 皆 服호엿다는 說이 有흔지라 余는 專히 韓國蠶業을 論코져 흠은 此을 爲흠이니 此을 讀호시는 諸君은 此 點에 特別 注意호심을 要호오. 非但 蠶業만 然흠이 아니라 世上 千百事가 此에서 利害의 結果

을 豫言할지니 萬一 村翁과 如히 春蠶飼養과 갓치 夏蠶을 飼養ᄒ거ᄂ 日本人이 佛國蠶의 飼養法과 同一히 ᄒ면 其 失敗홈이 必至ᄂ 自然ᄒ 理由에 過치 아니ᄒ지라. 以下 論述ᄒ고자 홈은 韓國 天然界와 人工部 을 題로 作ᄒ야 各히 二三項目을 列論코져 ᄒ오.

第一. 韓國 天然界

(가) 地勢 及 氣候. 我韓國은 諸君이 旣知홈과 갓치 白頭山脈이 南北 을 貫徹ᄒ야 諸山丘陵이 되얏고 東西南 三方面은 盡是海에 接ᄒ고 北은 上記ᄒ 白頭山에 面ᄒ지라. 此로 由ᄒ야 全國의 水流가 皆히 東西로 路 을 作ᄒ고 北方에는 白頭山에 近홈으로 自然山岳이 多ᄒ고 南에 往홀 수록 山岳이 少ᄒ니 ᄌ연 北方은 平原이 太小ᄒ고 南方은 平原이 倍多 홈으로 耕作의 物도 北方에 比ᄒ면 南方이 甚히 好成蹟과 巨大量을 占 得ᄒᄂ니 此을 全觀ᄒ건듸 北方이 農作地 面積에 狹小홈은 地勢로 由來 ᄒ바어니와 成蹟도 南方보담 最劣홈은 何로 從來ᄒᄂ냐 ᄒ면 吾 必 曰 溫度의 關係라 ᄒ노라. 諸君이 旣知함과 갓치 北方으로 言ᄒ면 春暖의 至홈이 甚 遲ᄒ고도 冬寒의 來홈이 ᄯᄒ 甚 急홈으로 一年 中 最히 必要 ᄒ 農作期間이 短縮ᄒ야 作物의 生長을 妨害함에 因홈이니 早霜의 弊害 ᄂ 間間 農作者로 ᄒ야금 大失敗를 成ᄒᄂ 者ㅣ 顯著ᄒ 一例也라. 然則 如此ᄒ 寒地에는 堪寒의 種類을 取ᄒ여 農作홈이 可ᄒ오.

以上과 如ᄒ 地勢와 溫度의 關係에 對ᄒ여ᄂ 養蠶의 經營方策 不同홈 을 得치 아니치 못홀지라. 然이ᄂ 人工部에 編入코져 ᄒ여 此에 止ᄒ오.

(나) 江河海의 沿岸과 高山峻嶺의 地. 今에 江河海의 沿岸이라 홈은 全國南北을 不問ᄒ고 江河海의 沿岸된 地을 云홈이오. 高山峻嶺도 亦然 홈. 論者 此을 紹介홈은 江河海의 沿岸은 各處 溫度을 輸送ᄒ야 氣候가 適當ᄒ고 一年 中 平均溫度가 大差가 無ᄒ니 世人이 所謂 江河沿岸地ᄂ 冬不寒 夏不暑라 云홈이 亦是 此로써 出ᄒ듯 ᄒ오. 然홈으로 自然農作

物도 此等 沿岸에 好成蹟을 擧ㅎᄂ 者라. 高山峻嶺의 地ᄂ 此에 反ㅎ야 春暖이 甚 遲ㅎ고 冬寒이 亦 急ㅎ야 農作地에ᄂ 不適ㅎᄂ 夏秋蠶 飼育 에ᄂ 適當홈. 此 高山峻嶺의 地ᄂ 五月 中旬 後 七月 初까지ᄂ 晝間 甚 暑ㅎᄂ 夜間은 稍 爽함에 在ㅎᄃ.

第二. 人工部

(가) 春蠶과 夏秋蠶의 地勢의 關係. 古來 養蠶의 本場이라 稱ㅎᄂ 地 ᄂ 何國을 不問ㅎ고 大河沿岸의 沖積層 或ᄂ 洪積層으로 된 地勢快闊ᄒ 地方이라 我韓으로 言ㅎ면 慶尙道洛東江 兩岸과 如ᄒ지라. 日本으로 言 ㅎᄂ즉 阿武隈河 沿岸一帶 伊達, 信夫, 兩郡과 如ᄒ 地을 謂함이라. 此와 如ᄒ 地方 等을 槪히 地味豊活함이 桑樹繁茂ㅎ고 且 蠻蛆의 害가 小함 으로 蠶種製造에 適當ㅎ고 且 收繭量이 多ㅎ고 品質이 亦 佳함은 其 原因 卽 地勢關係에 由來함이라. 此에 反ㅎ야 所謂 霧深地 我韓 江原道 北部 咸北 兩帶와 如ᄒ 地 日本으로 言ㅎ면 北海道 及 靑森 北部와 如ᄒ 春暖 甚 遲ㅎ고 冬寒 甚 急ᄒ 地ᄂ 養蠶의 好成蹟을 得키 難ᄒ지라. 此 로써 如此ᄒ 地方의ᄂ 品質이 劣等이ᄂ 性質이 强壯한 蠶種을 撰擇ㅎ여 飼養치 아니ㅎ면 好成蹟을 得키 難홀지라 然홀 뿐 아니라 此等 地方은 農業의 本作되ᄂ 稻作을 雪融後 始作ㅎᄂ 고로 春蠶期와 相逼ㅎ야 到底 히 春蠶을 飼養키 不能함으로 此等 地方은 夏秋蠶을 飼養함이 農暇 利 用上 便利ㅎ고 且 利益이 甚 多함을 得홀지라. 然ᄒ則 前述ᄒ <u>江河海의 沿岸 等地에ᄂ 春蠶飼育에 適當ㅎ고 高山峻嶺의 地에ᄂ 夏秋蠶飼育에 適當ㅎ다</u> ㅎ오. 春蠶上 第一 忌嫌함은 溫度의 高와 (養蠶上 最適溫度 攝氏 七十度 內外) 溫度의 低와 濕氣라 然ᄒ 바 低溫ᄒ 時에ᄂ 火力을 用ㅎ야 溫度을 調和ㅎ거니와 高溫ᄒ 時ᄂ 人力으로써 到底히 此을 禁 止키 難ᄒ지라. 然而 夏秋蠶飼育 期限은 一年 中 第一 高溫多濕(養蠶上 濕氣도 또ᄒ 必要ㅎᄂ 飽和度에 至홈은 蠶의 衛生을 大害홀지라. 故로 「코온」氏의 計濕表로 三四度의 差로써 適當ㅎ다 ㅎ오) ᄒ 時季라. 此

不可不 比較的 爽凉흔 地을 求호야 夏秋蠶을 育함이 必要호오. 春蠶期
에는 低溫의 害ㅣ 間間 有之호니 相當흔 火力으로써 補溫호여 稚蠶期
七十二三度 壯蠶期 七十度 前後로 平均을 定호야 三四度의 差에 濕度으
로 保養함을 要홈.

(나) 桑園設立法과 夏秋蠶 春蠶用의 關係. 桑園設立法(設立은 栽桑上
人工의 添加함을 云) 其 種이 甚 多라 ——히 記기 難호나 支那의 六拳
式과 日本의 根刈, 中刈, 高刈, 秋田式 歐洲式 等이 有흔 外에 速成桑園
及 喬木設立 等이 有호오. 根刈라 云흔 者는 栽植 後 三年부터 株基 一
寸 假量을 餘存케 호고 刈取호면 此에서 新芽을 更出호여 此에서 桑葉
을 摘取호는 方式이니 夏蠶用 桑園은 早春에 摘取호고 春蠶用은 春蠶期
桑葉을 摘取호고 此을 卽時 刈取호는 者ㅣ 通例라. 中刈云者는 二尺 以
上 三尺 以內 株頭가 齊一호게 此을 刈取호는 者요 高刈云者는 五六尸
前後 刈取호는 者니 以上 三者 年年히 同所에 刈取함을 要호오.

秋田式云者는 栽植初年株 一個을 直立호게 호야 二年代에 其 中央을
刈取호면 此에서 新株가 出호느니 此을 人字의 倒書함과 如히 二個에
作호야 三年代 四個 四年代八個 五年代 十六個 株을 得홀지니 一定흔
株數을 作흔 後 此에서 每年 刈取호여 蠶兒飼育에 供호오. 支那의 六拳
式도 此 法과 如호되 最終 株數 六個에 止함으로 此 名이 有호고
歐洲式은 支那 六拳式와 日本 秋田式 中位의 取흔 者니 大略 設立法
이 同一함으로 此을 論홀 必要가 無호고 速成桑園云者는 全히 夏秋蠶을
飼養코져 호야 一時的 經營에 過치 아니호니 其 栽植法은 田 一斗落에
二三千個의 多數의 桑苗을 植호여 其年예 摘葉호는 故로桑樹의 生長年
限 五六年에 不過흔 者ㅣ며 喬木設立云者는 全枝을 刈取치 아니호고
死期까정 成長케 호는 者을 謂홈. 以上은 設立法의 略示어니와 春蠶用
에 何가 適當호며 夏蠶用의 何가 適當홈을 先호야 寒地에 何을 取호며
暖地에 何을 取홈을 論定호면 自然 春夏秋用의 設立法을 知홀 듯 호오.

(以上 春夏秋蠶 飼育地 參照) 卽 暖地에는 根刈法을 應用ᄒᆞᄂᆞᆫ 者ㅣ 多ᄒᆞ고 中刈法은 寒暖의 差 甚ᄒᆞ지 아니ᄒᆞᆫ 地方은 彼此 相當ᄒᆞ고 高刈, 秋田式은 寒地에 多行ᄒᆞ고 喬木이라 云ᄒᆞᆫ 者ᄂᆞᆫ 天然 成長홈을 因ᄒᆞ야 設立法 中에 不在ᄒᆞᄂᆞᆫ 寒地에 多行ᄒᆞ고 歐洲式, 六拳式은 寒地暖地을 問치 아니ᄒᆞ고 保護手入을 適留히 ᄒᆞ면 可홈. (未完)

▲ 제2호

(다) 蠶種의 改良에 官營 或 民營專賣權을 許與ᄒᆞᆯ 理由와 效能

蠶種은 養蠶上 第一先 着手ᄒᆞᄂᆞᆫ 者라 만일 良種을 得치 못ᄒᆞ면 好結果을 得치 못홈은 不得已ᄒᆞᆫ 事라. 然ᄒᆞᆫ 바 蠶種을 養蠶家 自家에서 製造홈은 甚히 不完全홈을 免치 못ᄒᆞᆯ지라. 萬一 蠶病의 原因되ᄂᆞᆫ 微粒子와 如ᄒᆞᆫ 細菌이 蠶卵內에 有ᄒᆞ거나 ᄒᆞ면 失敗홈이 必ᄒᆞᆯ지라 此을 爲ᄒᆞ야 蠶學上에 相當히 智識이 有ᄒᆞᆫ 者로 製造ᄒᆞ야 病原의 存不存과 體質의 健否을 精査ᄒᆞ여 養蠶家로 需用케 ᄒᆞ면 多大效能이 有홈을 得ᄒᆞᆯ지라. 日本에도 現今 蠶種製造ᄒᆞᄂᆞᆫ 者ᄂᆞᆫ 相當ᄒᆞᆫ 資格과 製造器具 全備홈을 政府縣聽에서 此을 認定ᄒᆞ여 蠶種을 製造後 該 縣, 郡, 廳, 蠶病 豫防官吏의 檢査을 濟ᄒᆞᆫ 後 販賣가 되ᄂᆞ니 此와 如히 一方針을 定ᄒᆞ여 相當ᄒᆞᆫ 範圍 內에 蠶種의 强制的 改良을 施ᄒᆞ되 余의 略見으로 言ᄒᆞ면 此을 二三四年間 官營으로 養蠶家의게 供給ᄒᆞ다가 養蠶家 中 相當ᄒᆞᆫ 蠶學識이 有ᄒᆞᆫ 者로 製造專買權을 許與ᄒᆞ되 相當ᄒᆞᆫ 者ㅣ 多ᄒᆞ거던 多ᄒᆞᆫ되로 專買權을 許與ᄒᆞᄂᆞᆫ 同時에 政府ᄂᆞᆫ 此을 檢定ᄒᆞ야 蠶種의 僞否를 判明後 販賣케 홈을 要홈. 政府ᄂᆞᆫ 更히 此 蠶種類 强弱의 度을 隨ᄒᆞ야 蠶種 製造家로 ᄒᆞ야금 自由로 種類의 撰擇을 不得ᄒᆞ게 ᄒᆞᄂᆞᆫ 同時에 販賣路도 一定ᄒᆞᆫ 區域을 定ᄒᆞ야 此을 他區域에 濫越販賣을 禁홈을 要홈. 以上과 如히 蠶種을 製造ᄒᆞ야 販賣케 ᄒᆞ면 其 效能이 莫大ᄒᆞᆫ 好結果을 得ᄒᆞ리니

一. 蠶種需用者ㅣ 自區域에 適當흔 蠶種을 得ㅎ야 飼育上 便利흠을 得흘 事오.

二. 多年 同一흔 種類를 飼育흠으로써 自飼育法에 熟練通達흠을 得흘 事오.

三. 以上과 如흔 好境遇을 得ㅎ면 自然히 蠶의 繭量이 多ㅎ고 品質이 善良흠을 得흘 事라.

以上과 如히 蠶種과 養蠶이 分業의 性質이 有ㅎ니 或 養蠶家 自家에 셔 蠶種을 製造ㅎ야 自由 飼育ㅎᄂ 小便利을 擲棄ㅎ고 自己 小便利外 全國蠶業界 發展의 大利益을 進取흠을 望흠.

(라) 蠶室 蠶具의 設計와 及材料 養蠶이라 ㅎᄂ 業務ᄂ 本業 下副業에 屬흔 者라. 此를 大規模로 設計흔 大養蠶의 小數됨버덤 余ᄂ 小規模 養蠶家의 多大數됨을 歡迎ㅎ노라. 是故로 蠶室 蠶具로 言ㅎ더라도 傳來ㅎ 던 바 家屋, 蠶具로 言ㅎ더라도 從來의 使用ㅎᄂ 器具을 利用ㅎ여 此를 代用흠이 可흠. 妄然히 宏大흔 蠶室과 精美흔 蠶具을 製造ㅎ여 蠶을 飼育ㅎ다가 生産의 支出 收入이 相當치 못ㅎ면 此은 眞 所謂 逸居者의 娛樂飼育法이라. 蠶을 飼育ㅎᄂ 結極 目的을 全然히 繭의 生産額이 多 出흠에 在ㅎ니 吾養蠶家은 此를 先察흠을 要ㅎ오. 然ㅎᄂ 此 家屋이 蠶 의 衛生上의 適當치 못ㅎ면 到底히 好結果을 得치 못흘지니 相當흔 修 繕과 相當 注意흠을 要ㅎᄂ니 蠶具도 亦 然흠. 其 修繕과 注意處을 左에 示ㅎ면

一. 蠶室의 方向 古來 吾人住家가 南向을 嗜好ㅎ고 北向 西向을 甚忌 흠은 其 北風의 寒冷과 西方에 太陽熱을 避흠이라. 是以로 蠶室도 南向 이 大好ㅎ고 其 次에 東東南에 面흔 者도 可合ㅎᄂ 南向에ᄂ 及치 못ㅎ 오.

二. 蠶室의 周圍 動物의 生育에 旭陽은 甚히 效能이 有ㅎ니 東方과

南方은 力及ᄒᆞᄂᆞᆫ디로 廣潤ᄒᆞᆷ을 要ᄒᆞ고 北方은 春蠶期 寒冷의 患이 有ᄒᆞ니 丘陵 或 建築物이 數間을 隔ᄒᆞ여 在케 ᄒᆞ면 此 寒冷의 患과 北風의 疾來을 可防이고 西方은 二三間 隔ᄒᆞ야 樹木을 植置ᄒᆞ여 太陽의 復射熱을 避ᄒᆞᆷ을 要ᄒᆞᆷ.

三. 溫度 高低 自由ᄒᆞᆫ 裝置와 排濕의 裝置을 要ᄒᆞᆷ. 溫度가 低ᄒᆞᆯ 時ᄂᆞᆫ 此를 高케 ᄒᆞ고 高에 過ᄒᆞᆯ 時ᄂᆞᆫ 此을 低케 ᄒᆞᄂᆞᆫ 者니 普通 蠶室 中央에 固定火爐을 作ᄒᆞ야 此에 炭火을 燃ᄒᆞ야 溫度를 高低케 ᄒᆞ고 天井(쳔쟝)의 氣拔窓, 欄窓 等을 開閉ᄒᆞ야 溫度의 高低을 自由로 ᄒᆞᄂᆞᆫ 同時에 ᄯᅩ한 此을 開閉ᄒᆞ야 排濕用에도 兼得ᄒᆞ오.

以上은 蠶室의 略記어니와 左에 蠶具에 及ᄒᆞᆷ.

一. 蠶具의 名稱과 用處 及 材料

　　A 蠶箔. 蠶室의 大小을 隨ᄒᆞ여 不同ᄒᆞᄂᆞ 普通 幅 二尺半 長 三尺半인디 竹 或 木板으로써 製造한 者니 此에 蓆을 敷ᄒᆞ야 其 上에 蠶을 飼育ᄒᆞᆷ.

　　B 蠶網. 蠶糞을 除去ᄒᆞᄂᆞᆫ디 用ᄒᆞᄂᆞᆫ 者니 材料을 藁繩 或 綿絲로써 製造한 者

　　C 簇子. 蠶의 結繭할 處所을 稱ᄒᆞᆷ이니 行, 藁, 蘆 等으로 製造한 者

以上 何을 不問ᄒᆞ고 材料의 輕乾ᄒᆞᆫ 者을 取ᄒᆞ여 使用上 便利케 製作ᄒᆞᆷ을 要ᄒᆞᆷ.

　(마) 飼育上 注意 以上과 如ᄒᆞᆫ 蠶室 蠶具을 有ᄒᆞᆫ 後 此에 相當한 注意을 要ᄒᆞᆷ. 此을 左에 示ᄒᆞ면

一. 蠶室蠶具을 殺菌劑 호루-마링이ᄂᆞ 蟻酸 아루데히이도 等으로 瓦斯消毒 或 蒸汽消, 塗抹消毒을 行한 後 昨 臘月에 水洗을 行ᄒᆞ야 貯藏ᄒᆞ얏던 蠶種을 初로 催靑에 (催靑은 蠶卵을 化生케 ᄒᆞᄂᆞᆫ 語) 着手ᄒᆞ야 略 三週 後 此을 掃立(掃立은 蟻蠶을 掃下하ᄂᆞ 語)ᄒᆞ야 飼育에 着手하ᄂᆞ니

此時에는 蠶의 體質虛弱ㅎ니 愼重히 此을 保護하되 溫度 七十二三度 濕度 三四度의 差로써 急變읍시 調節하고 桑葉은 柔軟한 者을 取ㅎ야 此을 細切ㅎ여 給흠을 要흠.

二. 壯蠶期에 至ㅎ면 蠶은 一萬倍의 體量을 增하고 食量千倍에 及ㅎ미 自然히 蠶箔 坪方尺數도 八九十坪方에 至ㅎ는지라. 故로 蠶座가 堆積ㅎ야 濕氣가 過多한 或 雨天에 臨하면 病原體의 發生을 冒하야 蠶兒을 斃死식힐 憂가 有ㅎ니 此에 對ㅎ야는 除沙(殘桑蠶糞除去之語)을 每日 數回 頻行ㅎ야 蠶座의 汚濁을 防케 흠. 諸般 病原이 高溫多濕 中에서 出來ㅎ니 注意흠을 望ㅎ오.

三. 蠶이 四眠蠶은 四眠後 三眠蠶은 三眠後 熟成ㅎ느니 蠶의 第四五 環節이 透明ㅎ야 硝子와 如히 되고 此 蠶을 光線에 照視ㅎ면 蠶의 胃 卽 食道 下部 直腸 一二個糞이 有흘 뿐이니 此 時期가 正히 上簇에 適當한 時라. (上簇은 蠶을 올닌다는 말) 此 時期을 過ㅎ면 不多흔 絲을 吐ㅎ여 損害을 被ㅎ느니 前日 上簇準備을 ㅎ엿다가 此 熟蠶이 出ㅎ거든 速히 上簇식흠을 要흠.

四. 上簇後 二三日이면 蠶이 結繭을 畢ㅎ고 四五日 後면 化蛹ㅎ야 六七日 後면 全部 化蛹ㅎ느니 此時에 收繭을 行ㅎ되 上, 中, 下 繭 及 同功繭(二個合作繭) 等 各히 收容ㅎ야 上繭으로 ㅎ야금 下繭의게 汚麤케 勿ㅎ고 坐 販賣上 各器에 收容흠이 價格 票準ㅎ기에 易흠.

以上은 飼育上 注意와 갓치 蠶의 經過 大略을 槪述ㅎ엿거니와 今에 更히 蠶이 經過 日數을 詳示ㅎ야 參考코져 ㅎ노라. 一化蠶 卽 一年 一化 ㅎ는 者의 就ㅎ야

催靑 略二十二日間
食桑期 略三十三日間

上簇中 略六七日間

合計 六十二日間이라 此을 製種코져 ᄒ면 溫度 六十七八度 前後에 在ᄒᆫ 室에는 上簇 後 十五六日 後 發蛾ᄒᄂ니 雌雄交尾을 行ᄒ여 産卵케 ᄒᄂ니라.

以上은 盡是春蠶의 論述이어니와 夏蠶 多化性은 掃立後 二十二三日 後 成熟하야 上簇 二三日 後면 收繭홈을 得하고 收繭後 略八九日이면 發蛾ᄒ야 産卵하고 産卵은 略 一週日 以上을 經過ᄒ면 更히 發蛾하야 掃立ᄒᄂ 者니 年에 二花하ᄂ 者을 二化性三化ᄒᄂ 者을 三化性이라 云홈. 然이ᄂ 夏蠶의 絲量과 品質이 春蠶에 比ᄒ면 甚惡甚劣ᄒ고 또 飼育法이 困難ᄒ오 春蠶도 九十度의 溫度로써 此을 飼育하면 十五日後 上簇홈을 得홀지나 亦是 高溫홈으로 病原이 多生하고 好成蹟을 得치 못홀지니 養蠶 諸氏은 特別히 夏秋蠶에 注意하옵셔 日數의 短期홈을 奇好타 마르시고 十分 注意ᄒ옵소셔.

以上은 養蠶上 普通 行事을 概述ᄒ얏스니 諸彦은 我韓國 南北氣候에 斟酌 參考ᄒ시와 飼育ᄒ심을 望홈. 本述者 本國 地勢氣候에 對ᄒ야 實驗이 姑無ᄒ옵기 此을 地方 每每히 摘論키 難ᄒ지라. 養蠶上 普通 定規를 右에 槪示홈이옵. (未完)

▲ 제3호

(바) 製絲工場 設立의 必要와 其 設立 年限 養蠶의 目的이 繭을 取홈에 在ᄒᄂ 其 最終目的은 生絲에 在ᄒ지라. 養蠶의 成蹟이 甚好ᄒᄂ 善良ᄒ 器械와 精美ᄒ 技術로써 此을 製絲치 아니ᄒ면 品質 良好ᄒ 生絲을 取ᄒ야 鮮麗ᄒ 織物을 得키 難홀지니 此 蠶業이라 稱홈은 養蠶, 製絲, 織造을 幷稱ᄒ 者 養蠶을 獨行ᄒᄂ 者은 卽 養蠶界 分業이니 此 分

業者의 最終結果는 製絲家와 織造家를 待치 아니치 못홀지라. 譬컨디 水素와 酸素가 合ᄒ야 水을 成홈과 如ᄒ니 製絲工場의 程度도 其國 養蠶程度에 正比例으로써 設立홀지니 養蠶이 有ᄒ 以上에는 必히 製絲工場의 設立을 見홀지오 養蠶의 業이 盛大홀 時는 亦是 製絲工場 設立의 多數됨을 見ᄒ리로다. 此 日本 實例을 擧示ᄒ면

全國 蠶種의 掃立高

年度	全國蠶種의 掃立高
明治二十八年	三,九三八,三八八枚
明治二十九年	三,七四六,一三三枚
明治三十年	三,九八六,五六九枚
明治三十一年	三,九三六,九0九枚
明治三十二年	四,0三四,一二二枚
明治三十三年	四,四0七,六八二枚
明治三十四年	五,一五七,一0五枚
明治三十五年	五,五二0,0八三枚
明治三十六年	五,六七二,三八九枚
明治三十七年	六,一0六,七七八枚

全國 機械製絲工場 設立 統計案

年度	五百人繰	五十人繰	十人繰	合計	
明治二十六年	三個	一二一個	三四九個	二,一二九個	二,六0二個
明治二十九年	二一個	三七三個	五0九個	一,四八0個	二,二八三個
明治三十三年	一八個	二六二個	五二三個	一,二六九個	二,0七一個
明治三十八年	七個	三0二個	五七六個	一,三九二個	二,二七七個

以上表을 見홀 時는 百人繰 及 五十人繰는 年年히 增加홈을 見ᄒ고 五百人繰은 三十三年붓터 漸減ᄒ야 三十八年에 七個가 되고 十人繰도

亦是 漸退홈을 見홀지라. 余의 推想으로 言홀진딕 當時 養蠶家가 多數히 增加홈으로 製系工場의 熱이 經濟界에 煽動ᄒ야 二十九年度의 五百人繰가 二十一個 工場에 達ᄒ고 百人繰도 多數히 增加ᄒ엿다가 好奇心에 結果 失敗에 歸ᄒ고 百人繰 五十人繰等이 年年히 增加홈은 稍稍 蠶業界 製絲家의 智識이 進步되여 製絲工場의 性質과 管理方法을 曉解ᄒ야 一時的 好奇心을 擲棄ᄒ고 事業의 鞏固完全홈을 務홈에 出홈이로다.

製絲工場의 設立數와 蠶種數를 比觀ᄒ면 其正比됨을 知홀지라 養蠶의 高가 卽 製絲工場의 設立標準이라 云홀지니 其 設立年限이라 稱홈이 此에 在ᄒ도다. 養蠶의 程度가 速進ᄒ면 製絲工場의 設立도 亦是 速進홈을 得홀지니 八九年內에 養蠶의 業을 勉勵 實行ᄒ야 相當ᄒ 程度을 得ᄒ 後 我韓 隆熙 十一二年度에ᄂ 쏘ᄒ 製絲業이 確實히 旺盛ᄒ야 機械工場이 無數 設立됨을 豫期ᄒ노라. 製絲業이 確實히 鞏固되면 自然生絲 販路을 擴張ᄒ야 貿易國의 需用을 供給홀지라. 此 時期로뼈 蠶業의 最終目的에 達ᄒ엿다 云ᄒ리로다.

(사) 蠶業發展에 對ᄒ야 地方自治團體의 取홀 方策 旣往 槪述ᄒ바ᄂ 蠶業의 要素를 指示ᄒ 바어나와 此에 一層을 進ᄒ여 此業 獎勵方案을 論코져 ᄒ노라. 地方自治團體ᄂ 此 蠶業發展에 適宜ᄒ 手段을 執取ᄒ야 此을 保護獎勵치 아나치 못홀지나 其 如何ᄒ 方策이 可取홀 者오 ᄒ면

一. 蠶業에 關ᄒ 敎育機關 補習蠶業學校, 蠶業傳習所, 養蠶講話會, 栽桑研究所 等 機關을 設立ᄒ야 有爲홀 蠶學者, 製絲學者 及 技術者을 養成홀 事
二. 營業機關 共同蠶業組合, 合名或合資, 製絲工場, 蠶種製造會社 等의 機關을 設立ᄒ야 營利ᄒᄂ 同時에 他普通 個人養蠶 製絲家에 模範이 되여 此을 效則케 홀 事
三. 此業에 對ᄒ야 適當ᄒ 意見과 方法이 有홀 時ᄂ 此을 自治團體에

提案ᄒᆞ야 可決의 承諾이 된 者는 此을 政府 或 地方官廳에 申告ᄒᆞ야 實行이 되게ᄒᆞᆯ 事

四. 此業에 對ᄒᆞ야 妨害되는 事件이 起ᄒᆞᆯ 時에는 此을 亦是 政府 地方官의게 申告ᄒᆞ야 拒絶ᄒᆞᆯ 事

五. 蠶絲共進會 蠶絲 品評會 等을 設立ᄒᆞ야 新案ᄒᆞᆫ 器具及生絲, 蠶種等 精美ᄒᆞᆫ 者의게 褒賞을 授與ᄒᆞᆯ 事

六. 製絲家 或 養蠶家에셔 不幸히 莫大ᄒᆞᆫ 損害을 被ᄒᆞᆯ 時는 此에 相當ᄒᆞᆫ 救助金額을 附與ᄒᆞ야 斯業者로 ᄒᆞ야금 失業의 憂慮가 無케 ᄒᆞᆯ 事

　(아) 此業 發展에 對ᄒᆞᆫ 政府의 善後策 其 國內 某業을 勿論ᄒᆞ고 政府가 相當ᄒᆞᆫ 保護獎勵의 政策을 施치 아니ᄒᆞ면 到底히 其 業의 進就됨을 得치 못ᄒᆞᆯ지라. 此 蠶業 發展에 對ᄒᆞ야도 亦是 政府의 保護獎勵을 要치 아나ᄒᆞ면 其 最終目的을 達키 不能ᄒᆞᆯ지니 現今世界에 有名ᄒᆞᆫ 四大 蠶業國 伊大利, 佛蘭西, 支那, 日本의 實例을 見ᄒᆞ여도 可審ᄒᆞᆯ지라(大韓學會 月報 第三號 現世蠶業 參照) 政府는 以上 論述ᄒᆞᆫ 自治團體로 ᄒᆞ야금 此業에 對ᄒᆞ야 行動ᄒᆞᆷ을 贊成實行케 ᄒᆞᆷ은 依例行事에 過치 아니ᄒᆞ니 再論ᄒᆞᆯ 必要가 無ᄒᆞ고 政府自己가 如何ᄒᆞᆫ 保護와 獎勵의 政策을 施ᄒᆞᆯ고 ᄒᆞ면 自治團體의 行動과 如히 行ᄒᆞ야 可ᄒᆞ나 範圍가 一廣一狹에 異ᄒᆞᆷ 뿐이라. 余의 所見으로 此를 論述키 不能ᄒᆞᄂ 但 記述者 自己의 思案을 供코져 ᄒᆞ노에

一. 政府에 一部分되는 農商工部는 全히 此等 事業에 關係ᄒᆞᆫ 中央機關이라 可稱ᄒᆞᆯ지라. 然則 此 農商工部에 亦是 中央蠶絲業 機關을 置ᄒᆞᆷ을 要ᄒᆞᆷ. 此 蠶絲機關의 行動을 略述컨딕 全國內 蠶業에 敎育的 營業的 小機關의 諸般事項을 處理ᄒᆞᆷ에 在ᄒᆞᆷ(敎育的 器關이라 稱ᄒᆞᆷ은 中央及地方 數個所에 相當ᄒᆞᆫ 官立蠶業學校及試驗場等을 設置ᄒᆞ야 理論 實地로 蠶系界有智識者을 養成ᄒᆞᆷ을 云ᄒᆞᆷ) (營業的 器關이라 稱ᄒᆞᆷ은 卽 全國內 蠶業經營ᄒᆞᄂ 大小機關 統稱ᄒᆞᆷ)

二. 各 地方에 蠶業에 對ᄒᆞᆫ 地方機關을 設置ᄒᆞ야 養蠶時期에 當ᄒᆞ거던

消毒豫防法을 各히 自區域內에 實行ᄒ여 巡回敎授 或 出張指導홈을 要홈.

三. 此業에 對ᄒ야 有功ᄒ 者의게 褒賞을 授與ᄒ 事

四. 或 一地方이 不幸年을 遭遇ᄒ야 失敗ᄒ 時ᄂ 此에 救濟金을 相當히 下與ᄒ 事

五. 外國販路을 紹介ᄒ여 生絲을 輸出ᄒ되 到底히 個人力으로 能치 못홀지니 政府 此을 經營ᄒ야 貿易國의 供給홈을 要ᄒᄂ 事

右述ᄒ 諸項의 條件이 完具ᄒ 後 韓國蠶業이 發展된다 ᄒ오. 此로써 我韓國 經濟界에 一問題을 提呈ᄒ오니 各各 高尙ᄒ 意見으로 辯論ᄒ야 蠶業發展 善後策의 未及處을 指示ᄒ심을 望要

6.7. 원예

◎ 除蟲菊의 研究, 연구생, 〈태극학보〉 제25호, 1908.10.
　(농업, 화훼)

一. 來歷

除蟲 菊花가 世人의게 公認되기ᄂ 十九世紀 初頃에 始作ᄒ엿스되 原産地의 土人들이 其效用을 透ᄒ고 所謂 除蟲藥이라 命名ᄒ야 外國에 多數 賣出ᄒ며 一切 其原料를 隱匿ᄒ엿스민 該地方에ᄂ 一種 特有 産物이 되엿더니, 十九世紀初에 알메니아 商人이 '티쇼르'라 爲名ᄒᄂ 者ㅣ 百般 硏究 搄探한 缺課로 畢竟 其 原料 植物을 探知ᄒ야 世界에 公布ᄒ엿더니, 其後 距今 二十餘年 前에 米國人 '밀코'라 稱ᄒᄂ 者ㅣ 칼니포니아에서 栽培 製粉의 業을 始作ᄒ야 桑港(샌프란시스코)의 쌕하티 除蟲粉이라는 廣告가 各報紙上에 傳出ᄒ니 其前에ᄂ 該粉 一 폰도 價格이 五十弗에 達ᄒ엿더라. 其後에 漸次 廣布되여 至今은 日本 各地에 通常

培養物이 되엿스나 我國에는 尙今 栽培가 武흔 듯ᄒ나 從此로 此有用草物의 培養이 速速 播種되기를 願ᄒ노라.

二. 種類

三, 性狀

四. 栽培

五. 摘花 給 製粉

六. 用法

七. 收量

6.8. 축산

◎ 養豚 實驗談, 〈서우〉 제13호, 1907.12. (농업, 축산업)

富國强兵之策이 雖非一端이나 畜産事業이 其重흔 者에 屬ᄒ는듸 就中 最急務는 養豚事業이 是也라 現今 肉食이 急進흠에 一方에 供給이 不豊ᄒ야 肉價가 騰貴ᄒ야 中以下太多數를 占ᄒ는 國民의 食饌에 供ᄒ기 不能흠이 遺憾이라 養豚의 改良普及을 計ᄒ야 肉類의 産出를 闊澤케 ᄒ야 國民의 體格을 偉大壯健케 ᄒ고 又豚은 肉生産뿐 안이라 其 糞尿의 堆積이 農産物를 增收케 ᄒ고 其 他毛와 皮와 骨과 脂肪 等은 工業上에 應用ᄒ느니 養豚이 國家의 終濟上과 國民의 體育上에 稗益이 莫大흠은 言을 不俟ᄒ고 明白흔 바이라 日本人猪瀬孝吉氏가 十有餘年을 斯業

에 從事ᄒᆞᆫ지라 今其飼養管理의 實驗談을 左에 陳述ᄒᆞ야 實業에 有志ᄒᆞ
신 諸氏의게 紹介ᄒᆞ노라.

(一) 養豚은 資本을 要ᄒᆞᆷ이 僅少ᄒᆞ니 豚은 牛馬에 比ᄒᆞ면 價格이 廉
ᄒᆞ고 豚舍와 如ᄒᆞᆷ은 牛馬의 場所와 如히 大ᄒᆞᆷ을 不要ᄒᆞ고 又 極粗ᄒᆞ야
其 構造에 資本을 要ᄒᆞᆷ이 不多ᄒᆞ니라.

(二) 豚은 飼養管理가 容易ᄒᆞ니 豚은 非常히 强健ᄒᆞ야 疾病에 罹ᄒᆞᆷ도
少ᄒᆞ고 能히 粗食을 堪ᄒᆞ며 性이 溫順ᄒᆞ야 牧畜上 經驗이 雖無ᄒᆞ나 容
易히 飼養ᄒᆞ리니라.

(三) 豚은 飼料를 要ᄒᆞᆷ이 少ᄒᆞ니 豚은 雜食獸이라 飼料가 有價ᄒᆞᆫ 者
를 不用ᄒᆞ고 廚膳의 殘物과 葉屑과 根屑과 果實蔬菜의 廢物과 諸製造所
의 一般粕類와 醬油粕과 飴粕과 豆腐粕과 酒粕과 其他 米糖과 麥糖과
大根南瓜 等으로 飼料를 ᄒᆞᄂᆞᆫ 故로 飼養料를 要ᄒᆞᆷ이 極히 僅少ᄒᆞ니라.

(四) 豚은 蕃殖旺盛ᄒᆞ야 肉附迅速ᄒᆞᆫ 者也라 豚은 蕃殖力이 盛ᄒᆞ야 生
出後 十個月에 至ᄒᆞ면 交尾ᄒᆞ고 懷胎日數가 百十五日 內外면 分娩ᄒᆞᄂᆞᆫ
ᄃᆡ 一回에 少ᄒᆞ야도 四頭오 多ᄒᆞ면 十五頭니 平均 八頭 內外를 産出ᄒᆞ
며 年年 二回分娩이 容易ᄒᆞ고 食物의 分量에 比例ᄒᆞ면 生長肥滿ᄒᆞ기
甚速ᄒᆞ니라.

(五) 豚은 廢棄物이 無ᄒᆞ니 豚肉은 養味라 滋養에 富ᄒᆞ야 滋養價値가
牛馬에 比ᄒᆞ면 有優無劣ᄒᆞ고 脂肪은 工業 醫藥 食品 調理에 用ᄒᆞ고 油
를 製ᄒᆞ면 永年間腐敗의 患이 無ᄒᆞ고 腸은 腸詰料理가 有味ᄒᆞ고 其他
肝臟肺臟舌ᄭᆞ지 食料를 ᄒᆞ기 可得이오 皮ᄂᆞᆫ 靴 及 雪馱의 裏皮, 鞄 等의
諸細工에 用ᄒᆞ고 毛ᄂᆞᆫ 優等ᄒᆞᆫ 刷子 及 椅子蒲團의 埋物을 作ᄒᆞ고 骨은
象牙의 代로 用ᄒᆞ고 膀胱은 氷囊을 作ᄒᆞ고 其血은 染料를 造ᄒᆞ야 其
用道가 極廣ᄒᆞ니라.

(六) 豚은 風土氣候를 不擇ᄒᆞ고 如何ᄒᆞᆫ 土地에던지 飼養ᄒᆞᆷ을 得ᄒᆞᄂᆞ
니 豚은 寒國에던지 熱帶地에던지 溫帶地에던지 乾燥ᄒᆞᆫ 氣候에던지 濕
氣가 多ᄒᆞᆫ 場所에던지 高ᄒᆞᆫ 土地에던지 低ᄒᆞᆫ 土地에던지 何處라도 飼
養ᄒᆞᆷ에 妨害가 無ᄒᆞᆫ 故로 西洋에셔ᄂᆞᆫ 아루프스山脈의 山中에도 飼養ᄒᆞ

며 又 大河沿岸泥濘의 地方牛馬等飼養에 不適혼 處에도 豚은 飼養ᄒᄂ
니 極히 便利혼 家畜이니라.

(七) 豚은 肥料 製造의 器械라 藁 及 麥稈, 木葉, 草 等을 豚舍에 投入
ᄒ야 堆積肥料를 製ᄒ야 此를 田圃에 施ᄒ면 作物의 收獲을 增加ᄒ며
土地의 性質을 改善ᄒ며 又 瘠地를 沃地로 變更ᄒᄂ니 故로 飼料代ᄂ
肥料로 支辨홀지니라 如何히 化學 肥料 及 海産 肥料 等의 三要素를
配合ᄒ야도 堆肥를 三四年間 施用치 안이ᄒ면 其 收獲이 初年半量以下
됨은 各處 農事試驗場에 徵ᄒ야 明白혼지라 堆肥ᄂ 地力維持上 及 土壤
의 性狀을 改善홈에 大有力혼 物質을 含有혼 것이니라. 第一種 豚의 選
擇이니 大凡 家畜의 種類를 選擇홈에ᄂ 飼養 管理의 難易와 飼養의 目
的 及 風土 氣候의 適否를 考홀 것이라 養豚의 目的되ᄂ 肉産山에 速ᄒ
고 馴致溫和ᄒ야 管理ᄒ기 容易혼 種類를 順次로 記ᄒ깃노라. (未完)

6.9. 축산학

◎ 養鷄說, 東海 牧者 〈대조선독립협회 회보〉 제6호, 1897.2.15.
　(국한문)

　　*양계가 부의 근원이 될 수 있음을 주장

　世人의 資生ᄒᄂ 바ᄂ 農業으로조차 生ᄒᄂ니 農業이란 者ᄂ 百穀을
稼穡홀 쑨 아니라 果樹 蔬菜와 牧養 等事도 亦其一業이여ᄂ 我邦이 自
開荒 以來로 農業을 主ᄒ야 三千餘年에 至ᄒ나 다만 舊習을 墨守ᄒ고
新法을 講究ᄒ야 利益을 圖進치 아니ᄒ며 牧養은 何等 物인지 全昧ᄒ
나 農家에서 牛豚은 飼養ᄒ야 其力을 資ᄒ며 其肉을 用ᄒ나 그 飼養ᄒ
ᄂ 要法을 未解ᄒ야 害患이 比比有之ᄒ니 可히 歎惜할지로다. 至於養鷄
ᄒ야셔도 家家의 小數 鷄를 養홈은 그 肉과 卵을 但 一家 食物을 需用홀

쑌이요 些少흔 資本으로 一大 富源에 至흠을 아지 못하는 故로--

◎ 養鷄說, 金鎭初, 〈태극학보〉 제12호, 1907.7.

> *12~14호까지 3회 연재
> *김진초는 농업 관련 글을 지속적으로 남겼음 / 11호에는 '아계 농업의 전도'
> 를 수록

▲ 제12호

鷄는 有史以前부터 吾人의게 飼養된 바는 明白하나 其幾千前 何地에
셔 비로소 馴化(순화)되엿는지는 詳言하기 難하도다. 然이나 學者의 說
을 由흔즉 鷄의 原産地는 亞細亞 東南部 馬來群島 近傍인데 此로부터
四方에 擴張하야 支那 波斯 等 諸國에 飼養이 盛旺하야 漸次 其 傳播
區域이 大하고 西曆 紀元 六百年 前에 小亞細亞 及 歐羅巴 南部로브터
速히 歐洲 全部에 普及흔 것이라 하도다.

我國에셔는 自古以來로 文化의 開發이--

▲ 제13호

養鷄의 必要와 利益

玆에 養鷄의 必要와 利益의 槪念을 陳述하노라. 鷄卵이 滋養되는 것
은 學問이 열니지 못흔 幾千年 前부터 知하나 今日 學者의 分析을 依하
야 見흔즉--

▲ 제14호

　鷄의 種類

　鷄의 分類

◎ 農園 養豚說, 金鎭初,〈태극학보〉제9호, 1907.4.
　(농업, 축산업)

▲ 제9호

△豚의 發育: 豚의 年齡은 他 動物과 갓치 年齒로서 判別홈을 得ᄒᄂ
牛馬羊 等과 갓치 精細히 知ᄒ기ᄂ 難ᄒ니라. 然이ᄂ 種豚 外에ᄂ 四歲
以上은 飼養홀 必要가 無ᄒ지라. 一般 豚은 一歲에 其 發育이 大槪 完成
ᄒᄂ 故로 二三 歲에 至ᄒ면 다 屠殺홈으로 其 年齡 判別의 必要가 無ᄒ
며 쏘--

△豚의 種類: 豚의 種類ᄂ 左와 如히 大中小 三種에 分ᄒ니,

　甲 大種

(一) 제쓰다-화이도 種:

(二) 大욕샤이야 種:

乙. 中種

(一) 박-샤이 種:

(二) 포-란도 쟈이나 種:

丙. 小種

(一) 엣세구쓰 種

(二) 小 욕-샤이야 種:

▲ 제10호

△ 種類의 撰定: 種類의 撰定은 自家의 農業 方法에 適合치 아니치 못흘
지오, 쪼 風土 氣候와 經濟上 緩急과 用途의 如何를 因ᄒ야 種類를 變更
치 아니치 못흘 거시라. --

△ 飼養法: 飼養法도 其土地의 物産 等을 因ᄒ야 差가 有ᄒ니--

◎ 養鷄論(續), 閔正基, 〈공수학보〉 제3호, 1907.7.
  (농업, 축산학)

*(속)으로 표현했지만 앞의 호에 민정기의 양계론이 수록된 적이 없음

大抵 養鷄의 必要흔 바를 論호면 —— 枚擧키 難호되 滋養分이 豊富
흔 新鮮흔 卵과 肉을 家庭料理에 供用호며 家庭에 遺棄호는 穀物을 飼
料로 應用호야 廢物 利用호며 鷄卵을 母鷄 或 孵卵器에 入호야 溫度가
———

◎ 養兎法, 李相稷, 〈대한협회회보〉 제4호, 1908.7. (축산학)

第一. 管理 夫 兎를 自由로 放飼호면 其 省費가 될 쑨 안이라 毛皮의
光澤을 增加호며 肉質이 佳味호되 箱中이나 籠中에 飼養흠이 普通이니
大凡 養兎箱은 蜜柑箱 一個에 一頭로 定限호야 冬節이면 周圍에 厚紙로
塗張호며 床藁를 敷與호야 溫度를 能保케 호고 夏節이면 淸涼케 호야
蚊蛾의 侵害를 防禦호고 室內를 淸潔케 掃除할지니라.
第二. 蕃殖 兎는 一年에 七 八回를 分娩호고 一産에 五子가 其 通例라.
其 分兒는 百十日을 經호면 交合孕懷호야 三十二日만에 分娩호되 其
發情은 分娩後 二日로붓터 五日間까지오 其 交接期는 四介年이오 壽限
은 七介年이니라.
  母兎가 腹毛를 自拔호야 産巢를 造作호는 時는 此 分娩호는 時ㅣ라.
凡 母兎의 孕懷中과 及 其分娩 後는 良好흔 食物을 與할지니 如斯히
二日을 經호면 强壯肥大호야 良質을 備有흔 牡兎와 交合호기 可 호니라.
第三. 種類 白色과 黑色의 種類는 毛를 採收호기 可흔 良種이오 胡麻毛,
及 柿色의 短毛種은 肉質이 佳良호야 香氣를 帶有호고 其 味가 鷄肉과
如호고 其他 種種의 班點이 有흔 短毛의 種類는 毛肉이 俱不良好호니라.

第四. 餌食 養兎홈에 豆腐糟를 最上의 餌食으로 認識ᄒ나 兎ᄂᆫ 草木의 新芽와 及 靑草를 嗜食ᄒ고 又 乾草도 食ᄒ며 其他 芹, 豆, 薯의 葉 等이 最良ᄒᆫ 滋養의 餌食이오. 冬日에 至ᄒ야ᄂᆫ 乾草를 微溫湯에 浸ᄒ야 濃柔ᄒᆫ 細米糠을 混與홈이 可ᄒ니 如斯ᄒᆫ즉 長毛種은 毛皮의 光澤을 增加ᄒ고 短毛種은 肉質이 良佳ᄒ야 香氣를 帶有ᄒᄂ니라.

第五. 拔毛 一兎의 全毛ᄂᆫ 大抵 一兩五錢重 假量인ᄃᆡ 十頭의 毛로써 十二尺의 織物을 製得ᄒᄂᆫ 原料로ᄃᆡ 全毛를 拔去ᄒ면 兎가 疲弱ᄒ야 間或 斃死ᄒᄂᆫ 故로 近年에 發明ᄒᆫ 簡便의 拔毛法은 五六月 炎暑ᄒᆫ 時(卽 換毛期)에 拔去ᄒ면 新毛가 鱗生홈으로 決斷코 發育上 無妨ᄒ고 天氣 炎熱ᄒᆫ 時에 凉冷을 感ᄒ야 安然히 其 意를 能從홀지니라. 最初에 左手로 兎體를 持ᄒ고 右手로 頭部의 毛를 握ᄒ야 自頭至尾ᄒ도록 輕輕히 引拔ᄒ면 數握의 毛를 可得홀지며 又 死兎 或 屠兎의 毛를 拔코져 ᄒ면 手로 處理홈이 簡便ᄒ나 種種 切斷의 患이 有ᄒᆫ즉 石炭水를 毛上에 散布ᄒ야 毛와 水가 相合ᄒᆫ 後 此를 箱中에 累積ᄒ야 土中에 二晝夜만 埋ᄒ면 容易히 手로 拔去ᄒ고 兎毛도 他의 獸毛와 갓치 蟲害가 不少ᄒᆫ즉 此를 保存홈에ᄂᆫ 樟腦 或 硫黃花를 其 間에 散布ᄒ야 布帒에 入ᄒ고 其 口를 堅繫 貯置할지니라.

第六. 效用 其 肉은 食膳에 供ᄒ야 鷄肉 牛肉과 如히 佳味滋養의 效가 有ᄒ고 其 皮ᄂᆫ 通常 柔皮라. 種種ᄒᆫ 皮細工에 供用ᄒ며 其 毛皮ᄂᆫ 衣服의 襟緣 又 袖端에 縫着ᄒ야 溫氣를 保케 ᄒ고 其 毛ᄂᆫ 織物로 措理ᄒ고 又 其 糞은 特效가 有ᄒᆫ 肥料니라.

◎ 鷄卵의 貯藏法, 觀物客, 〈태극학보〉 제23호, 1908.7.
　　(농업, 축산학)

◎ 鷄病 簡易 治療法, 김낙영, 〈태극학보〉 제25호, 1908.10.
  (농업, 축산학)

　食滯病(一名 胃病), 趾囊腫處, 鷄冠의 霜燒, 魯布, 負傷, 眼病, 骨折,
冠病, 泄瀉(설사), 痘瘡

食滯病: 食滯의 原因은 여러 가지로되 흔히 狹窄ᄒ 處에서--

◎ 家畜改良 急務, 李赫, 〈대한학회월보〉 제6호, 1908.7. (축산학)

▲ 제6호

　我 亞細亞洲 家畜 歷史에 就ᄒ야 曾未檢閱 故로 我韓 家畜이 如何ᄒ
原種이며 何朝代에 何邦國으로 傳來ᄒ야 蕃殖於今日인지 難得判知라.
然이나 地理上 關係及歷史上 事蹟으로 推察홀딘듸 自印度傳於支那ᄒ
고 自支那渡至我邦ᄒ야 數千年 經歷에 農之耕作과 商之運貨며 工之材
料와 供之食料 等에 汲汲ᄒ 結果 自然的 人工的으로 蕃殖홈이 今日 畜
産國 標榜를 揭上ᄒ고보면 東洋은 姑捨ᄒ고 世界에 我 大韓이 決코 大
恥를 不受홀디라 ᄒ노라.

　噫라 當今 世界列邦이 家畜 競爭에 孜孜汲汲샏 不啻라. 國富 兵强를
此에 爲基ᄒᄂ 此時機에 際ᄒ여 唯獨 我大韓만 依然 舊法를 墨守而不伴
社界之進運ᄒ니 若此면 何年에 國富 兵强를 企圖ᄒ며 何年에 彼 歐米列
强과 比肩乎아. 嗚呼라 此點에 就ᄒ야 誰不大驚大歎哉아. 且 尤痛尤慄
이 卽 獸疫也라. 獸疫이 年年 不絶發生ᄒ야 許多 家畜이 無端斃亡而就
中恐慘者은 牛疫及炭疽로되 至於我官憲ᄒ야는 獸畜保護며 獸疫防治之
思想은 夢中에도 生覺이 업쓸 샏ᄃ러 設令 萬一에 醉夢를 覺홀디라도

144

師範者가 誰也오. 故로 全然히 放任自適의 狀態만 坐視샌인 故로 一次 獸疫就中 牛疫이 發生ᄒ면 漸漸 蔓延 傳布ᄒ야 一村一郡一道에 傳染ᄒ 야 必竟은 全國內에 流行ᄒ야 不過數月之間에 幾十萬 獸畜이 沒死 地境 에 至ᄒ니 豈不寒心哉며 豈不痛惜哉아.

痛哉라 此 原因은 孰是孰非을 勿論ᄒ고 政府 民間에 都是無學不究之 所以라. 故로 余가 家畜 改良ᄒ기 爲ᄒ야 玆에 一日이라도 關치 못ᄒᆯ 牛, 馬, 羊, 豚, 鷄 等에 就ᄒ야 各其 發育法, 飼養法, 管理法, 去勢法, 獸疫(牛疫及炭疽) 豫防, 接種法 等 槪要를 陳述ᄒ노라.

第一章 牛

牛은 農業 經濟上에 最重 最要샌 不啻라. 吾人 食料及材料上에 供用 ᄒᄂ 關係 一日이라도 闕치 못할 家畜이라. 故로 其 用途로 言之면 耕 耘, 運搬, 肉用, 乳用, 其 産出로 言之면 皮, 毛, 角, 骨, 蹄 其他 糞尿은 田圃肥料(俗 거름)에 供ᄒ야 各種 農作物의 收穫를 增加홈으로 農場業 이 擴張ᄒ면 此에 從ᄒ야 牛匹를 要ᄒᄂ 事實은 本記者의 呶呶 反覆을 不待ᄒᆯ더라.

(一) 牛의 發育, 牛은 出産時에 六枚 或 八枚의 切齒(前齒)와 四枚 或 六枚의 臼齒(俗 어금니)을 有ᄒ나 此皆 乳齒 故로 年月經過에 從ᄒ야 脫齒ᄒ고 永久齒에 代ᄒ되(恰如吾人換齒樣) 換齒期限은 三年三ケ月 或 四年섇지 延期ᄒ니라. 齒總數은 三十二枚 上顎에ᄂ 切齒 八枚가 無 生 長 年限과 使用 年限은 管理를 叮嚀이 ᄒ고 飼養에 充分이 ᄒ면 二十歲 乃至 三十歲 存生을 得ᄒ나 其時에ᄂ 使用은 不得ᄒ니라.

普通 牡牛은 五六歲, 犗牛(睪丸割去牛)은 六 乃至 十二歲, 牝牛은 九 乃至 十四歲 存生에 達홈.

交接期은 牝牡를 勿論ᄒ고 一歲半 惑 二歲에 始行홈을 普通ᄒ나 早熟 種과 滋養 飼料로 養育ᄒᆫ 牛은 每歲에 交接를 行홈도 可ᄒ니라.

發情期, 放牧에 養育흔 牛은 春季에 起흠을 例常호나 舍內에 養育흔 牛은 四季時時로 起호고 쏘 牝牛의 産後 回情期은 二十四日 乃至 二十八日이니라.

姙娠 期日은 平均 二百八十五日(十箇月) 或은 九箇月이며 最長期은 三百三十一日(十一箇月 以上)也라. 쏘 二百三十日(八箇月 以內) 以內之 産犢은 養育을 不得호나 二百三十日(八箇月 以上) 以上之産犢은 養育을 得호니라.

且 一産에 一犢를 規則호나 或 雙犢도 産호며 或 極稀로 三犢도 産호니라.

(二) 飼養法, 飼養法에 二法이 有호니 曰放牧法, 曰舍飼法, 이 是也라.

(甲) 放牧養育, 冬季間 舍內 飼養으로 夏季에 際호야 放牧호는 時에는 첫지 適宜흔 牧場를 擇定 後 其 牧場에 小區劃(境界을 設築)을 區分흠을 要흠. 若不然則放牛가 一時過食之弊를 生호야 疾病에 罹호니 易호니라.

(乙) 舍飼養育, 舍飼 養育에 夏期 舍飼와 冬期 舍飼가 有호니라.

1. 夏期 舍飼은 靑草로써 飼養호는 고로 可成的 充分흔 靑草을 投與호야 食料에 不足之弊가 無흠을 要호며 且 靑草은 每日 新鮮흔 生草를 苅入호야 飼料에 供호되 若 일 萎枯草와 雨露浸濕草를 投與호는 時에는 鼓脹病에 罹호긔 易호니라. 且 靑草가 延長호야 硬化된 時에는 約一寸 六七分 假量을 切호야 投與흠을 要흠.

靑草 舍養 期限은 土質, 氣候, 牧草(長成期) 等에 因호야 差違가 有호나 槪言호면 放牧期보담 五六週間이 短호니라.

大略 左表와 如

　　靑草長成良地 五箇月 乃至 六箇月(自五月 至十月迄)
　　靑草長成中地 四箇月半 乃至 五箇月半(自五月 中旬으로 至十月 中旬)
　　靑草長成劣地 三箇月半 乃至 四箇月(自五月末노 至九月)

2. 冬期舍飼은 乾草, 藁稈 或 農産製造物 殘滓 或 根菜類 穀類을 要호니라.

給食 時限은 通常 每日 三回(朝午夕)을 投與ㅎ되 一定 時限를 不變直行ㅎ을 要ㅎ니라. 何也오 反芻作用(牛, 羊, 鹿, 駱駝類 動物의 胃腑 構造은 他動物의 胃腑와 異ㅎ야 四個胃囊으로써 組織ㅎ므로 食物을 嚥下ㅎ면 先入 第一胃囊而次移第二胃囊ㅎ야 玆에 食物를 다시 食道管에 逆送ㅎ야 口腔에 含出後十分咀嚼呑下則其時에는 直入第三胃囊而次移第四胃囊ㅎ야 消化를 경영ㅎ는 고로 其 更嚼홈을 反芻라 稱ㅎ니라)를 妨害ㅎ야 疾病에 罹ㅎ기 易ㅎ니라.

且 每日 朝夕에 飮水 給與를 要홈.

3. 肉用牛 飼養法, 肉用牛의 飼養은 可成的 極短時日期로써 脂肪積着(肥瘠은 脂肪積着 有無에 在)를 計ㅎ디 안ㅎ면 不得ㅎ니라.

脂肪積着을 計ㅎ는 時에는 첫재 脂肪分多含物을 與ㅎ며 同時에 筋肉의 作用을 節儉ㅎ야 猛烈흔 呼吸를 禁ㅎ고 多量炭水化物(炭素, 水素, 酸素 三原素로 成作)를 投與ㅎ면 肥腴를 得홈.

水分 多量物, 飮水 過度, 牛舍 溫度 攝氏 十二度 以下, 同氏 十八度 以上은 肥腴上에 大妨害니 此點에 注意홀씨라.

(三) 管理法, 管理(摩擦淸潔法) 一般 動物이 養育에 生育ㅎ고 飼養에 長成ㅎ나 此에 從ㅎ야 正當흔 維持 管理에 因行ㅎ디 아니면 充分흔 所望 用途를 不得쌘 不啻라. 動物의 健康과 適能은 全히 懇切周實흔 取扱 如何에 在ㅎ니라.

1. 牛舍淸潔法, 每日 排泄物(糞, 尿, 寢藁 等)를 掃除ㅎ고 新寢藁을 敷與ㅎ나 若田圃肥料를 取코저 ㅎ는 時에는 寢藁를 多用ㅎ니라. 每日 寢藁 量 槪表은 如左小量 五百匁乃至七百匁(時期와 蕎桿良否에 因홈)

中量 八百匁乃至一貫目

大量 一貫目乃至一貫五百匁

幼犢 二百匁乃至五百匁

2. 皮膚摩擦法, 每日 舍外에 引出(雨, 霧, 雪 天時는 舍內에 行홈)ㅎ야 摩擦를 行ㅎ는딘는 或 藁桿 或 金屬製 櫛器을 用ㅎ여 十分 摩擦를 施ㅎ

니라. 此外에 或 洗滌도 ᄒ며 或 水中에 牽入도 可ᄒ니라.

3. 牛舍位置及向方, 可成的 乾燥ᄒ 土地를 撰定 後 東南間方 或은 南方으로 向面ᄒ여 寒氣을 防禦ᄒ게 建築ᄒ고 四面에 板窓을 作ᄒ야 新鮮ᄒ 空氣의 流通을 自由交換케 ᄒ며 且 太陽 光線를 十分 誘入케 흠을 要흘다나 然이나 肉用牛, 役用牛은 舍內 暗黑을 要흠. 何則고 餘分 空氣와 太陽氣은 新陳代謝의 作用을 催促ᄒᄂ 故라.

牛舍內 溫度은 如左.

　　搾乳牛 攝氏 十五度 乃至 二十度

　　肉用牛 攝氏 十二度 乃至 十七度

　　役用牛 攝氏 十二度 乃至 十七度

　　幼犢 攝氏 十八度 乃至 二十度

(四) 去勢法, (睪丸割去) 我國은 從來 習慣으로 但히 牡豚에만 此法를 行ᄒ얏스나 現今 學科 硏究흔 結果로 一般 家畜에 此法을 施ᄒ니라.

　　去勢利益, 一. 使役에 對ᄒ야 穩順質를 得흠 二. 體軀肥腴를 得 三. 美味佳香肉를 得 四. 持久力量를 得 五. 老期 延長를 得흠.

　　以上 數多 利害關係가 有ᄒ직 蕃殖用에 目的ᄒ고져 ᄒᄂ 牡犢 外ᄂ 반다시 斷乳 後(出産 七八週間 後) 六 乃至 八週日에 至ᄒ야 睪丸割去를 要ᄒ되 但히 使役用에 目的ᄒᄂ 牛은 斷乳後 六個月 乃至 九個月에 至ᄒ여 睪丸割去를 要ᄒ니라.

(五) 獸疫 豫防 接種法. 牛에 病疫이 許多ᄒ나 就中 最急은 卽 牛疫及炭疽라. 故로 玆에 二疫 豫防 接種法를 述ᄒ노라.

　　我韓은 至今에 獸醫專門이 全無 故로 牛가 病疫에 罹ᄒ면 其 病性 診定이 不能흠으로 牛의 疾病이면 漠然히 牛疫이라 稱ᄒ나 決코 不然이라. 何也오 眞正흔 牛疫은 其 病源體 性質이 不絶的으로 發生ᄒᄂ 法이 無ᄒ고 或 五年 或 六年를 隔歷ᄒ야 一回發生 流行ᄒ되 其 病疫의

猛烈홈이 疾風에 草木갓치 群牛를 掃蕩(學者의 經驗)ᄒᄂ니 故로 年年 七八月頃에 不絶的으로 發生ᄒᄂᆫ 病疫은 卽 炭疽라 ᄒᄂ니라. (一) 牛疫 血淸 注射 接種法, 本法은 吾人이 天然痘를 免ᄒᄀᆡ 爲ᄒᆞ야 種痘를 接種 홈과 如흔 지라. 故로 假令 甲地方에 牛疫이 發生ᄒᆞ면 乙地方에 此法를 行ᄒᆞ야 獸畜에 免疫性를 賦與흔즉 牛疫이 不犯ᄒᄂ니 故로 近世界에셔 唯一 此 豫防으로 猛烈흔 牛疫과 炭疽를 撲滅ᄒᄂ니라.

血淸 製造及注射法, 牛疫에 罹ᄒᆞ야 末期에 至흔 犢의 毒血 注射量 八百 (立方仙迷突)에 達ᄒᆞ면 其 毒血에서 採取흔 血淸 十(立方仙迷突)(립쏀 선디메쏘-루) 或은 十五 立方仙迷突를 右肩部 皮膚下에 注射ᄒᄂ니라.

(二) 炭疽 血淸 注射 接種法, 此 血淸를 製造ᄒᄂᄃᆡᄂᆫ 炭疽에 罹흔 犢의 毒血를 取ᄒᆞ야 二十四日間 酸素를 通흔 後 攝氏 四十二度 乃至 四十三 度의 熱를 加ᄒᆞ야 炭疽菌를 培養ᄒᆞ야 弱接種液(第一號液)를 製造 後 更 히 十二日間를 同 溫度로쎠 培養를 持續ᄒᆞ야 强接種液(第二號液)을 製 造ᄒᄂ니라.

注射法, 最初에 第一號液를 注射ᄒᆞ야 十日 乃至 十四日 後에 更히 第二 號液를 注射ᄒᄂ니라. (未完)

▲ 제9호

第二章 馬

馬가 吾人에게 何如흔 用을 供홈은 贅說을 不加ᄒᆞ거니와 其要가다믓 民間의 運搬,騎,駕에만 止홀 쑨아니라 國家軍用上에 第一重要흔 者ㅣ니 故로 往在日淸 及 日露戰役에 日軍이 第一困難케 經過흔 者ᄂᆫ 馬匹劣少 에 由타흔지라 爾後에 日本은 上으로 馬政局과 馬匹改良의 法律을 設定

ᄒ며 下로 各府, 縣, 郡, 町, 村에 種馬牧場, 軍馬補充部 及 産馬組合所等을 立ᄒ야 改良에 汲汲히 ᄒᆫ 結果로 不過十年에 今全國馬匹總計가 二百萬餘頭에 多ᄒᆷ에 至홀 ᄲᅢᆫ아니라 其種이 充實且大ᄒ야 貴種馬를 化成ᄒ얏도다.

第一 發育法

(甲) 馬의 齒數와 年齡의 關係 馬의 齒數ᄂᆞᆫ 其 年齡을 表示ᄒᆷ 上顎과 下顎에 共히 六枚切齒(卽 前齒)와 其兩側에 各六枚臼齒(郎어금니)을 具有하여쓰나 牡馬(雄)은 切齒, 臼齒之間上下兩顎에 各二枚(合計四枚) 犬齒가 有하므로 牡齒總數은 四十枚, 牝(雌) 齒總數은 三十六枚라.

馬齒ᄂᆞᆫ 食物을 食하ᄂᆞᆫ 時에 其相對磨擦作用의 因하며 年數經歷에 從ᄒ야 其磨擦面이 種種ᄒᆫ 形體를 生ᄒᆷ 則六歲에 至ᄒ면 前鉗齒(前鉗齒은 切齒六枚中其中部에 位ᄒᆫ二枚을 云) 七歲에 至ᄒ면 中鉗齒(中鉗齒은 前鉗齒左右兩側에 位ᄒᆫ 二枚을 云) 八歲에 至ᄒ면 隅齒(隅齒은 中鉗齒左右兩側에 位ᄒᆫ 二枚을 云)가 橫卵形態을 呈ᄒ고 六年間을 保持ᄒ고 其後ᄂᆞᆫ 圓形期며 三角形期며 倒卵形期等을 呈ᄒ니라. 倒卵形期은 二十四, 五, 六歲에 至ᄒ야 其形에 達ᄒ되 其時에ᄂᆞᆫ 切齒와 臼齒가 或脫落 或腐蝕ᄒᆷ이 常例니리.

(乙) 春情期(發情期) 懷胎日數, 吸乳期限
發情期ᄂᆞᆫ 三歲에 至ᄒ야 春季에 起發ᄒᆷ이 普通이나 最히 蕃殖用에 適當ᄒᆫ 年期ᄂᆞᆫ 四歲乃至五歲니라.
牝馬의 懷胎日數ᄂᆞᆫ 三百三十五日노 乃至三百四十日(十二個月)을 平均ᄒ나 或은 十一個月도 期ᄒ며 且 極端期에 至ᄒ야ᄂᆞᆫ 或三百二十二日 或 四百十九日도 有ᄒᆷ(牝駒은 牡駒에 比ᄒ면 幾日間早産ᄒᆷ을 通常ᄒ고 第一初産期郎四, 五歲에ᄂᆞᆫ 普通妊娠日數에 比ᄒ면 一二日早産ᄒᆷ)

産駒의 吸乳期은 四個月乃至六個月間을 通常ᄒ고 産時駒體重은 平均十三貫三十兩重을 計ᄒ나 三個月을 經ᄒ면 二十三貫에 至ᄒ고 二歲에 至ᄒ면 八十二貫五十兩重,三歲에 至ᄒ면 百貫乃至百三十貫에 達ᄒ니라.

馬의 生命年限은 各其種類, 飼養 及 管理良否, 使用輕重等에 因ᄒ야 一定키 難ᄒ나 天然享有ᄒᆫ 年齡은 三十歲乃至四十五歲로홈.

第二. 馬匹審査法

馬匹은 他家畜과 異ᄒ 故로 其 外貌에 依ᄒ야 其 良否를 判斷ᄒ나니 審査法大體를 言ᄒ면 皮膚ㅣ 薄柔而被毛에 光澤이 有ᄒ야 柔軟ᄒ고 顔面이 乾着ᄒ야 分布된 血管線이 表面에 現明ᄒ며 眼球ㅣ 大而突起ᄒ야 晴朗ᄒ고 鼻孔은 廣大ᄒ며 耳는 薄而尖小ᄒ야 銳敏ᄒ고 兩頰이 多少廣張ᄒ며 頭形頸形의 大小長短은 體軀의 大小長短에 從ᄒ야 比例ᄒ고 腦廓은 廣深ᄒ야 肋骨을 圓張ᄒ며 肩骨은 可成的으로 長而斜着ᄒ고 背部腰部는 廣而短ᄒ며 四肢는 膝로붓터 上都ᄂ 强大ᄒ고 下部ᄂ 細小ᄒ야 肉體ㅣ 不厚ᄒ며 蹄는 多少小而堅牢ᄒ을 要ᄒ니라.

第三. 東洋貴種馬, 西洋貴種馬의 區別

東洋貴種은 腦蓋骨發育이 善良홈으로 前額이 廣大ᄒ고 眼盂ㅣ 隆起ᄒ야 眼球大而突隆ᄒ니라. 故로 側方으로 觀ᄒ면 頭部의 上半部는 廣闊ᄒ고 下半部는 狹少홀 뿐 아니라 頭部의 上界線이 或 直垂或凹垂홈이 通常이오. 背椎 及 腰椎는 短홈에 從ᄒ야 背腰組織이 最히 强健ᄒ니라. 就中東洋種과 西洋種의 差異는 四肢組織에 特甚ᄒ니東洋種의 四肢는 其骨格이 細小ᄒ나 優美ᄒ나 甚히 堅牢ᄒ거늘 西洋種은 全히 此에反ᄒ고 且 東洋種의 皮膚ᄂ 薄而 柔軟ᄒ며 被毛는 細織有光ᄒ며 鬣毛(俗갈기)와尾毛ᄂ 柔軟直乘而甚長ᄒ며 蹄形이 小而堅牢뿐 不音라 皮下 及 筋

肉組織之間에 脂肪과 結締組織이 少흠으로 分布血管線이에 外面에 規明ᄒ니라.

以上論흔 東洋貴種馬는 即 亞剌比亞種, 波斯種, 쌔류쌱種, 匃牙利種 等을 指흠이오 韓種, 支那種, 日本種等은 雖屬東洋種이나東洋貴種部에 編入ᄒ기 不能흠으로 不論흠, 西洋貴種馬은 픤쓰싸우에류種, 아류던나 -種, 노류만種 等을 云흠.

東西洋貴種○産地 及 高丈尺數은 如左흠

(甲) 東洋種
(一) 亞剌比亞馬, 亞剌比亞西南部에 産出흠, 體高丈은 四尺七寸八分 乃至五尺一二寸八分
(二) 쌔류쌱馬, 亞弗利加北部에 産出흠, 體高丈은 略亞剌比亞馬로 同
(三) 匃牙利馬, 匃牙利가류파-던 河口北部 及 東部에 産出흠, 體高丈 은 四尺一寸二分乃 至四尺九寸五分
(四) 波斯馬, 波斯全國에 産也흠, 體高丈은 五尺乃至五尺以上
(五) 土耳古馬, 土耳古시리아, 머소포다미아 地에 産出흠, 體高丈은 略波斯馬와 同ᄒ니라. (未完)

◎ 家畜改良의 急務, 李赫, 〈대한흥학보〉 제1호, 1909.3. (농업, 축산학)

(전 〈대한학보〉 9호 속)

▲ 제1호

(乙) 西洋種

　(一) 英國馬(馬名 사라쌕렷쓰) 體高丈은 五尺二寸八分 乃至 五尺九寸四分 世界第一 競走馬也

　(二) 獨逸馬(馬名 쓴라게넨) 體高丈은 五尺以上, 世界第一 騎兵馬也

　(三) 佛蘭西馬(馬名 앙쑤로노류만) 體高丈은 五尺六寸 乃至 五尺九寸四分, 車馬, 馱馬, 重騎馬 等 用也

　(四) 露西亞馬(馬名 오류로우, 도롯싸ー) 體高丈은 五尺四寸四分 乃至 五尺七寸八分, 耐役力酸馬也

　(五) 米國馬(馬名 도롯싸ー) 體高丈은 四尺四寸五分 乃至 四尺六寸二分, 細蝶馬也라

第四. 蕃殖法

(一) 蕃殖의 年齡. 蕃殖用에 適當흔 年齡이 牝馬은 五歲 以上, 牡馬은 三歲 以上에 至하야 交接에 從事ᄒᆞᆯ 最要홈. 不然則 良駒을 得ᄒᆞ기 難하니라.

(二) 牝牡交接期. 通常 春季 發情期에 際ᄒᆞ야 行하니라. (氣候에 因하야 多少 差異가 有하나 新曆 五月期節을 要) 此 期에 行하면 産駒時期가 翌年 氣候溫暖에 際흘 쑨 아니라 母馬에 靑草多給의 便을 得ᄒᆞ야 乳汁 分泌 富多의 利을 得하나니라.

(三) 懷胎中 使役取扱 及 分娩(卽 生産)

　懷胎中 牝馬은 懷胎初期에는 輕役上의 從事을 得하나 分娩期 二三週日間 前에 至하여서는 全히 使役을 禁止홈.

　分娩期 五日 前에 至하면 異徵이 有하니라. 卽 腰骨이 突出하고 腹部가 落下하며 乳房이 怒張하고 陰門으로 粘液을 流出하나니 其 時에 際하거든 可成的 廣闊흔 馬廐 內에 移하고 靜置勿近흠을 要홈. 駒을 産出하면 母馬가 駒 全體 濕液을 舐斂後 約 二三時間을 經하면 産駒가 起立하야 乳房을 探求하니라. 其 時에 當하거든 畜主가 手을 下하야 乳房에

附着하나니라.

(四) 産後取扱法

産後 最初 出乳을 初乳라 稱홈. 此 初乳은 普通 乳汁에 比하면 極키 濃厚하고 粘氣를 含有하니라. 故로 産駒가 其 初乳을 哺하면 卽 下痢(俗 설사)을 起하야 腹內에 積滯된 瓦斯을 洗滌除去하는 天賦作用이 有하니라.

吾人이 初乳에 就하야 最히 注意할 事는 非他라. 我國 何如한 習慣인지 未詳하나 吾人이 胎兒를 分娩하면 妄妖히 天賦之仙劑 卽 初乳를 搾去하는 風이 有하니 此는 大誤解也라. 故로 借假敬告홈.

産後 母馬의 給物은 糠麴(不碎磨麥)을 微溫湯水에 浸하야 給與(凡 三日間 續)하고 可成的 靜穩이 養護하믈 要홈. 産後 十日를 經하야 輕役에 服하나 但 長時間은 不許하나니라.

(五) 去勢(睾丸割去)

牡馬에 其 睾丸을 割出하면 性質이 溫和하고 持久力과 速度를 增加하는 大關係가 有한즉 必히 繁殖用 及 競走用에 供하는 外는 一切 去勢을 行하믈 要홈.

去勢期에 適當한 年齡이 農用馬면 生後 六個月 乃至 七個月, 乘車馬 及 疾驅用馬 等은 生後 一個年 乃至 一個年半頃에 行하니라(其 期節은 新曆 五月, 九月을 最要)

第五. 飼養法

前章에 陳述한 牛은 反芻動物로 粗食物에 堪耐하나 馬는 單胃動物 (胃囊 一個 所有動物에 云)로 濃厚食物이 아니면 飼養에 不可하니라. 故로 歐洲 諸國은 普通 燕麥及乾草을 飼料에 供하고 米國은 燕麥 及 玉蜀黍을 供하고 日本은 大麥을 供하니라. 夏季 飼料은 靑草 及 穀類(大麥, 大豆) 乾草 等을 供用하나 馬에 最貴한 飼料은 苜蓿(苜蓿은 一種의 荳科植物로 西洋으로붓터 輸來한 植物이라. 英語로 <u>쿠로-바</u>라 稱)과 禾

本科牧草(原野普通草)나 然이나 可成的 乾地에 生ᄒ믈 要흠. 何오 若 濕地 生草을 供給ᄒ면 疾病에 罹흠기 易ᄒ 故也라.

給食數은 每日 三回을 通常ᄒ되 給食 時限은 如左흠.

朝食은 午前 六時, 午食은 正午, 夕食은 午後 五時 乃至 六時 飮水은 必히 每 朝食 前에 給흠. 食鹽은 每日 不與함도 可ᄒ나 一個月 間에 一 斤 假量을 要ᄒ니라.

第六. 管理法 及 廐舍建築

(一) 管理을 行ᄒᄂ데ᄂ 每朝 午前 四時 乃至 四時 三十分頃에 飮水을 給與ᄒ 後 穀類(大麥 或 大豆)을 與ᄒ며 廐內 敷藁을 引出ᄒ고 刷子(我 國 말솔과 如)로 馬 全體을 櫛擦ᄒ야 淸潔을 行ᄒ니라.

(二) 廐舍은 可成的 寒風遮斷에 便利ᄒ 開闊乾燥ᄒ 地을 選定ᄒ야 東 南方 位置로 建築ᄒ고 日光射入, 空氣流通을 充分ᄒ게 ᄒ며 疏水排出에 便宜을 要흠. 其他 廐舍의 廣狹欄의 排列 等은 畜養의 種類와 頭數 多少 에 依ᄒ야 差異가 有ᄒ니라. (未完)

▲ 제2호

第三章 線羊 及 山羊

古來 我國은 綿羊飼育의 事蹟이 但只 歷史上 己而요 不聞企業者矣며 由來如彼山羊의 飼育도 或 山野 或 平野의 農家에 多小 牧畜이 有ᄒ나 其 亦 狀況이 小兒 遊戲 一物에 放棄ᄒ고 此을 如何히 畜産ᄒ야 如何히 吾人 生計上에 供給ᄒ며 如何히 利用ᄒ야 如何히 國家經濟上에 興殖흘 實理研究을 忘却ᄒ엿또다. 是必 原因은 往時 農工商의 科學과 輸出入의 機關이 暗昧ᄒ야 社會的 經濟 亦 簡單ᄒ 出産物로 自供自需의 生活이

充滿ᄒᆞᆫ 故이라. 然ᄒᆞ나 現 卄世紀에 至ᄒᆞ야 封建時代을 打破ᄒᆞ고 海陸 交通의 便과 社會經濟의 進이 日複月雜ᄒᆞ야 此彼貿易의 貌樣이 彼의 無要物은 此의 必要을 作ᄒᆞ고 此의 無要品은 彼의 必要을 作成ᄒᆞ야 互相 交換의 盛況이 前空進進에 達ᄒᆞ여쓰니 假定斯業專務가 我國 到今 經濟上에 不適ᄒᆞ다 ᄒᆞᆯ다라도 斯에 一般世界需用途을 言ᄒᆞ면 毛, 乳, 肉, 皮, 骨, 角, 糞, 尿 等이 是이라. 蓋 其毛則 衣類品(所謂 毛織) 及裝飾品上 等首卷及肩掛)의 大部分을 占位ᄒᆞ고 其乳則滋養飮料에 供用ᄒᆞ며 其肉則食膳料理에 煎焙ᄒᆞ며 其 皮則 上品 靴, 鞋, 手袋의 原料을 作成ᄒᆞ며 其 骨角 則 諸般 彫刻에 利用ᄒᆞ며 其 糞尿則 農作田圃에 培養ᄒᆞ야 作物 收獲을 增殖ᄒᆞᄂᆞᆫ 數多 種種의 直接利益과 間接關係가 有ᄒᆞᆯ ᄲᅳᆫ 아니라 特殊斯業은 他 實業에 比ᄒᆞ야 少費 多實의 一大 事業也. 故로 玆에 其 發育, 各種別, 蕃殖, 飼養洗毛 及 剪毛, 搾乳 等 法을 槪述ᄒᆞ노니 同胞여 本記者의 愚意劣見을 受容ᄒᆞ여 試驗에 從事ᄒᆞ심을 切望홈.

(甲) 綿羊 日語로 <u>히쓰디</u>(ヒツジ) 英語로 <u>세-푸</u>(Sheep)

發育法, 綿羊의 年齡노 第一章에 述ᄒᆞᆫ 바와 如히 其 齒數에 鑑別홈. 蓋 下顎에 八枚 切齒와 其 左右 兩側에 各六枚 合十二枚 臼齒을 具有ᄒᆞ여 쓰나 上顎은 牛와 同히 八枚 切齒을 缺ᄒᆞ고 但 其 左右 兩側에만 各六枚 合十二枚 臼齒을 存홈으로 總計 齒數 三十二枚을 常例홈.

　通常 仔羊은 前乳臼齒 十二枚와 乳鉗齒 二枚을 具生而産出(所謂 乳齒 은 吾人哺乳時 發生ᄒᆞᆫ 乳齒와 如히 長成에 從ᄒᆞ야 永久齒로 換홈)ᄒᆞ야 爾後 二週日을 經ᄒᆞ면 內 中間 乳齒 二枚가 發生 又 三週日을 經ᄒᆞ면 外 中間 乳齒 二枚가 發生 又 四週日을 經ᄒᆞ야 偶乳齒 二枚을 發生홈. 自是로 一歲 乃至 一歲半에 至ᄒᆞ야 漸次 換齒을 始ᄒᆞ야 三歲 乃至 三歲 九個月로 終了ᄒᆞ니라.

生存年限, 是ᄂᆞᆫ 飼養 及 管理 等의 良否에 關ᄒᆞ야 相異홈. 卽 飼養 及

管理의 適當을 不得ᄒᆞᄂᆞᆫ 時은 八歲 或 十歲을 生存ᄒᆞ고 此에 反ᄒᆞ야 適度ᄒᆞᆫ 注意을 施ᄒᆞᄂᆞᆫ 時은 十三歲 乃至 十五六歲을 普通ᄒᆞ니라.

成熟體重量, 生長體重은 各其 品種 及 飼料 與否에 依ᄒᆞ야 多少 差異가 有ᄒᆞ나 牡羊重이 牝羊重에 平均 三分之一 乃至 二分之一이 增ᄒᆞᆷ. 牝羊 普通 體重이 如左ᄒᆞᆷ.

小種體重 三貫五斤 乃至 五貫 中種體重 六貫 乃至 七貫
重種體重 十六貫 乃至 十八貫四斤
各種 類別, 綿羊類을 分ᄒᆞ야 曰 平原種, 曰 丘陵種, 曰 山岳種 三類에 區分ᄒᆞᆷ.

(一) 平原種. 此類은 一般體量이 重大ᄒᆞ야 四分體에 純肉 二十斤餘을 普通ᄒᆞ나 毛品은 優等이라 云ᄒᆞ기 不可ᄒᆞᆷ. 然ᄒᆞ나 其 收毛量은 甚多ᄒᆞ니라. 此 類의 有名種은 如左ᄒᆞᆷ.

곳쓰, 우오류도種 Cotewolb(每面 一回 剪毛量은 五斤 乃至 八斤을 通常ᄒᆞᆷ)
此種은 牝牡 共히 無角而頭 及 體格이 甚大ᄒᆞ고 被毛最長ᄒᆞᆷ으로 外貌의 美觀은 缺ᄒᆞ엿스나 體性質이 極히 健强ᄒᆞ야 粗惡ᄒᆞᆫ 荒地, 飼養 及 管理 等에 能活ᄒᆞᆷ. 此種 外에 레-세스, 다-種 Leicester 린, 고류種 Lincolu이 有ᄒᆞ니라. 以上 三種은 英國 産出

메리노-種 Merino 此種 原産地은 西班牙國 然이나 各其 飼育 及 風土에 從ᄒᆞ야 改良ᄒᆞᆫ 結果 四種의 差別이 有ᄒᆞᆷ. 卽 에렛구, 도-라류, Eleptoral (露西亞 改良種) 데쑤, 렛디- negretti(墺國 改良種), 라무쌱, 이레- Rawbeuillet(佛蘭西 改良種) 가무·부, 오류 Chowrol(亞米利加 改良種) 等에 區別ᄒᆞ니라. (一) 에렛구, 도-라류種은 其 體質 及 毛量이 第二 等位의 在ᄒᆞ나 毛質이 過餘히 細微ᄒᆞᆷ으로 收毛量이 少ᄒᆞᆯ 쑨 안니라. 織物

品의 不堅의 弊가 有흠. (二) 네쑤,구렛디-種은 體質이 極히 健强ᄒ며 被毛 及 角이 最長ᄒ야 收毛量이 多多ᄒ나 通常 肉用品을 主흠. (三) 가무·부, 오류種은 飼養에 極히 容易흘 쑨 안니라 肉質 及 毛質이 中等 位에 在흠. 메리노-種類 中 現世界 各國이 第一 主張ᄒᄂ 바은 獨히 佛蘭西種 라무쌱, 이레-也. 故로 特히 精述흠. 라무쌱, 이레-種은 體軀 及 骨格이 重大ᄒ고(牝體重量이 十貫 乃至 十五貫) 被毛 最長 最多(毛長이 約 二寸餘)ᄒ야 每年 收毛量이 三斤 乃至 四斤을 得ᄒ니라.

(二) 丘陵種. 此種은 平原種에 比ᄒ야 體格이 矮小ᄒ고 毛長이 短縮ᄒ며 一般 其 頭部와 四肢가 暗黑色을 呈흠. 此類의 有名種은 如左.

사우스, 쌰웅種 Sowthdawn, 此種은 牝牡 共히 角을 缺ᄒ고 體가 廣長ᄒ며 胸部 及 背部 廣大ᄒ야 筋肉 及 脂肪을 多蓄ᄒ고 頭部 小尖ᄒ야 眼上 額骨이 稍凹(額骨稍凹가 此特點)ᄒ며 四肢 細短ᄒ야 淡黑色을 呈흠, (此原産地은 英蘭南部 삿샛구스) 每年 收毛量은 三斤 乃至 三斤半을 常得흠. 此種 外 시롭푸, 사- Shropehire, 옷구스, 호루도샤- Oaforddown 하무푸, 샤- Fampshire 等 三種이 有흠

(三) 山岳種. 此種엔 體質이 甚히 堅牢ᄒ야 粗惡飼養에 能히 生活ᄒ나 素是 野生近種으로 毛質이 粗糙흠. 此類의 有名種은 如左.

디에, 부위옷도種 Cheriots 此種은 (原産地은 英蘭 及 蘇格蘭) 體格이 矮小ᄒ나 體質이 極强ᄒ며 且 肉味 非常ᄒ야 世界有名흔 肉用種에 位흠. 四分體의 肉量이 十六斤 乃至 二十斤을 得흠. 此種 外 쌕랏구, 헤-스도, 히-스 Bleak, feceg, heath 하-쏘우이슷구 Ferdwlep, 等 種이 有흠. 以上 記述흔 種은 皆 我邦風土에 最適흠이라.

蕃直法. 初交尾期ᄂ 牝牡을 不問ᄒ고 二歲 乃至 二歲半이 最適흠(牡 一

匹에 牝 五十 乃至 八十匹신지 配合홈) 母羊 發情期은 秋晚季에 發ᄒ며 其 游牝期 持續은 二十四時 乃至 三十六時間을 延期홈. 其後 二三週日 을 經ᄒ야 更히 發ᄒ니라. 懷胎日數은 一百四十七日(約 五個月)을 平均 ᄒ며 產時 仔羊의 體重量은 母羊體重에 十五分之一 乃至 二十分之一을 通例홈.

飼養法. (一) 仔羊의 飼育法. 仔羊의 熟成은 飼料滋養 多少에 關ᄒ야 速 緩이 有홈. 故로 可成的 滋養飼料 卽 芳香牧草(苜蓿類) 及 穀類 等을 要 ᄒ니라. 蓋 仔羊은 產後 一日 及至 十二日을 經ᄒ야 飼料을 始食ᄒᄂ 이 此에 際ᄒ야 最先 苜蓿, 次에 碎磨麥을 供給홈. 然이나 萬若 降雨期 에 至ᄒ야 浸濕ᄒ 牧草을 飼料에 供ᄒᄂ 時은 屢屢 鼓脹病에 罹키 易ᄒ 즉 最히 此點에 注意을 必要ᄒ니라. 且 十月節이 至ᄒ야 牧草飼을 終ᄒ 고 舍飼에 變移ᄒᄂ 時ᄂ 飼料急變을 不許ᄒ고 漸次 變換을 要홈. (常例 에 最初期에 三分之二ᄂ 牛草類 其餘 一分은 乾草, 後再期에 三分之二 ᄂ 乾草 或 藁稈 其餘 一分은 靑草, 又 再後期에 全히 乾草에 供홈과 如홈) 舍飼料에 最히 適當ᄒ 食物은 乾草 根菜, 蕪菁 等類 燕麥, 藁稈, 油粕 其他 雜穀 等이라. 每日 給食表ᄂ 如左. 朝飼, 乾草에 燕麥, 油粕, 蕪菁 等을 混合 供給ᄒ고 次에 藁을 與홈. 午飼, 正午量에 至ᄒ야 乾草 을 與홈. 夜飼, 夜飼ᄂ 但히 藁稈을 與ᄒ니라. 如斯히 仔羊이 養育을 受 ᄒ야 一歲 乃至 一歲半에 達ᄒ면 其後 飼養은 容易홈. (未完)

▲ 제3호

(二) 成長羊의 放牧法 放牧을 行ᄒᄂ 時ᄂ 最히 土質乾燥ᄒ 稍稍 高地 을 擇定ᄒ야 牧場을 設置ᄒ고 群羊을 放牧ᄒ되 一齊히 放散牧畜을 不許 ᄒ고 牧場에 小區劃을 分設ᄒ야 輪遷放牧을 要ᄒ며 且羊群을 分作ᄒ야 各其 放牧(卽仔羊, 幼羊, 牡羊, 牝羊等을 分群홈 經驗家에 依ᄒ면 一群 數은 四百匹內外)홈. 自此放牧期가 終홈에 際ᄒ야 舍飼에 變換時은 前

述仔羊의 變移와 如ᄒ니라.

(三) 舍飼法 舍飼을 行ᄒᄂ 時은 可히 廣大ᄒ고 乾燥ᄒ 場所을 擇ᄒ야 羊舍을 建設ᄒ되 淸新ᄒ 空氣流通을 充分케 ᄒ며 排泄物 除去의 便을 要ᄒ 쑨 아니라 其 舍內 溫度을 適宜케 홈(攝氏 十度 乃至 十二度), 大凡 羊은 他家畜에 比ᄒ야 飼料의 費用이 甚少홈으로 中等乾牧草 每日 一匹 에 對ᄒ야 二斤半 供給을 平均ᄒᄂ 然ᄂ 間間 乾草半分에 藁, 根菜類(蕪 菁, 날菜, 胡蘿蔔, 馬齡薯, 甘藷, 菊芋類等) 豊産製粕, 禾穀類, 菽豆類의 稿稈 等을 混合ᄒ야 供給홈.

洗毛 及 剪毛法. (一) 洗毛法, 洗毛은 剪毛前 三日 乃至 五日頃에 際ᄒ야 羊 全體을 洗滌홈, 蓋毛質及毛量은 一般 其 洗水質의 溫度及其性質 與 否에 大係가 關有ᄒ즉 此點에 極히 注意ᄒ야 洗滌을 行홈(溫度 攝氏十 七度을 要) 不然則 動物의 健康을 妨害ᄒ 쑨 아니라 充分ᄒ 膩垢除去을 不得ᄒ니라. 且 水質에 就ᄒ야는 流底泥土의 水及硬水(石灰質 含水)을 不許홈. 何오 特殊 石灰質水은 不溶性의 鹼化石灰을 形成ᄒ야 毛身에 固着ᄒ야 分離키 難홀쑨 아니라 毛色이 變ᄒ야 暗黑色을 呈ᄒ니라(石 灰質을 含有ᄒ 水은 石鹼液(외빈우)을 水中에 注入ᄒ며 泡沫을 生치 안 코 白色沈澱을 發生홈(汚濁乳液과 恰似) 此外 水中에 黃色素及鐵分에 因ᄒ야 靑色 或 黃色을 呈홈도 有홈(黃色素을 含有ᄒ 水은 酸化鐵液을 注入ᄒ면 其 水色이 靑色을 變呈ᄒ고 鐵分을 舍有ᄒ 水은 硝酸液 一二 滴을 加ᄒ야 煮ᄒ든지 或은 黃血滷鹽液을 加ᄒ면 靑色을 變홈) 如斯 히 洗毛을 畢ᄒ 後은 乾燥上에 充分ᄒ 注意을 要홈. 就中 急激 乾燥와 直射日光과 塵埃被觸等을 防護ᄒ니라 否則毛質脆弱을 生홈. (二) 剪毛 法 剪毛은 洗毛後 三日 乃至 五日을 經ᄒ야 通常 羊毛鋏라 稱ᄒᄂ 器械 或은 亞米利加 鋏(吾人理髮鋏)을 使用홈. 蓋 剪毛에 際ᄒ야 最히 注意홀 者은 반다시 毛房을 不亂케 整剪ᄒ며 皮膚을 勿傷게 精剃홈을 要ᄒ니 라. 萬若 不注意로 傷을 付ᄒ 時난 卽時 底列竝油(데류면딍)을 疵部에 塗擦ᄒ야 蠅類産卵을 防禁홈. 剪毛期은 每年 一回(五月乃至六月頃)을

通常ᄒᆞ니라. 毛量 及 價格은 如左

　每年 一匹에 對ᄒᆞᆫ 毛量 六폰쏘(一폰쏘은 我國十二兩餘重과 相當)

　價格 一폰쏘에 六十乃至七十錢

　(乙) 山羊 日語로(양쎄) 英語로(꼬드의)

山羊의 發育法은 前述綿洋과 同一ᄒᆞ긔로 但히 其 特性을 記述흠. 蓋 山羊에 就ᄒᆞ야 可珍可貴은 其 體質이 其强ᄒᆞᆫ 動物로 嶮峻山野의 生育과 組草惡木의 飼養에 能活蕃殖쑌 아니라 少許注意을 加ᄒᆞᄂᆞᆫ 時는 每年 二回分娩을 營爲ᄒᆞ되 一産에 三四兒을 通常ᄒᆞ니라. 故로 如彼 歐米諸國은 山野地方으로 土質極薄ᄒᆞ야 農作을 不耕ᄒᆞᄂᆞᆫ 住民等이 唯一斯業으로 生活財源을 目的흠으로 稱呼山羊은 山民農源이라 흠.

山羊類別 家畜山羊을 分ᄒᆞ야 普通山羊, 綿毛山羊, 眞毛山羊, 等 四種에 區別흠.

　(一) 普通山羊 꼬오몽꼬오드 此 種은 從來 我邦에 飼育ᄒᆞᆫ 種 所謂 염소ㅣ이라. 其 毛色이 種種ᄒᆞ야 黑色 或 白色 或 蘆色等이 有ᄒᆞ며 且毛長이 或長 或短의 差別이 有흠. 且性質이 粗强ᄒᆞ야 氣候 變更과 飼料 良否에 對ᄒᆞ야 何等의 影響이 無ᄒᆞ니라. 歐洲西班牙, 伊太利, 希臘, 土其古, 地中海 諸島에 養育흠. 乳分泌量은 一週間에 五升五合 乃至 六升六合을 常ᄒᆞ며 其泌乳期은 八個月 乃至 九個月을 續ᄒᆞ니라.

　(二) 綿毛山羊 앙고라, 꼬오드 此 種은 小亞細亞앙고라地方에 産出흠. 體軀 甚大ᄒᆞ야 牡體重은 十三貫 乃至 十四貫, 牝體重은 八貫 乃至 九貫에 達ᄒᆞ고 毛質品이 極細甚白ᄒᆞ고 光澤絹絲와 恰如ᄒᆞ고 性質이 寒氣을 不憚ᄒᆞ나 然ᄂᆞ 濕氣을 大忌흠. 每年 收毛量은 三歲의 牡은 四斤半 乃至 五斤. 同歲牝은 五斤 乃至 五斤半을 得ᄒᆞ니라. 故로 此에 飼育目的은 毛用을 主흠. (産仔은 一回一産을 限흠)

　(三) 眞毛山羊 쌔슈미야, 고오드 此 種은 印度힌쏘스당 北方 쌔슈미야에 産出흠.

體格이 普通 山羊에 比ᄒᆞ면 矮小ᄒᆞ고 耳葉이 下垂ᄒᆞ야 鬣毛甚長ᄒᆞ며 角體螺旋形에 捲捻ᄒᆞ야 長大ᄒᆞ고 毛質이 美白細長ᄒᆞ야 光鮮絹絲와 恰

如쏜 아니라. 其 眞毛의 下에 緬毛을 混生ᄒ야 甚히 良美홈. 然ᄂ 此種의 最忌者은 濕氣及空氣 流通의 粗惡也. 且此種은 毛收獲에 剪毛鋏을 不用ᄒ고 長大흔 蜜櫛로써 梳理收獲홈. 故로 一匹에 就ᄒ야 收獲日數가 八日 乃至 十二日間을 要하되 每三四日 間에 一回式 梳理하니라

(最上 毛量이 五兩 乃至 六兩重) 價格은 通常一斤에 十五圜 乃至 二十圜

(四) <u>누비야</u> 此 種은 埃及누비야에 産出하ᄂ 亞弗利加 東海岸 地方에 擴育홈. 體格이 普通山羊에 次하고 被毛黑色을 呈하며 牡羊은 無角을 常하니라 其 性質이 極順쏜 아니라 飼料 善惡의 撰擇이 無하나 唯 其 缺點은 寒氣을 大忌홈으로 冬季은 必히 舍飼을 要홈. 且 特殊點은 蕃殖力이 極强하야 每年 二回分娩을 營爲하되 一産에 三四兒을 産홈. 每日 乳汁分泌量은 二升五合 乃至 三升을 出흘 쏜 아니라 脂肪 及 其他 滋養分을 多含홈.

蕃殖法은 前述 綿羊과 大同小異故로 不論홈.

飼養法, 山羊은 素是貪色動物로 他家畜의 不食의 物도 嗜食홈으로 飼養上에 差程의 關係가 無ᄒᄂ 然나 發育의 仔羊과 哺兒의 母羊과 搾取의 乳羊은 必히 滋養飼料을 要홈. 玆에 佛蘭西 畜産家의 曾有흔 試驗에 依ᄒ야 山羊의 食, 不食物을 表示홈.

佛蘭西畜産家의 試驗에 依한 山羊의 食, 不食物의 表示

	普通食物	最好食物	或時食或時不食物	不食物
山羊	五四七	二八	三二	八三
綿羊	四0八	八一	三三	一三三
牛	三一一	一二一	七0	一八三
馬	二六八	一一三	三九	二三五
豚	八六	三0	二三	一六九

由此觀之면 家畜中 山羊이 最多植物에 位홈을 可知홀지라. 然ᄂ 水分

을 多含혼 禾本科 植物보듬 寧히 堅硬혼 木葉 就中 其 嫩葉을 最好食흠 且根菜類 卽 甘藷, 馬齡薯, 胡蘿蔔, 蕪菁等 竝其 莖葉을 嗜好ᄒ니라. 且 食物外 必히 每日 飮水 及 食鹽을 供給흠. 搾乳法, 搾乳을 行ᄒᄂ 時은 可成的 體軀, 舍內 搾收에 供用器具 等을 淸潔掃除後 羊을 木臺上에 載保ᄒ고 搾手者가 椅子에 踞坐ᄒ야 乳汁을 搾흠. 然나 窄乳은 一定혼 時限을 要ᄒ니라. 通常 朝夕 二次을 行ᄒ나 泌乳 多分時난 午正 一次을 加ᄒ야 三次窄乳도 有흠. 泌乳量 最多期은 自三歲頃으로 至六歲 卽 三個年 間을 期흠.爾後은 漸次 減少ᄒ니라. 滋에 山羊乳와 人乳及牛乳玆養 比較表을 擧示흠.

山羊乳와 人乳及牛乳玆養 比較表

	氷分	乾酪素	아루쌕잉	總窒素量	脂肪	糖分	鹽分
山羊乳	八二,五五	四,0四	0,三七	四,六八	七,一0	四,一六	0,九一
人乳	八七,四一	一,0三	0,二五	二,二九	三,七八	六,二一	0,三一
牛乳	八七,一七	三,0二	0,五三	三,五五	三,六九	四,八八	0,七一

未完

(미완 상태로 이하 연재되지 않음)

6.10. 세분야 미분류

◎ 農業問答, 南下學農齋 主人, 〈대조선독립협회 회보〉 제5호, 1897.1.30. (한문)

〈농무요람〉이라는 책을 장차 간행할 것임＝何醒 安公 蒐輯一書曰 農

◎ 農業의 必要, 崔容化, 〈공수학보〉 제3호, 1907.7. (농업, 논설)

◎ 明農新說, 李鐘濬 抄譯, 〈대한자강회월보〉 제13호, 1907.7.
(농학, 농업)

　*정미년 단양 운산초부 이종준
　*근세 태서의 농업 여러 종류를 참고하여 역술한 것임

　洪範八政에 食이 爲首ᄒ니 蓋生命攸係가 莫切於此라 故覰生民天食
天之說이 亦千古之格言이오 而漢家恤民之詔에 必以農爲天下之大本也
라 在昔聖人之重農이 固至矣니 自神農后稷以降으로 凡書諸職方ᄒ고
編之雅頌者ㅣ 何莫非重農之事也리오 然土地之宜와 樹藝之節과 耘籽之
方과 糞滋之法이 無不各臻其妙然後에 乃亦有秋오 一有未臻焉則終歲勞
苦而畢竟蔑效ᄒᄂ니 寧不可惜矣乎아 苟人功之臻其妙면 不徒盡地之利
라 抑亦奪天之化니 夫山林藪澤과 沙石泥淖에 無不可耕之地ᄒ고 掃除簸
瀝之餘와 燔燒潯淅之滓가 無不可用之糞이니 顧用之之妙ㅣ 如何耳라 <u>是
以在中土則周家相地之宜와 趙過代田之制와 王禎田糞之譜가 各盡一時
之宜ᄒ고 我東은 素以天府之土로 號稱農産之國而農書ㅣ 亦往往有作이
ᄂ</u> 因循鹵莽에 迄無良法ᄒ야 但以天然之土壤으로 秪憑經驗之老農일ᄉ
所以陳荒之地가 在在皆是而徒招外人非理之求ᄒ니 迨此人功極備之時
에 苟無新法以改良之면 其何以盡地利而綽裕我所天也哉아 <u>近世泰西新
法이 凡創制機巧之妙ㅣ 逈出智慮之外라</u> 凡民生日用之可以用力寡而取
效多者ㅣ 無所不用其極이오 而其於農桑之法에 尤多妙諦ᄒ야 水旱이 不
能使爲灾ᄒ고 肥瘠이 可使同其功ᄒ니 逈非前日中東墨守之舊法也라 嘗

得其說若干ᄒ야 <u>因譯述其略而告于同胞ᄒ노니</u> 其說之傳蓋久則意必多先
種之君子나 然遐鄕僻陬之或未及見者ㅣ 其尙採擇而實驗焉則庶或有補
於生命所天之萬一也否아. <u>丁未 端陽 雲山樵夫 李鍾濬 識</u>

辨土性

土有六種ᄒ니 一壤土 二埴土 三墳土 四塗泥 五壚土 大廣斥이라. 壤,
埴, 墳, 各有九等ᄒ야 凡二十七等이니 是謂 眞土오 塗, 壚, 斥, 各有七等
ᄒ야 凡二十一等이니 是謂擬土라 凡土之味ㅣ 甘者ㅣ 上上이오 苦者ㅣ
中中이오 酸者ㅣ 下오 辛與鹹者ㅣ 下下라.

壤土

壤土者ᄂ 鐵銹의 粉이 砂石을 雜成ᄒ 것이니 氣孔이 疏通ᄒ야 太陽
의 氣ᄅ 能徹ᄒ며 秤量이 甚重ᄒ야 風에 飛ᄒ고 雨에 崩ᄒ이 無ᄒ고 其
性이 澤호ᄃ 粘着지 아니ᄒ야 耕耙의 勞가 無ᄒ고 所作의 物이 根이 拘
束지 아니ᄒ야 發達成熟ᄒ이 易ᄒ 故로 厥土ㅣ 惟上에 上이라.

白壤 壤土中 第一은 白堊, 滑力, 白石脂, 石灰의 粉이 多混ᄒ 故로 其色
이 白ᄒ고 鉛酸을 混和ᄒ며 油氣, 礬氣, 鹽氣ᄅ 均含ᄒ 故로 化育의 元氣
ㅣ 最盛ᄒ야 所作의 物이 皆能成熟호ᄃ 五穀, 綿, 烟草, 茶, 楮,가 最宜ᄒ
고 糞茸ᄂ 廐肥가 良ᄒ며 山谷陰地에ᄂ 溫煖ᄒ 肥ᄅ 宜用ᄒ지니라.

黃壤 第二等은 雄黃, 琉黃,의 氣ᄅ 混ᄒ 것이니 化育의 盛이 白壤과
無異ᄒ되 凝結의 力이 緩ᄒ 故로 秤量이 稍히 輕ᄒ고 米의 堅實ᄒ이 稍
히 劣ᄒ지라 此土에ᄂ 雜穀과 木綿이 宜ᄒ고 其次ᄂ 麻, 枲, 茶, 楮, 罌
子, 桐, 西芘,오 糞宜ᄂ 白壤으로 同ᄒ니라.

赤壤 第三等은 代赭石, 礬紅, 鉛丹, 汞丹,의 氣ᄅ 混ᄒ고 地脂ᄅ 含ᄒ
야 化育의 氣가 黃壤에 少劣ᄒ니 此土ᄂ 雜穀과 諸芘와 萊菔, 牛蒡, 蒟
蒻, 柑, 橙, 柚, 橘,이 宜ᄒ고 唯紅花, 紫根, 茜根,은 上品을 出ᄒᄂ니라.

紫壤 第四等은 赤壤과 如ᄒᆞ고 炭末의 混ᄒᆞᆫ 者라. 此土ᄂᆞᆫ 豆, 麥, 黍, 粟, 稗, 胡麻, 崧, 苣, 芋, 薯, 蘿蔔, 木綿, 苧, 麻, 黃菊, 防風, 獨活, 款冬,의 類가 宜ᄒᆞ고 糞苴ᄂᆞᆫ 軟膨術이 最宜ᄒᆞ며 又乾鰮, 靑魚, 人馬糞汁海藻의 類가 다 良效ᄒᆞᆫ 바이니라.

黑壤 第五等은 地火焦黑ᄒᆞᆫ 質노 金剛鑽, 黑錫, 의氣에 炭末을 混ᄒᆞᆫ 者라 故로 滋養ᄒᆞᄂᆞᆫ 油가 多ᄒᆞ고 凝固ᄒᆞᄂᆞᆫ 鹽이 少ᄒᆞ니 此土에ᄂᆞᆫ 百穀, 百果, 蔬菜가 宜ᄒᆞᆫ지라 穀粒은 堅實ᄒᆞ되 所出은 黃白壤만 不如ᄒᆞ고 糞苴ᄂᆞᆫ 酷烈猛厲凝固의 所含ᄒᆞᆫ 物의 硇砂礬氣와 如ᄒᆞᆫ 類로 培ᄒᆞ면 有利ᄒᆞ니라. 砂壤 第六等은 小石도 少無ᄒᆞ고 細沙만 多ᄒᆞᆫ 것이라 凝固의 力이 弱ᄒᆞ야 穀類의 米粒이 能히 堅實치 못ᄒᆞ니 此土에ᄂᆞᆫ 惟牛蒡, 萊菔, 蒟蒻, 芋, 薯地黃, 當歸, 川芎, 大黃, 鬱金, 延胡索의 類가 宜ᄒᆞ고 糞苴ᄂᆞᆫ 魚貝海藻를 可用이오 若黍稷을 作ᄒᆞᆫ 즉 灰糞이 最宜ᄒᆞ고 水由에 稻를 作ᄒᆞᆫ 즉 廐肥ᄂᆞᆫ 勿用ᄒᆞ고 乾鰯의 末을 宜用ᄒᆞᆯ지니라.

純壤 第七等은 砂石이 俱無ᄒᆞᆫ 壤이니 此ᄂᆞᆫ 希有ᄒᆞᆫ 土ㅣ라 化育의 力이 甚弱ᄒᆞ니 水田에ᄂᆞᆫ 廐肥를 多히 培養ᄒᆞᆫ 즉 豊熟ᄒᆞ고 若水田을 乾ᄒᆞ야 麥을 作ᄒᆞᆫ 즉 馬溺鹽으로 培ᄒᆞᆷ이 宜ᄒᆞ니라.

鬆壤 第八等은 草莖과 木葉腐朽ᄒᆞᆫ 壚ㅣ 純壤에 混ᄒᆞᆫ 者라 秤量이 甚輕ᄒᆞ야 寒ᄒᆞᆫ 즉 冰柱가 必立ᄒᆞᄂᆞᆫ 故로 發生ᄒᆞᄂᆞᆫ 氣가 太弱ᄒᆞ니 此土에ᄂᆞᆫ 壓鎭法을 宜用ᄒᆞᆯ 것이오 水田에 稻를 作ᄒᆞ랴 ᄒᆞᆫ 즉 活物肉汁水藻鹿角菜의 類로 懇懇培養ᄒᆞ면 意外에 豊熟ᄒᆞᄂᆞ니라.

熇壤 第九等은 山野中에 礬氣가 多ᄒᆞᆫ 壤이니 赤ᄒᆞᆫ 者ᄂᆞᆫ 極赤ᄒᆞ야 朱와 如ᄒᆞ고 白ᄒᆞᆫ 者ᄂᆞᆫ 雲母를 多混ᄒᆞ고 黑ᄒᆞᆫ 者ᄂᆞᆫ 焦ᄒᆞᆫ 것과 如ᄒᆞ야 草木이 能히 生長치 못ᄒᆞ고 唯松樹ᄂᆞᆫ 脂礬相和ᄒᆞ야 生育蒔種ᄒᆞ나 長大ᄒᆞᆫ 者ᄂᆞᆫ 稀ᄒᆞ니 此土에ᄂᆞᆫ 礬毒을 除去ᄒᆞᆷ이 第一要務니 若卑下ᄒᆞᆫ 地에ᄂᆞᆫ 灌水ᄒᆞ야 三四日을 經ᄒᆞ면 그 毒이 皆去ᄒᆞ고 良田을 成ᄒᆞ며 高地에ᄂᆞᆫ 三四尺을 鑿ᄒᆞ야 冬春間에 霜雪이 凍凝ᄒᆞᆫ즉 ᄯᅩᄒᆞᆫ 能히 解毒ᄒᆞᄂᆞ니라. (未完)

◎ 農業의 保護와 改良에 關한 國家의 施設,
　경세생, 〈태극학보〉, 1908.1. (농학)

農業은 國家의 根本이며 人民의 生命이라 흠은 果然 眞實이로다. 我
大韓帝國의 歷史를 溯究ᄒ야도 自 檀君 以來로 農業界가 衰頹홀 時代에
는 國民이 流離ᄒ고, 國勢가 危殆ᄒ얏스니 以此視之라도 大綱 通知홀지
로다. 嗚呼라. 現今 我大韓帝國의 農業界를 察홀지여다. 興歟아. 衰歟아.
此를 見ᄒ면 國民의 安危도 知홀 거시오, 國家의 存亡도 知홀 바라. 然
則 如此히 重大흔 關係가 有흔 農業을 國家에서 엇지 保護와 政量에
關흔 施設이 無ᄒ리오. 故로 玆에 數言을 陳述ᄒ야 當局 諸公의 參考에
供ᄒ노라.

(一) 農業 教育制度

(二) 農産 試作場

◎ 農業의 改良, 鄭鎭弘, 〈대동학회월보〉 제2호, 1908.3.
　(농학, 계몽 담론)

　　*농업 개량과 교육(국문 교육)

我國의 氣候가 溫適ᄒ고 土質이 善美ᄒ되 農作ᄒ는 利의 增加흠을
不見ᄒ고 荒蕪흔 地의 墾拓흠이 絶少ᄒ니 此는 民智가 未開ᄒ고 舊習에
徒狃ᄒ야 改良發展에 曚昧흔 所致라 當自政府로 人民을 啓導ᄒ야 革新
을 勉圖케 ᄒ깃기로 農商工部에서 農林學校와 勸業模範場을 刱設ᄒ고
學員을 教授ᄒ야 實業을 擴張케 ᄒ거니와 全國一般人民에게 特別흔 方
法으로 趨速히 指導흠이 目下에 最急務이니 農事試驗場을 各道都會地

에 設立ᄒ야 模範을 表示ᄒ고 各郡의 人民으로 ᄒ여곰 農會를 組織케
ᄒ야 政府로서 若干寄付를 施ᄒ고 會費를 蒐集ᄒ야 各國의 農事雜誌를
繙繹開刊ᄒ며 中央農會에셔 會報를 發行ᄒ야 農具改良과 肥料製造와
穀種選擇과 害虫預防의 一切方法을 講究施行케ᄒ되 我國農民이 類皆
蠢蚩無識ᄒ야 姓名도 不能記ᄒᆫ즉 엇지 書籍을 觀覽ᄒ야 識見을 開發ᄒ
리오. 深奧ᄒᆫ 天理ᄂᆫ 急迫히 透解키 難ᄒ나 我國에 通用ᄒ고 易曉ᄒᆫ
國文은 雖窮巷僻村이라도 一二人의 能解ᄂᆫ 必有ᄒᆯ지니 其人으로 敎師를
仍定ᄒ고 該里人民의 作業ᄒᄂᆫ 餘暇에 一切敎授ᄒ야 新聞雜誌를 無碍
讀閱케ᄒ고 農會에 視學一人을 置ᄒ야 各村里農民의 學課勤慢을 巡回
視察ᄒ야 勸獎과 懲罰을 行ᄒ면 一年을 不出ᄒ야 坊曲村里에 不學ᄒ
人이 必無ᄒᆯ지니 農業發達에 必要ᄒᆯᄲᅮᆫ아니라 人心을 淑ᄒ고 國勢를 重
케ᄒᆷ이 此에 莫過ᄒ며 我國人民이 農理에 茫昧ᄒ야 有用ᄒᆫ 樹木을 芟刈
ᄒ고 山田을 耕墾ᄒ야 終歲勞苦ᄒ야도 收獲이 無多ᄒ고 다만 山坂의
童濯을 致ᄒ야 附近田畓은 土脈의 滋潤이 已絶ᄒ고 覆沙의 損害를 偏被
ᄒ야 陳廢荒蕪ᄒᆫ 地를 仍成ᄒ니 以小害大가 엇지 痛惜지 아니ᄒ리오.
各處의 陳荒地를 各其洞人民이 合議開墾ᄒ되 人民의 資本家가 旣少ᄒ
고 政府로서 許多히 寄付ᄒ기 不能ᄒᆫ 則各洞으로서 每戶가 一年에 幾日
式出力ᄒ야 田畓을 完成ᄒᆫ 後에 山田各戶와 各處流民을 招集ᄒ야 幷作
의 例로 田土를 派給ᄒ야 安堵樂業케ᄒ면 一擧兩得이 此에 實在ᄒ며
我國의 謬習이 或賜牌地로 定ᄒ얏던지 官立旨가 有ᄒ다 稱ᄒᄂᆫ 荒蕪地
를 自己의 資力으로ᄂᆫ 起墾치 못ᄒ고 資本이 有ᄒᆫ 人이 農商工部에 承
認ᄒᆫ 後에 爭訟을 惹起ᄒ야 事業을 沮戲ᄒᆫ 則此等獘端은 急히 禁防ᄒᆯ지
니 條例를 明定ᄒ야 人民에게 頒示ᄒ야 自今一個年內에 陳荒地所有主
가 自力으로 起墾치 못ᄒ거든 곳 願買ᄒᄂᆫ 人에게 賣却ᄒ던지 又或起
墾ᄒᆫ 後에 該地段價에 相適ᄒᆫ 田土를 計給ᄒᆯ 意로 契約ᄒᆫ 後에 許墾케
ᄒ면 空然히 陳廢ᄒᄂᆫ 歎이 無ᄒᆯ지오. 又或農商工部에 認許ᄂᆫ 得ᄒ얏스
나 資本이 無ᄒ야 趁卽着手치 못ᄒ고 畢竟他人과 合資ᄒ던지 他人手中
에 終歸케 ᄒ니 엇지 慨惜지 아니ᄒ리오. 各道에 農會銀行을 設立ᄒ야

開墾事項을 專管實施ᄒ면 國內에 未闢ᄒ 土地가 無ᄒ야 國富民殷을 可期ᄒ며 堤堰의 貯水灌漑ᄂ 農務의 必要인 바 國初의 堤堰司ᄅ 設立ᄒ고 各道堤堰을 修築ᄒ야 三千五百餘處에 達ᄒ고 其後에 堤堰司ᄅ 廢止ᄒ고 備邊司에 付屬ᄒ야 年年修擧ᄒ야 野地農土에 旱災가 少ᄒ더니 備邊司革罷後에 堤堰이 ᄯᅩᄒ 廢止ᄒ야 猾吏豪民이 破堰冒耕ᄒ야 灌漑의 利가 無ᄒ 故로 三南田野에 旱災가 頻仍ᄒ야 租稅가 欠減ᄒ고 人民이 渙散ᄒ니 各道의 堰內冒耕畓을 精詳調査ᄒ야 一幷撤廢ᄒ 後에 照舊修築ᄒ야 貯水灌漑케 홈이 亦一急務이라 홈.

07.

동물

순번	연대	학회보명	필자	제목	수록 권호	분야	세분야
1	1907	공수학보	조용관	동물의 진화론	제1호	동물	진화론
2	1907	태극학보	편집부	동물의 지정	제9호	동물	진화론
3	1907	공수학보	강병옥	동물 종족 발생의 학설	제2호	동물	진화론
4	1907	동인학보	덕암생	동물의 자연도태	제1호	동물	진화론
5	1906	소년한반도	유제달	動物學問答	제1~6호	동물	·
6	1906	태극학보	포우생	동물의 생식법	제22호	동물	·
7	1906	태극학보	한상기	동물사회적 생활	제5, 6호(2회)	동물	·
8	1907	공수학보	전석홍	동물의 습성	제2호	동물	·
9	1907	대한유학생회 학보	한흥교	동물의 특성	제3호	동물	·
10	1907	태극학보	박상락	동물체에 유한 세력의 근원	제10호	동물	·
11	1907	공수학보	이상목	동물 회화	제3호	동물	·
12	1907	야뢰	신해용	동물학	제6호	동물	·
13	1907	낙동친목회학보	한흥교	동물의 특성	제3호	동물	·
14	1908	태극학보	김낙영	세계 대동물담	제13호	동물	·
15	1908	태극학보	유종수	한중 동물담	제18호	동물	·
16	1908	태극학보	노농	낙타담	제19호	동물	·
17	1908	대한학회월보	이대용	동물계의 선과 악	제6, 7, 8호(3회)	동물	·
18	1908	기호흥학회월보	김봉진	동물학	제2, 3, 5, 6, 7, 8, 11, 12호(8회)	동물	·

7.1. 진화론

◎ 動物의 進化論, 趙鏞觀, 〈공수학보〉 제1호, 1907.01.31.
　(동물학, 진화론)

　地球上 生物界에 生存競爭이 益益 劇烈ᄒ야 弱肉强食ᄒ며 優勝劣敗ᄒᄂ 狀態가 廣히 此 生物界에 行ᄒ야 日日 不息ᄒᄂ지라. 故로 此世에 生命을 享ᄒᄂ 者가 高等 劣等의 區別을 勿論ᄒ고 皆 此 競爭 中에 生命을 保全코ᄌ 汲汲孜孜(급급자자)ᄒ야 맛춤ᄂ 自然淘汰(자연도태)의 現象을 現흠에 至ᄒ니 卽 自然淘汰ᄂ 競爭上 一手段이요, 進化上 一 要素라. 故로 此 競爭이 劇煩흘스록 進化의 程度도 ᄯᅩᄒ 著大흠은 勢之自然이라 謂흘지라. 今에 圖을 括ᄒ고, 細密히 生物界에 特히 動物界를 觀察ᄒ면 百物이 皆 進化 發達의 結果를 依ᄒ야 生命을 安全히 維持흠을 得見흘지라. 郊外에 出ᄒ야 自然界에 注目ᄒ라. 路邊의 百花ᄂ 灼灼亂發ᄒ고 溪畔(계반)에 萬柳ᄂ 搖搖長垂(요요장수)ᄒᄃ 蝴蝶은 花上에 輕舞ᄒ고 禽鳥ᄂ 林間에 高翔(고상)ᄒ며 谿谷에 數條 細流ᄂ 潺潺(잔잔)ᄒ고 樹稍에 一朶煙霞(일타연하)ᄂ 濛濛(몽몽)ᄒ야 平和흔 氣象이 一大 樂園에 入흠과 如히 感흘지라. 然이나 此 平和에 殺氣가 隱隱ᄒ야 樂園이 도리혀 修羅場(수라장)이 됨을 焉得知리오. 然이나 此 舞臺를 見ᄒ고 樂園이라 稱흠은---

◎ 動物의 智情, 〈태극학보〉 제9호, 1907.4.
　(진화론 지식 관련 자료)

　　　*인도 중국 내륙의 '모아 인종'(원숭이와 인간의 중간 종족이라고 칭함)
　　　*원숭이류 모아 인종 등과 같이＝단결을 주장하는 글

猿猴類

大抵 吾人 人類와 他動物의 分別되는 거시 다만 一 標準에 잇다 ᄒ니 何를 謂흠인고. 曰 世界 人類에는 何如흔 野蠻의 民族을 莫論ᄒ고 宗敎心 不有흔 쟈-가 無ᄒ거니와 他動物에는 此 尊敬흘 ᄆ음이 적음이라 ᄒ니, 實狀 宗敎心은 純潔흔 感情에 比較的 高等흔 智識을 加味흔 것인 ᄃᆡ 動物의 感情이나 人類의 感情이나 其 差違는 莫論ᄒ고, 動物은 아모리 人生과 同一흔 高等智識이 有ᄒ다 흘지라도, 곳 宗敎心의 有無로 觀察ᄒ면 容易히 觀解흘 거시며 俗諺에 云ᄒ되, 猿猩(원셩)은 人生보다 頭髮七毛(두발칠모)가 少흔 고로, 人이 完全히 되지 못ᄒ엿다 ᄒᄂ니, 이것도 一面의 眞理를 說明치 못흔 것이라 ᄒ리로다.

距今 八九年 前에 英國人 포-을 싼쪼이라 稱ᄒᄂ 者ㅣ 二三 同志로 더브러 印度 支那 內地를 探險흔 事가 有ᄒ니, 一日은 偶然히 北緯線 十二度 東經線 百〇四度 之에 踏到흔즉 山深谷奧ᄒ고 樹陰 闇憺(암담) 흔 裡에 一種 叫聲이 怪聞ᄒ거늘 一行이 跫音(공음, 발자국소리)을 齊止ᄒ고 聲의 從來處를 眺覘(조사, 엿봄)ᄒ니, 一群 猿類라 自枝遷枝[1]ᄒ며 飛蹈相譟[2]ᄒᄂ지라, 그 動靜을 一層 詳察ᄒ니 彼等은 普通 猿類보다 奇異흔 點이 多흔지라. 於是乎 一行이 好奇心을 驅馳ᄒ여 엇지ᄒ면 됴흘가 ᄒ여 彷徨흘 時에 其中에 平生 勇敢으로 自任ᄒᄃ 싼쪼이가 奮然히 獵銃을 揮提(휘제)[3]ᄒ고, 猿猴의 一群을 追ᄒ면셔 墮後(타후)흔 바 一匹을 捕獲ᄒᄆᆡ 被捕흔 猿이 싼쪼이를 仰視ᄒ며 哀乞ᄒᄂ 聲을 出ᄒ여 "命은 救ᄒ여 주옵소셔."ᄒ고 頻頻히 叫出ᄒᄂ지라. <u>猿인 줄노만 싱각ᄒ엿든 此動物이 아남 地方語[4]를 通用ᄒᄂ 人類</u>이ᄆᆡ, 一行이 다 驚怪

---

1) 자지천지: 이 가지에서 저 가지로 옮겨 다님.

2) 비도상조: 이곳저곳 날아다니며 서로 부르짖음.

3) 휘제: 잡아 끌다.

4) 아남 지방어: 안남(베트남) 지방어로 추정됨.

치 아니 한 쟈 無 한 엿 스며 僥倖 一行 中 아남 語를 能解 한 는 者가 잇셔 種種의 問答을 試見 한고, 비로소 人類인 줄노 無疑測定 한 엿다 한니, 原來 此猿類와 恰似 한 人類 는 모아라 稱 한 는 人種인 딕, 此 地方 深山에 一部落을 構成 住居 한여 恒常 아남 地方에 出入 한며 貿易을 交通 한 는 딕 무엇시던지 아남 語를 用 한 다 한고, 또 彼等이 多少 團決心이 有 한여 一種 社會와 如 한 體裁를 備有 한 엿다 한니, 要컨딕 人類와 相差가 無 한나, 그러나 其 骨格 形貌와 態度 擧動이 到底히 猿類에 屬 할 수밧게 無 한즉 一行 中 만일 아남 語를 通解 한 는 者가 엇셧드면 彼 모이 人種은 到底히 人生의 資値를 未得 한 엿 스리로다.

此世에 如此 한 人猿 中間의 人種이 多有 한니 만일 彼等으로 一步를 轉 한면 動物도 되고 人生도 될 터히로다. 猿類 는 其 進化 系統이 좀 人類와 最近 한 故로 可謂 人類로 進化 할 만 한 動物이라고도 할 거시오, 動物로 退化 할 만 한 人種이라고도 할 거시며, 其中에 猩猩과 狒狒(비비) 은 너무 進化 한 知識을 持有 한여 모아와 近似 한 거시 多 한고, 猿類와 는 反違 한이 多 한더라. 年前에 一旅人이 亞剌比亞産 獵犬(아라비아산 엽견, 사냥개)을 率伴 한고 一處에 到 한여 一群 狒狒이 平原에 逍遙 遊戱(소요유희) 한을 遇 한니 其所牽 獵犬은 生平에 猛惡 한 肉食獸와 奮鬪 嫺熱(한열) 한 者라. 此 狒狒을 一見 한고 直視 向走 한여 襲擊 할 勢를 示 한 민 此狒은 차--

◎ 動物 種族 發生의 學說,
  康秉鈺,〈공수학보〉제2호, 1907.4. (동물학)

　　*라마르크, 다윈의 진화설 소개

　　大凡 人의 身體는 多數의 細胞로 成立ᄒᆞᆫ 者이란 說은 前號5)에 記載ᄒᆞ
얏거니와 細胞로 成立ᄒᆞᆫ 生物이 人身ᄲᅮᆫ 아니라 各種 動物과 各種 植物
이 擧皆 細胞로 成立ᄒᆞᆫ 者인ᄃᆡ 特히 動物은 各各 卵細胞의 發育ᄒᆞᆫ 者라.
其 發育ᄒᆞᄂᆞᆫ 狀態를 論ᄒᆞ면 女体의 卵巢 [生殖器 一部分]에서 出ᄒᆞᆫ 熟卵
이 子宮에 流入ᄒᆞ야 男精과 相會ᄒᆞ야 胚胎를 營作ᄒᆞ야 發育이 完成ᄒᆞᆫ
後에 分娩ᄒᆞᄂᆞᆫ 者라. 此로 由ᄒᆞ야 觀ᄒᆞ면 各種 動物이 大抵 卵細胞로
自ᄒᆞ야 發育ᄒᆞᄂᆞᆫ 事實을 深究ᄒᆞᆫ 則 地球上에 發現ᄒᆞᆫ 多數 動物은 地球
變遷ᄒᆞ든 時代에 各各 當當ᄒᆞᆫ 細胞로 各自 發生ᄒᆞ야 今日가지 其 種族
을 繼續ᄒᆞ든 者라 ᄒᆞ며, 或은 當時에 一種 或 數種 物이 生ᄒᆞ야 今日에
現存ᄒᆞᆫ 夥多(과다)의 種類를 變生ᄒᆞᆫ 者라고도 흠.

　　就中에 第二說은 左와 如ᄒᆞᆫ 經驗이 有흠. (一) 異種動物이 交接ᄒᆞ야
中間 動物을 生ᄒᆞᄂᆞᆫ 事ㅣ 有ᄒᆞ니 譬컨ᄃᆡ 馬와 馿(려)가 交接ᄒᆞ야 騾(라)
를 生ᄒᆞᄂᆞᆫ 事며 (二) 地質學을 據ᄒᆞᆫ즉 地球 變遷 時代에 地質學的 地層
의 順序를 從ᄒᆞ야 下等生物 遺跡이 高等生物의 遺跡보담 下層에 在ᄒᆞ다
ᄒᆞ니, 此를 由ᄒᆞ야 思ᄒᆞ면 下等生物이 世間에 最先 現出ᄒᆞ엿든 證據가
昭然(소연)ᄒᆞ도다. 然ᄒᆞ면 下等動物이 漸次 發育ᄒᆞ야 高等動物을 生ᄒᆞᆫ
者이 아닌가. 此說에 對ᄒᆞ야 西曆 一千八百九年에 動物 哲學者 라말크6)
氏의 說을 據ᄒᆞᆫ즉 凡 生物의 種類는 一種 或 數種이 逐次 變遷ᄒᆞ고 漸次
發育ᄒᆞ야 今日에 至ᄒᆞᆫ 者라 ᄒᆞ엿ᄂᆞᆫᄃᆡ 此說을 進化說이라 稱흠.

---

5) 〈공수학보〉제1호의 '신체 구조의 대요설(大要說)'을 의미함.
6) 라말크: 라마르크.

其後 五十年을 經ᄒ야 다-윈 氏가 出ᄒ야 淘汰說이라ᄂ 學說을 作ᄒ
엿ᄂ디 其說을 據ᄒᆫ즉 各種 生物에 世間 森羅萬象에 對ᄒ야 生存競爭을
開始ᄒᆯ 時에 各各 能力을 用ᄒ야 勝利를 得ᄒᆫ 者ᄂ 能히 其種族을 繁ᄒᆷ
에 至ᄒ고 生存競爭에 敗ᄒᆫ 者ᄂ 消滅에 歸ᄒ엿ᄂ디 彼 勝者ᄂ 其 利用
ᄒᆫ 能力을 後裔에게 遺傳ᄒ야 其 遺傳性을 益益 擴張ᄒᄂ 者라 ᄒ엿도
다. 噫라. 人種도 生存競爭이 不無ᄒ니 各各 精神을 刷新ᄒᆯ지어다.

◎ 動物의 自然淘汰,
　德巖生, 〈동인학보〉 제1호, 1907.11. (동물학)

7.2. 세분야 미분류

◎ 動物學問答: 柳濟達

*이 시기 동물학 교과서로는 보성관편집부(1908)의 〈보통 동물학 교과서〉(보
성관), 신해용(1908)의 〈동물학〉(회동서관), 박중화(1910)의 〈중등 동물학〉
(신구서림), 정인호(1908)의 〈초등 동물학〉(정인호), 정인호(1908)의 〈초등
동물학교과서〉(정인호) 등이 발행되었다.

(問) 動物이라 ᄒᄂ 것은 如何ᄒ 것이오.
(答) 地球上에 森羅ᄒ 天然物 中에 感覺力이 有ᄒ고 獨立의 運動을 營爲
ᄒᄂ 者를 動物이라 稱ᄒᄂ니라.

(問) 動物學이라 ᄒᄂ 것은 如何ᄒ 學이뇨.
(答) 天然物 中에 感覺力이 有ᄒ고 獨立의 運動을 營爲ᄒᄂ 者의 構造,
性質이 生活의 狀態와 人生의 關係를 論ᄒᄂ 學이니라.

(問) 動物界에 何如흔 大別이 有ᄒ뇨.

(答) 脊椎動物, 無脊椎動物 二者에 分이니라.

(問) 脊椎動物이라 ᄒᄂ 것은 何者오.

(答) 動物 中에 骨骼(골격)이 體의 內部에 位ᄒ야 全身의 基礎를 造홈이 身體의 中軸(중축)에 脊柱를 有흔 動物이니라.

(問) 無脊椎動物이라 ᄒᄂ 것은 何者오.

(答) 動物 中에 骨骼이 全無ᄒ거ᄂ 或은 骨骼이 體의 外部에 位ᄒ야 脊柱가 無흔 動物이니라.

(問) 動物界ᄂ 幾門에 細分흔 것이뇨.

(答) 脊椎動物, 節足動物, 軟形動物(연형동물), 蠕形動物(연형동물), 棘皮動物(극피동물), 腔腸動物(강장동물), 原始動物의 七門으로 分ᄒᄂ니라.

(問) 以上 七門에 何者가 脊椎動物이오, 何者가 無脊椎動物이뇨.

(答) 七門 中 第一脊椎動物이 一이오, 其他 六門을 合ᄒ야 無脊椎動物이라 云ᄒᄂ니라.

▲ 제2호

(問) 脊椎動物의 意義ᄂ 知ᄒ거니와 節足動物, 軟體動物, 蠕形動物(연형동물), 棘皮動物(극피동물), 腔腸動物(강장동물), 原是動物의 區別이 何如오.

(答) 無脊椎動 中에 數多흔 差異가 有홈으로 各其 區別이 有ᄒ니,

　一 體ᄂ 數多흔 環節로 成ᄒ고 外皮ᄂ 强ᄒ야 外骨骼을 成ᄒ며 節을 有흔 數對의 足을 具흔 者를 節足動物이라 ᄒ고,

　二 體質이 柔軟ᄒ야 骨骼이 無ᄒ고 左右 同形이며 環節이 無ᄒ고 體

壁의 一部는 外套膜이라 ㅎ는 廣혼 皺紋(추문)을 成ㅎ야 身體를 包ㅎ는 動物을 軟體動物이라 ㅎ고,

　三 左右 同形인 下等動物을 蠕形動物이라 ㅎ고,

　四 身體에 背腹의 別이 有홀 쑨이오, 大槪 前後左右의 別이 無ㅎ고, 體壁 中에 石灰質의 骨片을 有혼 것을 棘皮動物이라 ㅎ고,

　五 體는 放散 同形이오 體面에 石灰質의 骨板을 不有혼 水産物을 腔腸動物이라 ㅎ고,

　六 體가 極히 細微ㅎ야 顯微鏡的 下等小動物을 原始動物이라 ㅎᄂ니라.

(問) 動物學을 研究ㅎ야 人生에 何等 利益이 有ㅎ뇨.

(答) 二種의 利益이 有ㅎ니 第一은 實地應用上의 利益이니 吾人의 衣食住에 必要혼 材料를 得ㅎ랴면 天然物에 必求홈이니 動物은 天然界의 大部分을 占有혼 者라. 故로 各動物의 構造 習性 等을 研究ㅎ야써 此를 利用ㅎ야 醫術 農業 山林 水産 等 各方面에 對혼 利益을 得홈이오, 二는 思想上의 利益이니 人類는 動物의 一類라. 各動物의 如何혼 理法을 不知ㅎ면 人類의 如何혼 關係를 知키 難ㅎ니 故로 他動物을 研究ㅎ는 必要가 有홈이니라.

(問) 地球上 動物의 數가 幾何오.

(答) 動物은 位置를 隨ㅎ야 種類가 異홈이 地球上 何方面에 動物이 不存혼 處는 無ㅎ니 但 吾人의 現今 目擊 知得ㅎ는 바라도 三十餘萬의 過홀지니라.

(問) 脊椎動物 中에는 其形狀과 習性이 一혼 것인요.

(答) 脊椎動物 中에도 其形狀과 習性이 不同홈으로 此랄 分類ㅎ야 哺乱類(포란류)[7], 鳥類, 爬蟲類(파충류), 兩棲類(양서류), 魚類의 五類로 成

---

　7) 포란류: 哺乳類의 오식으로 보임.

ᄒᆞ니라.

(問) 哺乳類에ᄂᆞᆫ 其特性이 何며 此에 屬ᄒᆞᆫ 者ᄂᆞᆫ 何오.
(答) 此ᄂᆞᆫ 體에 骨骼이 內部에 位ᄒᆞ야 全身의 基礎를 成ᄒᆞ며, 筋肉이 此에 附着ᄒᆞ고, 皮膚가 其外面을 包ᄒᆞᆫ 動物 中에 特히 毛로써 全身을 被ᄒᆞ고 血이 溫ᄒᆞ고, 胎로 生ᄒᆞᆷ이 乳汁으로 幼子를 哺育ᄒᆞᄂᆞᆫ 動物을 云ᄒᆞᆷ이니, 犬, 猫, 牛馬 等이 此에 屬ᄒᆞ며 吾人 人類도 此에 屬ᄒᆞᆫ 者이니라.

(問) 然則 脊椎動物 中에 哺乳類에 屬ᄒᆞᆫ 者의 性質과 其生活의 狀態를 知코자 ᄒᆞ노니 哺乳類ᄂᆞᆫ 大槪 毛로 全身을 被ᄒᆞᆫ 者를 問ᄒᆞ깃시니 猿類 中의 猩猩이라ᄂᆞᆫ 것은 如何ᄒᆞᆫ 것인요. (未完)

▲ 제3호

(答) 猩猩은 東印度 '보루네오'에 産ᄒᆞᄂᆞ니 体長이 四尺餘되고, 面은 黑ᄒᆞ며 赤色 長毛를 被ᄒᆞᆷ이 性이 酒를 嗜ᄒᆞᄂᆞᆫ 것이니라.

(問) 獅子ᄂᆞᆫ 如何ᄒᆞᆫ 動物인요.
(答) 亞弗利加 漠地方에 産ᄒᆞᄂᆞᆫ 것이니 全身이 淡褐色(담갈색)이라. 砂色과 同ᄒᆞ며 性이 猛勇ᄒᆞ야 獸中의 王이라고도 稱ᄒᆞᄂᆞ니라.

(問) 虎ᄂᆞᆫ 我國에도 有ᄒᆞ거니와 豹도 有ᄒᆞ오.
(答) 我國은 溫帶地方이라. 豹ᄂᆞᆫ 元來 熱帶地方에 産ᄒᆞᄂᆞᆫ 것이니 有ᄒᆞᆯ 理ㅣ 無ᄒᆞ니라.

(問) 猫의 瞳子ᄂᆞᆫ 時時로 變化ᄒᆞ니 何를 由ᄒᆞᆷ인요.
(答) 猫ᄂᆞᆫ 或 電獸(전수)라고도 云ᄒᆞᄂᆞ니 其瞳子가 變化ᄒᆞ기ᄂᆞᆫ 太陽光線을 受함이라. 故로 朝에 太陽의 熱이 小ᄒᆞᆯ 時ᄂᆞᆫ 圓ᄒᆞ고, 正午에 至ᄒᆞ

야 太陽의 熱이 極혼 時에는 細홈이 針과 如호다가 午後에 漸漸 熱이 減호면 原形으로 復圓호나니라.

(問) 水獺(수달)은 形狀이 如何호며 人生에는 何의 利益이 有호뇨.
(答) 水獺은 水中에 棲息호는 것이니 形狀이 黃鼬(황유: 누런 족제비)와 如호고 指間에 蹼(복, 물갈퀴)이 有혼 動物이라. 水獺皮는 禦寒用에 供호느니라.

(問) 俗言에 云호되 熊이 舌로 舐(지, 핥다)호면 骨이 露出혼다 호니 何故로 然호오.
(答) 熊만 然홀 샏 아니라 大盖 食肉類의 通性이니 此는 舌의 表面에 無數혼 鉤形의 小突起가 有호야 舐혼 處에는 筋肉이 剝脫(박탈)호느니라.

(問) 熊이 冬眠혼다 호니 人類와 如히 眠(면)호는 것인뇨.
(答) 不然호다. 熊이 冬期에 至호야는 不食 不動홈으로 冬眠이라 稱호느니라.

(問) 臘虎(납호)라 稱호는 動物은 如何혼 것인뇨.
(答) 臘虎는 氷海에 産호는 것이니 形狀이 狸와 如호고 毛皮는 禦寒用에 供홈애 價値가 甚貴호니라.

(問) 海獸類의 膃肭臍(올눌제)라 호는 動物은 形狀이 如何호뇨.
(答) 膃肭臍는 體形이 紡錘(방추)[목면 토싱이]와 如호니 頭가 圓호고 眼은 大호며 耳와 尾는 極히 小호고 四肢는 鰭蹼(기복, 지느러미와 물갈퀴)과 如홈이 全身이 黑호야 暗褐色을 帶호느니라.

(問) 海豹라는 海獸는 何로 由호야 豹라 稱호는뇨.
(答) 海豹는 頭가 狗와 如호며 前脚은 短호고 後脚은 魚尾와 如홈이 分

岐ᄒ며 毛色은 灰白色에 黑斑이 有흔 動物이니 其斑紋이 豹와 近似ᄒ다 ᄒ야 海豹라 云흔 것이니라.

(問) 奇蹄, 偶蹄의 區別이 何며 此에 屬흔 動物은 何者오.
(答) 奇蹄ᄂ 但 一蹄를 有흔 것이니 馬의 一種이오, 偶蹄ᄂ 雙蹄를 有흔 것이니 牛, 羊, 鹿의 類니라.

(問) 騾(라)ᄂ 混種이라 ᄒ니 果然흔요.
(答) 然ᄒ다. 驪와 牡(모)와 牝(빈)과 交合ᄒ야 生흔 것이니 特히 氣力이 强壯ᄒ야 人의 使用에 有用되ᄂ 것이니라.

(問) 犀(서)의 形狀은 如何오.
(答) 犀ᄂ 形狀이 水牛와 如흠이 高가 五六尺에 達ᄒ며 鼻와 額間에 二個의 角이 有ᄒ니 一個ᄂ 長ᄒ고 一個ᄂ 短ᄒ며 角의 性質은 爪甲(조갑)과 如흔 것인듸 此動物은 亞細亞, 亞弗利加 熱帶地方에 産ᄒᄂ니라.

(問) 犀가 水牛와 如ᄒ다 ᄒ니 犀를 俗語에 水牛(물소)라 稱흠이 아닌오.
(答) 犀와 水牛ᄂ 異種이라. 水牛ᄂ 元來 印度地方 野生의 牛니 通常보다 體가 大ᄒ며 毛ᄂ 粗ᄒ야 靑灰色를 帶ᄒ고 角은 透明흠이 各種 器物를 造ᄒᄂ 것이니, 犀를 물소 水牛를 물소라 幷稱흠이 想컨듸 誤解흠인가 ᄒ노라. (未完)

▲ 제4호

(問) 牛ᄂ 角이 有함으로 齒가 無ᄒ다 ᄒ니 果然ᄒ오.
(答) 不然ᄒ다. 牛의 上顎에ᄂ 前齒와 牙가 無ᄒ나 兩顎의 臼齒(구치)ᄂ 發達ᄒ야 臼形을 成ᄒ니라.

(問) 牛를 觀ㅎ건딕 食物이 無ㅎ야도 暫時 不体ㅎ고 咀嚼(저작)ㅎ니 此
는 何를 如斯히 咀嚼ㅎ는요.

(答) 此는 無他라. 牛의 胃가 他動物과 異ㅎ 所以니, 卽 其胃는 四個의
囊으로 成ㅎ지라. 最初 嚥下(연하)ㅎ 食物은 第一囊에 先入ㅎ고, 次에
第二囊에 入ㅎ엿다가 更히 食道를 逆行ㅎ야 口內로 出ㅎ야 十分 咀嚼ㅎ
고 唾液(타액)과 混合ㅎ야 液体와 如케 成ㅎ 后에 再次 食道를 通過ㅎ야
直히 第三囊에 入ㅎ고, 更히 第四囊에 移ㅎ야 完全히 消化ㅎㄴ니 如斯
히 更嚼ㅎ으로 食物이 無ㅎ야도 咀嚼ㅎ을 不絶ㅎ이라. 此를 反芻라 ㅎ
고, 此類를 反芻類라 ㅎㄴ니라.

(問) 反芻類예는 更히 如何ㅎ 動物이 屬ㅎ얏는요.

(答) 牛 外에 羊, 山羊(염소) 鹿 等이니라.

(問) 我國에서 藥餌(약이)로 鹿茸이라 ㅎ야 貴重히 知ㅎ니 此는 如何ㅎ
物件이오.

(答) 鹿茸(녹용)이란 것은 鹿의 角이니, 其角이 每年 脫落ㅎ고 更히 新角
을 生ㅎ이 新角이 成長ㅎ 以內에는 柔溫ㅎ 皮膚로 被ㅎ고 軟鮮ㅎ 血髓
로 內充ㅎ 것이니 此를 取ㅎ야 鹿茸이라 ㅎㄴ니라.

(問) 麝香(사향)은 香氣가 甚烈ㅎ 것인딕 何로 製造ㅎ 것인요.

(答) 中央 亞細亞에 産ㅎ는 麝香鹿이 有ㅎ니 此鹿의 牡(모)의 腹部에
麝香을 汾泌ㅎ는 腺(선)이 有ㅎ지라. 此를 取ㅎ야 製出ㅎ 것이니라.

(問) 孔子가 春秋를 作ㅎ시다가 獲麟ㅎ을 見ㅎ시고 絶筆ㅎ셧는딕 麟은
聖世에만 出ㅎ는 仁獸라 하니 果然 有하오.

(答) 此는 世人의 誤解ㅎ이라. 麒麟이 聖世에 出ㅎ기는 姑舍ㅎ고 亞弗利
加 闇黑世界의 所産이니라.

(問) 然則 麒麟의 形狀과 性質이 何如오.

(答) 形狀이 鹿과 如흠이 足이 雙蹄가 有하고 背가 甚長하고 高가 三丈 以上에 達하는 者가 有하야 全動物界에 最高흔 者오, 性이 溫和하고 草木에 新芽를 好食하느니라.

(問) 駱駝는 形狀과 性質이 何如오.

(答) 駱駝는 角이 無흐고 蹄가 小하며 形이 馬와 稍似흠이 脚은 高하야 三節이 有하고, 背에 肉峰이 一個式 二個가 有하며 胃의 一部에 多數흔 小囊이 附着하야 一飮흔 水를 能히 其中에 久藏하는 故로 數日 不飮하야도 渴흠이 無하야 '沙漠의 舟'라 稱하느니 亞細亞의 西部 及 亞弗利加에 産하느니라.

(問) 河馬는 如何흔 動物인요.

(答) 河馬는 亞弗利加 內地에 産하는 大獸니 河에 入하기를 好하며 皮는 甚히 堅厚하야 彈丸도 不入흔다 하고 齒는 大하고 堅牢흠으로 彫刻用에 供하느니라.

(問) 象을 俗에 '코기리'라 하니 鼻가 長하오.

(答) 然하다. 象은 鼻가 長흠으로 此를 屈伸하야 食物을 拾得하느니라.

▲ 제5호

(問) 鯨은 皮膚 表面에 毛가 無흐니 此는 何에 屬흔 것이오.

(答) 鯨은 水中에 棲息흐는 것이라. 毛가 無흐고 体形이 魚와 似흐며 前肢는 鰭形(기형, 지느러미 형태)을 成흐고 後肢는 無흐되 亦是 子를 産흠이 乳汁으로 哺育흐느니 學理 主 哺乳類에 屬흐니라.

(問) 鯨이 潮水를 噴出흔다 흐니 此로 因흐야 潮水가 生흐는 것이오.

(答) 否라. 鯨類ᄂᆞᆫ 他獸類와 同히 肺臟으로 空氣ᄅᆞᆯ 呼吸ᄒᆞᄂᆞᆫ 故로 時時로 海面에 出치 아니치 못ᄒᆞᄂᆞ니 此際에 十分 水蒸氣ᄅᆞᆯ 飽含ᄒᆞᆫ 空氣ᄅᆞᆯ 呼出흠이 其形이 水ᄅᆞᆯ 噴흠과 如흠으로 俗言에 潮水ᄅᆞᆯ 噴出ᄒᆞᆫ다 흠이오, 元來 潮水ᄂᆞᆫ 此에 因ᄒᆞ야 生ᄒᆞᄂᆞᆫ 것이 아닌이라.

(問) 鼠ᄂᆞᆫ 如何ᄒᆞᆫ 類에 屬ᄒᆞᄂᆞᆫ요.
(答) 鼠ᄂᆞᆫ 家具, 食品 等을 嚙破(교파, 깨물어 망가뜨림)ᄒᆞᄂᆞᆫ 動物이니 此와 如ᄒᆞᆫ 哺乳類의 咬齒類(교치류)니라.

(問) 鼯鼠(오서, 오소리, 족제비, 날다람쥐?)ᄂᆞᆫ 形狀과 性質이 如何오.
(答) 鼯鼠ᄂᆞᆫ 恒常 樹上 朽穴(오혈)에 棲흠이 夜에 出ᄒᆞ야 果實 等을 食ᄒᆞᄂᆞ니 形이 猫와 似ᄒᆞ고 尾가 長ᄒᆞ며 脚이 短ᄒᆞ고 前脚과 後脚 間에 肉翅(육시, 날개)가 有ᄒᆞ야 樹間에 飛翔(비상)ᄒᆞᄂᆞᆫ 動物이니라.

(問) 亞弗利加에 形狀이 鼠와 如ᄒᆞ고 体大가 兎와 如ᄒᆞ며 全身에 强銃ᄒᆞᆫ 毛髮을 有ᄒᆞᆫ 動物이 産ᄒᆞᆫ다 ᄒᆞ니 此ᄂᆞᆫ 何動物인요.
(答) 此ᄂᆞᆫ 豪豬(호저)과 稱ᄒᆞᄂᆞᆫ 動物이니라.

(問) 前言과 如히 腹部外에ᄂᆞᆫ 다 勅毛(칙모)가 有ᄒᆞ고 頭 足 尾가 共히 小ᄒᆞ야 体形이 圓ᄒᆞ야 栗毬(율구)와 如ᄒᆞᆫ 것이 胡荍田(호고전)에서 間間 胡荍ᄅᆞᆯ 嚙取ᄒᆞ야 背의 勅毛에 揷ᄒᆞ고 負去ᄒᆞᄂᆞᆫ 것을 多見ᄒᆞ얏시되 此가 何動物인지 不知ᄒᆞ노니 實로 奇異ᄒᆞ더고.
(答) 此ᄂᆞᆫ 蝟鼠(위서, 고슴도치)니라. 山側에서 地動物을 遇ᄒᆞ야 危急ᄒᆞᆫ 境에 至ᄒᆞ면 能이 石子와 如히 轉降ᄒᆞ야 害ᄅᆞᆯ 避ᄒᆞᄂᆞᆫ 性質도 有ᄒᆞ니라.

(問) 栗鼠(율서, 다람쥐)란 것ᄂᆞᆫ 何動物인요.
(答) 栗鼠ᄂᆞᆫ 俗에 '다람쥐'라 ᄒᆞᄂᆞᆫ 것이니 前足에ᄂᆞᆫ 四指가 有ᄒᆞ고 後足에ᄂᆞᆫ 五指가 有흠이 栗ᄅᆞᆯ 好食ᄒᆞᄂᆞᆫ 故로 栗鼠라 흠이오. 樹上에 善走(다

람질)ᄒᆞᄂᆞᆫ 故로 '다람쥐'라 俗稱흠이니라.

(問) 匏花(포화, 박꽃)가 開ᄒᆞᆯ 時에 夜에 視ᄒᆞ면 鼠와도 如ᄒᆞ고 鳥와도 如ᄒᆞᆫ 것이 頻頻히 飛翔ᄒᆞ야 來往ᄒᆞ니 此ᄂᆞᆫ 鼠類오.
(答) 此ᄂᆞᆫ 蝙蝠(편복, 박쥐)이라 云ᄒᆞᄂᆞᆫ 것이니 鳥도 아니오, 鼠도 아니라. 前肢ᄂᆞᆫ 肢가 甚長ᄒᆞ고 指間에 薄膜을 張ᄒᆞ야 맛치 翼과 如ᄒᆞ야 空中을 飛翔ᄒᆞᄂᆞᆫ 것이라. 夜間에 出ᄒᆞ야 昆虫類ᄅᆞᆯ 捕食ᄒᆞ고 晝間에ᄂᆞᆫ 後肢의 爪로 他物에 掛ᄒᆞ야 暗處에 潛伏ᄒᆞ니 匏花ᄅᆞᆯ 好흠으로 '박쥐'라 云흠이 大槪 鼠와 如ᄒᆞᆫ 類라.

(問) 地中에 潛ᄒᆞ야 隧道(수도)ᄅᆞᆯ 成ᄒᆞᄂᆞᆫ 것이 有ᄒᆞ니 如何ᄒᆞᆫ 動物의 作用인요.
(答) 鼢鼠(분서, 두더지)의 所爲니 鼢鼠ᄂᆞᆫ 土中에 穴居ᄒᆞ야 蟲類ᄅᆞᆯ 求食ᄒᆞᄂᆞᆫ 小獸라. 前肢의 掌은 幅이 廣ᄒᆞ야 匙(시, 숟가락)와 如ᄒᆞ고 爪가 銳흠으로 地ᄅᆞᆯ 掘흠이 適當ᄒᆞ고 眼은 小ᄒᆞ야 殆히 無用인ᄃᆡ 日을 見ᄒᆞ면 動作이 不能ᄒᆞᆫ 것이니라.

(問) 穿山甲이란 것은 如何ᄒᆞᆫ 것이오.
(答) 熱帶地方에 産ᄒᆞᄂᆞᆫ 것이니 四肢에 强大ᄒᆞᆫ 爪가 有ᄒᆞ야 巧히 地ᄅᆞᆯ 掘ᄒᆞ야 蟻ᄅᆞᆯ 舐食(지식)ᄒᆞᄂᆞᆫ 夜獸니 舌이 長ᄒᆞ고 齒가 無ᄒᆞ며 全身에 堅牢ᄒᆞᆫ 鱗으로 被ᄒᆞᆫ 것이니라.

(問) '간가루'란 것은 如何ᄒᆞᆫ 動物이오.
(答) 濠洲에 産ᄒᆞᄂᆞᆫ 動物이니 前脚이 短ᄒᆞ고 後脚이 長ᄒᆞ야 跳躍(도약)흠이 甚速ᄒᆞ고 腹部에 袋와 如ᄒᆞᆫ 것이 有ᄒᆞ야 乳房을 藏ᄒᆞ고 又幼兒ᄅᆞᆯ 其中에 入ᄒᆞ고 轉移ᄒᆞᄂᆞ니 尾가 長ᄒᆞ고 力이 强ᄒᆞ니라.

(問) 濠洲地方에 産ᄒᆞᄂᆞᆫ 動物 中에 口가 鴨嘴(압취)와 如ᄒᆞᆫ 것이 무엇

이오.

(答) 卽 鴨嘴獸(압취수)라 云ᄒᄂᆫ 것이니 卵으로 生ᄒᆷ이 哺乳類에 卵生
ᄒᄂᆫ 것은 但 此獸쑨이라. 故로 單孔類(단공류)라 稱ᄒᄂ니라. (未完)

▲ 제6호

(問) 哺乳類와 人生의 關係 如何오.
(答) 哺乳類ᄂᆫ 種類가 極多ᄒᆷ으로 人生에 對ᄒ야 甚히 有益ᄒᆫ 者도 有ᄒ
고 有害ᄒᆫ 者도 有ᄒ야 其 關係의 多大ᄒᆷ은 全動物 中의 第一이니라.

(問) 有益ᄒᆫ 者의 種類 何如오.
(答) 食用, 衣服의 材料, 工藝品의 材料 等의 利益이니라.

(問) 食用에 供ᄒᄂᆫ 動物은 何者오.
(答) 第一 牛羊猪 等이니 肉을 食ᄒᄂᆫ 外에 乳汁과 血液도 食用에 供ᄒ
며 馬 駱駝 馴鹿(순록) 鹿 山猪 兎 等도 同히 食用에 必要ᄒ니라.

(問) 衣服의 材料에 供하ᄂᆫ 動物은 何者오.
(答) 羊, 山羊의 毛를 最히 多用하니 此類의 毛ᄂᆫ 纖細하고 表面에 凹凸
이 有ᄒᆷ으로 紡績ᄒ야 毛絲를 造하고 壓搾(압착)하야 毛氈(모전)을 造
하며 南亞米利加에 産하ᄂᆫ 羊駝도 羊毛와 同히 廣用하고 此外에 鴨嘴
獸, 熊, 狐 兎 水獺 鴨嘴獸 等의 毛皮ᄂᆫ 奢侈用 及 防寒用에 供ᄒᄂ니라.

(問) 工藝品의 材料에 供ᄒᄂᆫ 動物은 何者오.
(答) 工藝品의 材料ᄂᆫ 此類에 仰ᄒᄂᆫ 者가 多ᄒ니 牛 馬 等의 骨과 牛角,
馬蹄ᄂᆫ 各種 器具를 造ᄒ고, 象牙ᄂᆫ 本質이 緻密(치밀)ᄒ고 堅牢ᄒᆷ으로
美術의 工藝品의 材料가 되고, 牛腱(우건)은 彈性에 富하야 强靭ᄒᆷ으로
弓弦 等을 製하며 庭球用 打球機를 造ᄒ고, 鯨鬚(경수)도 彈性에 富ᄒ

故로 多히 其性을 利用ㅎ고, 其外 牛 馬 象 鹿 等의 革은 堅强ㅎ야 用處가 多ㅎ고, 各種의 獸毛ᄂ 筆 及 刷子 等을 製ㅎ고, 脂肪은 石鹼(석감) 製造에 用ㅎ고 骨粉은 肥料가 되고 骨灰ᄂ 燐을 製造ㅎᄂ 材料가 되ᄂ니라.

(問) 有害ᄒ 者의 種類 如何오.
(答) 人命을 害ㅎᄂ 것과 人類의 飼養ㅎᄂ 有益動物을 害ㅎᄂ 것과 山林 農作物을 害ㅎᄂ 것과 病毒을 媒介ㅎᄂ 것의 類니라.

(問) 人命을 害ㅎᄂ 것은 何者오.
(答) 獅子, 虎, 豹 等이니 熱帶에셔ᄂ 每年 生命을 被害하ᄂ 者가 不小하되 文明의 區域이 漸擴흠을 因ㅎ야 其數가 漸減하ᄂ니라.

(問) 人類의 飼養ㅎᄂ 有益動物을 害ㅎᄂ 것은 何者오.
(答) 狐 狸 黃鼠 水獺 等이니 家禽 養魚 等에 大害를 及ㅎᄂ니라.

(問) 山林, 農作物을 害ㅎᄂ 것은 何者오.
(答) 牛 羊 鹿 等과 鼠 等의 食草ㅎᄂ 類니라.

(問) 病毒을 媒介ㅎᄂ 것은 何者오.
(答) 鼠 犬 等이니 鼠ᄂ 病毒을 傳播ㅎᄂ 憂가 有ㅎ고 犬도 人類와 共通ㅎ난 寄生虫이 有흠으로 害를 及ㅎᄂ 者ㅣ 有ㅎ니라.

(이하 소년한반도가 발행되지 않았음)

◎ 動物社會的 生活, 韓相琦, 〈태극학보〉 제5호, 1906.12.

*사회생활을 하는 동물을 설명함＝생존경쟁에서 힘을 얻는 방법으로 사회적 생활을 강조하기 위해 자연과학설을 주로 소개함

▲ 제5호

地球上 生物界에 生存競爭이 劇烈ᄒᆞᆷ은 吾人의 熟知ᄒᆞᄂᆞᆫ 빗니 更不重言이오 自己의 生命과 利益을 保全ᄒᆞ며 他物의 侵害와 攻擊을 安免ᄒᆞ기 爲ᄒᆞ야 全智全力을 注ᄒᆞ야 防禦ᄒᆞ건마ᄂᆞᆫ 自己 一身은 宇宙間에 比ᄒᆞ면 微塵보다 더 적어 無限ᄒᆞᆫ 外界를 當키 難ᄒᆞ니 然則 他物에 撲滅ᄒᆞᄂᆞᆫ 빗 될가. 否라. 不可不 頗强ᄒᆞᆫ 힘을 準備ᄒᆞᄂᆞᆫ 거시 必要ᄒᆞ도다. 如何히 ᄒᆞ면 頗强ᄒᆞᆫ 힘을 得ᄒᆞᆯ고. 卽 社會的 生活이 是也라. 同種 同屬이 同心同志로 相愛相扶ᄒᆞ며 共同 協力ᄒᆞ야 利害를 갓치 ᄒᆞ면 勝天之力도 出ᄒᆞ거든 況 外物乎아. 此界에 우리가 萬物之靈長이 되야 萬物을 主裁ᄒᆞᄂᆞᆫ 힘도 吾人 先祖의 共同 社會的 生活ᄒᆞᆫ 遺澤이라. 萬一 同種間에 互相 攻擊ᄒᆞ면 外物을 防禦ᄒᆞ기ᄂᆞᆫ 姑舍ᄒᆞ고 同種도 滅ᄒᆞ고 自己도 滅亡ᄒᆞᆷ을 立而見之ᄒᆞ리니 可畏者也라. 蟻蜂은 微物이언마ᄂᆞᆫ 數多가 一處에 棲居ᄒᆞ야 共同通利益ᄒᆞ며 相愛相扶ᄒᆞ야 同心同力으로 各盡其務ᄒᆞ며 死生을 갓치ᄒᆞᄂᆞᆫ 靈虫이라. 吾人의 耳目을 驚ᄒᆞ며 生物界에 光彩를 生ᄒᆞ야 處處增殖ᄒᆞ니 誰非驚愕이리요.

第一 蜜蜂의 話 (…하략…)

▲ 제6호

◎ 動物의 習性, 全錫弘, 〈공수학보〉 제2호, 1907.4. (동물학)

　　*동물의 서식지와 먹이 = 동물 생태학

　物은 其 種類의 殊異홈을 隨ᄒ야 其 習性의 相違가 顯著ᄒ나 動物의 習性되ᄂ 主要ᄂ 其 住所 及 食物의 如何에 依ᄒ야 定ᄒᄂ 故로 雖 構造의 全異ᄒ 動物이라도 其 住所의 食物이 相同ᄒ 時ᄂ 其 習性에도 相似ᄒ 點이 頗有ᄒ니 今 左에 住所와 食物을 說ᄒ노라.

　動物의 住所ᄂ 大別ᄒ야 陸上 水中으로 定ᄒ 것이니 陸上에 住ᄒᄂ 動物의 生活은 吾人의 日常 聞見으로 大畧 知得ᄒ 빈니 更히 說明ᄒ 必要가 無ᄒ나, 水中 生活의 狀態ᄂ 差異가 大有ᄒ야 通常 時 想像으로 知ᄒ 수 업ᄂ 것이니, 其 大畧을 言ᄒ면, 大抵 動物의 運動ᄒᄂ 目的은 食物을 獲홈에 在홈으로, 若他에 食物을 得ᄒ 方法이 有ᄒ면 運動을 不爲ᄒ여도 無妨ᄒ 理由라. 此點에 就ᄒ야 地上 及 水中의 狀態를 比較ᄒ면 地上에 在ᄒ야ᄂ 草食動物--

◎ 動物의 特性, 韓興敎, 〈대한유학생회학보〉 제3호, 1907.5. (동물학 – 동물의 종류 소개)

一 猛獸類란 곳 虎豹와 獅子等을 謂홈이니 그 天然的 銳利ᄒ 爪牙와 剛勁ᄒ 筋力으로 夜엔 村野에 橫行ᄒ야 家畜을 掠食ᄒ고 晝엔 山林에 陰伏ᄒ야 幼子를 哺養ᄒ니라.

　如斯ᄒ 獸類도 生存競爭과 愛保赤子의 方便을 熟知ᄒ거든 ᄒ믈며 四肢百體가 具備ᄒ고 大小腦髓가 發達되야 萬物의 最靈最貴의 位에 處ᄒ 人類야 엇지 十指를 不動ᄒ고 飽煖을 要求ᄒ며 千金을 徒惜ᄒ야 子弟를 棄置ᄒ리오. 嗟홉다 世間에 惑이러ᄒ 尤物도 잇ᄂ디.

二 象이란 陸陸地上最大호 動物도 印度에 多産호니 身高가 大畧一丈에 達호고 足鈍項短호야 取物키 不能호고로 特別히 長鼻를 有호고 蒭蕘를 捲食호야 性이 溫和호야 印度人은 牛馬와 如히 使用홈에 그 主人의 命令은 順聽호나 或 他人이 索引홀 時에는 決코 服從치 아니호니라.

可憎호도다 人間社會에 或 主君을 背叛호고 人下에 屈從호야 自身의 榮耀만 耽求호는 者야 同日에 論홈도 不可홀딘뎌.

三 駱駝란 亞弗利加洲의 沙漠地方에 産出호니 頸脚이 共長호고 性質이 柔和호며 背上에 兩個肉塊가 聳出호고 腹內에 若于胃囊을 包有호야 數日食飲을 預充홈으로 沙漠에 旅行호는 土人이 專히 此를 利用호야 物質를 相通호 故로 西人은 駱駝를 沙漠의 舟船이라 호니라.

豫備를 不究호고 當事에 汲汲호는 愚迷人生들은 엇디 忝愧치 아니호리오.

四 鯨이란 비록 水中에 生活호야 外面은 魚類와 如호나 骨賂의 組織이 陸上動物과 殆同호며 乳兒를 哺養호고 肺腑로 呼吸호는고로 海底에 오리 潛伏키 不能호야 間或水面에 出泳호야 呼吸호믹 怒濤激浪이 隨處奔騰호니라.

吾人이 萬一에 如是호 巨物을 化作호얏더면 世界上濁亂호 政界를 大海로 灌注호야 一滌刷新호얏실글 [以上은 哺乳類]

五 鷄란 羽翼이 短小호야 飛翔키 拙劣호나 雄은 後肢爪鋒이 極치 堅銳호고 頭上에 冠幘을 戴호며 性이 勇悍호야 爭鬪를 善能호니라.

地球上에 或微弱호 國民은 戰鬪心이 乏少호고 自己의 快樂만 要求호다가 맛춤닉 國敗身亡호는 禍를 自招호 者ㅣ엇디 不如의 嘆이 無호리오.

六 雷鳥란 日本高山中에 産出호니 冬時에 羽毛가 雪色으로 隨變호야 敵의 眼眸를 眩惑케 호는 故로 此를 保護色이라 稱호니라.

如斯호 微物도 自身을 保護홀 쥴 알거든 又況人生이 自由生活을 不謀호고 人의 계도로혀 依賴홀가.

七 傳書鳩란 羽翼이 廣大호야 飛翔키 疾速호며 處所를 잘 記憶호는 고로 歐洲各國에서 此를 多數飼養호야 戰爭에 移用호야 秘密호 音信을

通ᄒᆞ더니 近世에 無線電信이 비로소 發朋된 後로 稍稍減少ᄒᆞ니라.

大抵國이오 遞信이 完全치못ᄒᆞ면 社會上智識을 如何히 交換케 ᄒᆞ리오 如是ᄒᆞᆫ 國은 迅速히 此鳥를 飼用흠이 可ᄒᆞᆯ쯧

八 燕이란 鳴禽類의 一物로 美聲을 發ᄒᆞ고 構巢흠이 頗히 奇巧ᄒᆞ며 氣候를 隨ᄒᆞ야 秋去春來호ᄃᆡ 반다시 舊巢를 歸尋ᄒᆞ며 害虫을 驅除ᄒᆞᄂᆞᆫ 고로 或人이 燕雛를 飼養ᄒᆞ야 實驗을 經ᄒᆞᆫ즉 一雙雌雄이 一日에 六千四百의 害蟲을 捕除ᄒᆞᆫ다라 故로 文明諸國에셔ᄂᆞᆫ 法律로셔 捕獲키를 禁止흠에 此를 保護鳥라 稱ᄒᆞᄂᆞ니라.

世間에 或他人의 利益은 姑捨ᄒᆞ고 自身의 生活도 不究ᄒᆞᄂᆞᆫ 者야 엇지 優劣을 比較ᄒᆞ리오.

九 駝鳥란 熱滯地方에 多産ᄒᆞ니 羽翼이 頗히 淺短ᄒᆞ야 飛翔키 不能ᄒᆞᄂᆞ 後肢가 極히 强勁ᄒᆞ야 疾走키ᄂᆞᆫ 駿馬와 如ᄒᆞᆫ 고로 沙漠土人이 此를 容易히 獲得치 못ᄒᆞ더니 挽近米人은 多數使用ᄒᆞ야 巨車를 牽引케 ᄒᆞ니 엇디 怪異치 아니ᄒᆞ리오.

鳥의 羽翼은 人의 四肢와 同ᄒᆞᄂ 此鳥ᄂᆞᆫ 獨히 飛翔키 不得ᄒᆞ고 다맛 疾行ᄒᆞᄂᆞᆫ 長技가 有ᄒᆞᆫ고로 敵의 妨害를 避ᄒᆞ건 마ᄂᆞᆫ ᄒᆞ들며 四肢가 完全ᄒᆞᆫ 人生이 唯一ᄒᆞᆫ 技能도無ᄒᆞ야 他人의 羈絆에 屬ᄒᆞ리오.

十□木鳥란 前後兩趾가 攀木ᄒᆞᄂᆞᄃ 頗히 適當ᄒᆞ고 口嘴가 强直ᄒᆞ야 樹幹을 穿孔ᄒᆞᄂᆞᄃᆡ 極히 銳敏ᄒᆞ야 舌端이 細長ᄒᆞ야 曲鉤와 갓치 食木蟲을 釣獲ᄒᆞᄂᆞᄃᆡ 또ᄒᆞᆫ 適當ᄒᆞᆫ 고로 人類의 養木흘 時에 害蟲을 殺除ᄒᆞᄂᆞᆫ 利益을 與ᄒᆞ니라.

吾儕가 萬一此鳥의 勁嘴利舌을 具有ᄒᆞ얏 더면 世間에 許多ᄒᆞᆫ 國蠹民蝱를 捕殺無遺흘 것을. [以上은 鳥類] (未完)

◎ 動物體에 有흔 勢力의 根源,
朴相洛 譯,〈태극학보〉제10호, 1907.5. (동물학·위생학)

*동식물의 에너지 = 세력(에너지)에 관한 설명문

禽鳥가 空際에 飛翔ᄒ며 或 美音을 發ᄒ고 獸類가 山野에 馳走(치주)ᄒ며 或 鳴吼(명후)ᄒ고 吾人이 勞働 或 思慮를 作ᄒᄂ 等時에ᄂ 반다시 다– 多少의 勢力(energy)을 消費치 아니치 못ᄒ나니 直接으로 此力을 動物에게 供給ᄒᄂ 資料가 食物에 在흔 것은 說明을 不待ᄒ고 自明ᄒ 것이라. 大槪 食物이 動物에 對흔 關係ᄂ 石炭이 蒸氣機關에 對흔 關係와 如ᄒ야 其 供給을 怠慢ᄒ 時에ᄂ 其 勢力은 持續키 不能ᄒ도다. 動物의 食物은 此를 間接 或 直接으로 植物에서 取來ᄒᄂ 것이미 動物에 勢力을 與ᄒᄂ 者ᄂ 植物이라. 然則 植物은 如何흔 作用으로 動物의 食物될 만흔 物質을 作成ᄒᄂ고 ᄒ면, 植物은 根으로 吸收ᄒᄂ 水分과, 葉으로 吸入ᄒᄂ 炭酸瓦斯(炭酸瓦斯ᄂ 或 炭氣라 稱ᄒᄂ 氣體ㅣ니 物體가 燃燒ᄒ 時에 發生ᄒ며, 쏘 動物이 呼吸ᄒ 時에 吐出흠)를 日光의 作用으로써 所謂 同化作用을 行ᄒ야 澱粉을 作ᄒ고, 此 澱粉은 다시 糖類로 變化ᄒ야 植物體를 循環흘 時에 更變 植物의 組織을 構成ᄒ고, 其 殘餘ᄂ 再次 澱粉이 되야 植物體 中에 貯藏ᄒᄂ 것이라.

植物은 쏘 澱粉 外에 動物의 食物 中 必要不缺할 蛋白質(단백질)을 作ᄒᄂ니 此 蛋白質은 炭素 水素 酸素 窒素 硫黃 五 元素로 成ᄒ엿ᄂᄃ 此도 亦是 澱粉과 如히 植物의 根과 葉으로 吸收흔 各 元素가 日光의 作用을 受ᄒ야 生成ᄒᄂ 것이라. 如此히 生長흔 植物은 體內에 貯藏흔 澱粉 蛋白質 或 植物 自身이 動物의 食物이 되야 動物에게 勢力을 給與ᄒᄂ 者이라. 然則 植物이 同化作用을 行ᄒᄂ 것은 全혀 日光의 力으로 由흠이니 動物의 有흔 勢力은 言ᄒ면 結局 太陽光線의 有흔 勢力의 變化흔 者에 不外흔 것을 可知흘 것이로다.

以上 論述ᄒᆞᆫ 바ᄂᆞᆫ 다못 生活ᄒᆞᄂᆞᆫ 動物의 有ᄒᆞᆫ 勢力의 根源에 不過ᄒᆞᄂᆞ 其他 風이 樹木을 動搖ᄒᆞᄂᆞᆫ 것과 水가 水車를 回轉ᄒᆞ며, 或 蒸濞가 機關은 運轉ᄒᆞ고 電氣가 光과 音響을 發ᄒᆞᄂᆞᆫ 것과, 或 風을 起케 ᄒᆞ며, 水를 地球上에서 循環케 ᄒᆞᄂᆞᆫ 根源 等을 討究ᄒᆞ면 畢竟 太陽의 勢力으로 歸치 안ᄂᆞᆫ 者 無ᄒᆞ도다. 萬一 太陽의 光線을 供給치 아니ᄒᆞᆯ 時에ᄂᆞᆫ 水의 蒸發(雨의 成立ᄒᆞᄂᆞᆫ 原因), 空氣의 膨脹(風의 起源) 等이 停止될 ᄲᅮᆫ 아니라 地球ᄂᆞᆫ 卽時 冷却ᄒᆞ고 從此로 空氣와 水分과 如ᄒᆞᆫ 者도 다 地球의 內部에 吸入되며 此와 同時에 地球上의 動植物의 生存은 全滅에 歸ᄒᆞ고, 地球ᄂᆞᆫ 다못 暗憺(암담)ᄒᆞᆫ 一死壞에 不過ᄒᆞᆷ에 至ᄒᆞᆯ지라. 然而 今日 太陽의 光力도 無限 永久이 依持ᄒᆞᆯ 者이 아닌 則 幾千萬年 後에ᄂᆞᆫ 實地로 如此 慘憺ᄒᆞᆫ 境遇에 到達ᄒᆞᆯ 거시 必然ᄒᆞᆫ 者니라.

(제11호는 '樹木 니야기'라는 제목의 글을 수록함)

◎ 動物 會話,
李相穆(이상목), 〈공수학보〉 제3호, 1907.7. (동물학)

*문답식 동물학 논의

(甲) 動物 二字의 意味를 敢問ᄒᆞ오.
(乙) 地球上 天然物은---

◎ 動物學, 申海容, 〈야뢰〉 제1권 제6호, 1907.7. (동물학)

　　　*나비와 개구리에 관한 설명임

　　蝶

氣候가 漸暖ᄒ야 百花가 盛開ᄒᆯ 時에 花上에 數多ᄒᆫ 蝶이

◎ 動物의 特性,
　　韓興敎, 〈낙동친목회학보〉 제3호, 1907.12. (동물학)

　　　*악어, 가미리온(카멜레온), 귀(거북), 와(개구리), 飛魚(비어), 사비리(가부리
　　　류), 가리이(광어류), 잠(누에), 봉의류(벌과 개미), 접아류(나비) 등의 생태 설명

一. 鰐魚란 熱帶地方의 大河에 棲息ᄒᄂ니 全身이 堅甲을 被ᄒ야--

◎ 世界大動物談,
　　KNY(김낙영), 〈태극학보〉 제13호, 1907.8. (동물학)

世界大動物談
KNY生
此 地球上에셔 生活ᄒᄂᆫ 動物은 其 數가 數十萬種이라 或大或小ᄒ며
或長或短ᄒ야 其形其體가 果是 千差萬別이오 種種樣樣이민 ——陳述
치 못ᄒ고 諸種類 中에 其 大者만 撰出ᄒ야 左에 陳述코져 ᄒ오.

　　(一) 哺乳類

現今 陸地上에서 生息ᄒᄂᆫ 動物界에 第一 肥大ᄒᆫ 者ᄂᆫ 象이니 亞細亞 及 亞弗利加에서 産出ᄒᄂᆫ 大獸라. 體高가 八尺(木尺) 至 十尺이요 身長이 十二尺 至十五六尺이며 ᄯᅩ 體軀가 쑹쑹하게 肥大ᄒᆫ 고로 肉量이 頗多호 重數ᄂᆫ 七百五十斤 至八百餘斤이요. 亞弗利加産出 象은 亞細亞의 象보다 좀 젹은ᄃᆡ 俗言에 云ᄒᆞᄃᆡ 亞弗利加象의 二介門齒가 亞細亞象보다 大ᄒᆞ야 其 長이 四 至五六尺이며 重數가 五十斤 至六十餘斤이요 其中 最大齒ᄂᆫ 百斤에 近當ᄒᆞ다 호고 ᄯᅩ 象은 體만 大ᄒᆞᆯ ᄲᅩᆫ 아니라 動物界에 最長壽를 得ᄒᄂᆫ 者니 山野에 居生ᄒᆞ면 通常 二百歲를 經過ᄒᆫ다 히 可謂 最大 動物이로다. 只今은 亞, 弗, 兩洲産種만 陳述ᄒᆞ엿거니와 幾千年前 古代를 溯考컨ᄃᆡ 만마우스라 마스터썬이라 云ᄒᄂᆫ 大象이 잇셔 大陸에는 勿論이어니와 島國에도 棲ᄒᆞ엿다ᄂᆫᄃᆡ 體大가 十二尺이요 身長이 八尺이며 長垂의 毛가 全體를 掩覆ᄒᆞ엿다 호고 象類外에는 河馬라 稱ᄒᄂᆫ 大動物이 잇셔 亞弗利加의 海岸과 沼澤 等地에 棲居히 體高가 七尺有餘요 長이 十三四尺이라. 顔面은 廣호고 足脚은 短ᄒᆫᄃᆡ 體肥ᄂᆫ 象과 ᄀᆞᆺ치 厚大치 못호고 조곰 遠距離에셔 見ᄒᆞ면 小丘의 樣皃로 見ᄒᆞ며 其 性質은 遲鈍ᄒᆞ나 該地 河流에 乘筏來往ᄒᄂᆫ 土人을 襪擊ᄒᆞ야 筏과 人을 共嚙ᄒᄂᆫ 事가 往往有ᄒᆞ다 호고 ᄯᅩ 犀라 稱ᄒᄂᆫ 大獸가 잇셔 亞弗利加 及 印度에 産ᄒᄂᆫᄃᆡ 印度犀ᄂᆫ 小ᄒᆞ야 高가 五尺 長이 十尺이요 鼻上에 一介角이 生ᄒᆞ엿고 弗洲犀ᄂᆫ 高가 五尺餘요 長이 十二三尺이며 鼻上에ᄂᆫ 二介角이 生ᄒᆞ엿고 犀角의 長이 二尺되ᄂᆫ 것ᄭᅡ지 有ᄒᆞ나 其 質狀이 牛 及 鹿角과ᄂᆫ 大異ᄒᆫᄃᆡ 古昔 漢醫方의 所謂 烏犀角이 此로다. ᄯᅩ 麒麟이라 稱ᄒᄂᆫ 獸가 有ᄒᆞ야 曾前 東洋셔ᄂᆫ 聖人이 出ᄒᆞ여야 此 獸가 現ᄒᆫ다 ᄒᆞ엿스나 元來 我國 及 淸國 等地ᄂᆫ 此 獸의 産地가 아닌 즉 稀見物인 고로 此等 俚說이 有ᄒᄂᆫ지 未知어니와 亞弗利加 曠野에 到ᄒᆞ면 此 奇獸가 棲居ᄒᄂᆫᄃᆡ 其 形狀은 鹿과 恰似ᄒᆞ여 頸은 非常히 長高호고 ᄯᅩ 肥大ᄒᆞ며 胴(自項至尻)은 他獸보다 最短호고 前脚은 後脚보다 長호고 足蹄로브터 頭頂ᄭᅡ지ᄂᆫ 通常 十七八尺이나 二十尺되ᄂᆫ 일이 種種ᄒᄂᆫ니 大抵 陸棲動物 中에ᄂᆫ 體高가 此에 及ᄒᆞᆯ 者 更無

ㅎ겟도다. 頸이 相應外에 長大ㅎ 故로 地上食物을 拾噬홈에는 頗히 困難ㅎ여 常平에 喬木葉을 摘食ㅎ고 奇妙히 嗜ㅎ는 木葉은 頗高의 樹木이라. 舌이 長ㅎ고 有力ㅎ야 其 體長에 比高處는 어듸던지 不及홈이 無홈으로 舌을 伸展ㅎ야 小枝를 曲下ㅎ야 其 葉을 食ㅎ는 性癖이 有ㅎ며 萬一 水를 飮코져 ㅎ면 前脚을 廣踏(버려딋는줒)ㅎ고 立身을 鞏固히 ㅎ然後에야 首로 低ㅎ더라. 性이 溫柔ㅎ여 平素群居ㅎ는듸 萬一 臘者나 猛獸의게 襲後가 되면 其 頸이 長ㅎ여 直向으로 奔逃치 못ㅎ고 全群이 首를 다 左右로 撓ㅎ면셔 走ㅎ는 거시 完然히 時計의 振子와 如ㅎ여 一奇觀을 得ㅎ겟더라. 其 次는 駱駝라 稱ㅎ는 大獸가 有ㅎ니 亞細亞 及 亞弗利加 沙漠地方의 家畜이라. 高가 六尺有餘요 長이 十二三尺이요 頸長이 四尺許라. 淸國地方 所産은 兩峰駝니 背上에 兩種 肉瘤가 有ㅎ여 天然ㅎ 鞍具를 作ㅎ 者요. 亞弗利加와 波斯國 地方 所産은 單峰駝니 背上에 一個 肉瘤가 有ㅎ고 體格이 兩峰駝보다 少ㅎ듸 背上瘤는 滋養分을 貯蓄ㅎ는 바ㅣ 肉袋라. 飼法의 粗沃을 從ㅎ야 或大或小ㅎ는 것이요. 쏘 水袋가 有ㅎ야 一次 飮蓄ㅎ면 十餘日頃을 不飮ㅎ고도 足히 支生ㅎ는 고로 亞刺比亞 其他 地方 隊商들이 沙漠旅行홀 時에는 此 獸를 乘ㅎ더라. 象, 海馬, 犀, 麒麟, 駱駱는 다 外國産物이요. 我國에는 何獸가 最大ㅎ고. 아마 牛일 듯 ㅎ오. 此는 我國셔만 最大獸가 될 쑨 아니라 世界 牛族 中에는 最大點을 有ㅎ느니 犀 駱駝보다 도리혀 大홀지도 未知로다. 歐羅巴와 米國의 野原에 棲居ㅎ는 비존(쎈파ㅣ로)라 云ㅎ는 野牛가 頗大ㅎ며 高가 六尺 長이 十尺 以上도 有ㅎ고 自頭至項에 구술구술ㅎ 毛가 垂ㅎ엿고 쏘 水牛라 稱ㅎ는 獸가 有ㅎ니 高가 四尺餘 長이 八尺餘인듸 其 産地는 台灣島라. 該地 土人들은 此 獸로뼈 使役의 一良物을 삼고 亞刺比亞馬는 高가 五六尺 長이 十尺에 近達ㅎ는 者ㅣ 有ㅎ며 駱駝의 一種으로 驟馬에 比大홀 만ㅎ 駱羊이라 云ㅎ는 獸가 有ㅎ니 高가 五六尺 長이 八九尺인듸 産地는 南米洲 秘魯國이니 該 國에셔는 有要ㅎ 家畜이며 淸國滿洲地方에 四不像이라 稱ㅎ여 非鹿非牛非駱의 野獸가 有ㅎ니 高가 四尺有餘요 長이 七尺이며 我國 長白山에는 虎 及 熊의

巨獸가 有호고 北極地方에는 馴鹿이라 名호는 貴蓄이 有호니 其 大는
四不像과 同一호나 胴이 肥호고. 歐羅巴와 亞細亞 北部에 棲호는 麋鹿
은 高가 牛馬의 比肩홀 者 有호며 英國셔 發見호 鹿의 骨은 兩角間이
十一尺 이라 호니 此는 勿論 前世界 動物이로다. 또 貘이라 호는 獸는
印度와 亞弗利加에 産호는 거신딕 其 大騾馬와 同호고 日本國北海道에
羆은 長이 八九尺이요 體가 肥大호며 力이 强호여 後脚으로 起立호고
前脚을 擧호야 牛馬를 逢호면 山谷間으로 抱投호는 일이 種種호니라.
普通 熊은 咸鏡道 及 平安北道 地方에 棲호니 長이 四五尺이요 高가
五六尺이며 極寒호 地方에는 深雪 中에 白熊이라 云호는 大獸가 樓棲호
여 長이 八尺 以上되는 者 種種호딕 熊類 中에만 大關이 될 샏이 아니라
北極 陸獸 中에는 比肩홀 者가 無호다 云호느니라. 只今 純粹호 食肉類
卽 猫族을 擧陳컨딕 其中 最大者는 虎니 東南亞細亞의 特産이라. 高가
三尺餘요 長이 近十尺이며 其 次는 百獸의 王이라 云호는 獅子라. 高가
虎와 比肩호고 長은 五六尺에 不過호며 亞米利加 曠野에 橫行호는 米獅
及 米豹도 虎의 副獸니 米豹의 高는 二尺七寸 長은 五尺 或 六尺이며
通常 豹는 高가 一尺 長四尺에 不過호는 小虎類더라. 人類에 最近호 猿
猴類를 陳述컨딕 其 大者가 三四種이니 一은 亞弗利加 西部에 棲居호는
大狸라. 身長이 六尺되는 者니 一般 韓人보다 大홀 터히오. 一은 黑猩猩
이니 亦是 西亞弗利加 所産이라. 生平群居호여 怪訝호 惡戱로 土人을
困煩케 호는 者요. 一은 오란지라 호는 猩猩이니 南洋洲 쓰니오스마드
라 二島에 特産인딕 低鼻圓眼에 容兒醜惡호고 前手稍長호야 三尺有餘
라. 故로 手指가 地에 垂抵호며 쏠리라칸반디(猿名)보다는 一體小호 거
시나 憤怒홀 時는 獵銃을 折曲홀 만호 巨力이 有호야 往往히 婦女를
攫去한다 호니 以上 三種猿은 體軀의 大와 形兒가 人類와 恰似호 故로
土人들은 此를 山男이라고 呼호야 人類의 一種으로 斟酌호더라. 動物學
上에도 此 三種은 特히 人類猿이라고 呼호는 一籍을 命名호엿고 其他
同類 狒狒라는 것이 有호며
南半球 大洋에 孤立호 오스틀알리아洲는 他洲와 特異호야 古代의 哺乳

類는 오직 袋鼠一族쑌이요 其他 豺狼猿狐 等은 絶無ᄒᆞ되 袋鼠族 中에
最大者는 킹그로라 稱ᄒᆞᄂᆞᆫ 野獸니 頭는 小ᄒᆞ고 項은 短ᄒᆞ며 身의 前部
는 後보다 甚히 發達되엿고 其 形은 完然ᄒᆞᆫ 鼠이나 다만 前足이 極短ᄒᆞ
고 後脚이 極長ᄒᆞ여 每樣 後足으로 走步動作을 遂ᄒᆞ며 腹部에 天然袋가
有ᄒᆞ야 危急ᄒᆞᆫ 境遇를 當ᄒᆞ면 其 子를 其 中에 隱入ᄒᆞ고 逃走ᄒᆞᄂᆞ니
此는 特種安保器를 持ᄒᆞᆫ 動物이로다. (未完)

◎ 寒中 動物談, 柳種洙, 〈태극학보〉 제18호, 1908.2. (동물학)

柳種洙

大抵 吾人 人類는 寒氣甚嚴ᄒᆞᆫ 冬期를 當ᄒᆞ면 錦衣 綿襪 手袋 等으로
一身을 緊着ᄒᆞᆯ 쑌 不啻라 房內에도 暖爐, 火爐, 毛褥 等 各種 設備가
各別 完全ᄒᆞᆫ 故로 溫暖을 常得ᄒᆞ거니와 彼 設備가 完全치 못ᄒᆞᆫ 動物은
如何히 大寒風雪을 尋常히 經過ᄒᆞᄂᆞᆫ가. 此는 吾人의 一次 研究的 思想
으로 審察ᄒᆞᆯ 바ㅣ니 左에 大綱을 記述ᄒᆞ건딕 兎, 狸, 虎, 獅子 等은 天然
的 防寒具로 極密極厚ᄒᆞᆫ 毛皮를 自持ᄒᆞᆫ고로 冬期를 當ᄒᆞ면 其 體毛가
一層成密ᄒᆞ야 寒氣를 尋常히 經過ᄒᆞᄂᆞ니 此는 吾人의 共知ᄒᆞᄂᆞᆫ 바어니
와 假令 鯨과 如ᄒᆞᆫ 動物은 鞣皮와 如히 柔弱ᄒᆞᆫ 皮膚를 持有ᄒᆞ엿ᄂᆞ니
其 身體의 長大ᄒᆞᆷ은 果是 水産動物 中에 先頭를 占領ᄒᆞᆯ지라도 極嚴ᄒᆞᆫ
寒中에는 其 生活이 必也多大ᄒᆞᆫ 困難을 未免ᄒᆞᆯ 듯 ᄒᆞ나 此는 誤度ᄒᆞᆫ
바니 何者오. 非他라. 果然 至極히 結構된 防寒의 裝置가 有ᄒᆞᄂᆞ니 其
表面身體에는 殊別ᄒᆞᆫ 機官이 無ᄒᆞ나 其 皮膚 裏에 厚가 五六寸 乃至
一尺 四五寸되는 脂肪層이 有ᄒᆞ야 隆寒盛冬 中에서라도 其 脂肪이 適宜
ᄒᆞᆷ을 因ᄒᆞ야 體溫이 無奪ᄒᆞᆷ으로 能히 大海 中에 荒游ᄒᆞᄂᆞ니라.
蝙蝠은 夏節 夜天에 多數히 空中에 飛出ᄒᆞ야 蚊蚓 等의 小昆蟲을 捕食
生活ᄒᆞᄂᆞᆫ 者라. 비록 小寒 中이라도 何處로 避去ᄒᆞᄂᆞᆫ지 其 影이 不見ᄒᆞᆷ
은 餌料되는 昆蟲을 取得키 不能ᄒᆞᆷ으로 飛行ᄒᆞᆯ 必要가 無ᄒᆞᆫ 然故ㄴ 듯

ᄒ나 其 實은 自身이 動作을 不能ᄒ 所以로 初秋브터 空屋, 洞穴, 木穴, 橋隙 等處에 風雨不襲ᄒ야 濕氣 適宜ᄒ 處所를 撰擇ᄒ야 隱避接懸ᄒ되 或 數千百 多數의 蝙蝠이 群集ᄒ 時ᄂ 堅固ᄒ 狀態로 互相接懸ᄒ야 冬籠을 成ᄒ 後에 冬眠을 作ᄒᄂ니 如此ᄒ 狀態를 作ᄒ 時난 其 體溫이 攝氏 寒暖計 三十五度 及 十四五度 內外에 降ᄒ며 其 脈搏는 三分時間에 一度를 僅纔循環홈으로 脈搏ㅣ 甚低ᄒ야 死態와 如ᄒ 듯 ᄒ나 但只 活潑치만 못ᄒ 뿐이오 實은 生理的 作用으로 幾分의 營養이 有ᄒ며 餌食은 不得ᄒ나 其 體形調法은 駱駝와 如ᄒ니 大低 駱駝ᄂ 牛馬와 比等ᄒ 動物노 食物이 豊富ᄒ 時를 當ᄒ면 預備的으로 一時에 多量ᄒ 食料를 呑喫ᄒ야 背上에 隆肉이 特出케 貯藏ᄒ엿다가 沙漠旅行에 食物이 多日 缺乏ᄒ면 其 貯藏ᄒ 거슬 略略히 消費ᄒ야 生活을 繼續ᄒᄂ 者ㅣ라. 蝙蝠도 亦是 脂肪形으로 養力을 貯置ᄒ엿다가 冬期 中에ᄂ 其 貯藏ᄒ 養分을 略略히 血液 中에 溶入ᄒ야 生理作用을 繼續ᄒ며 또 巧妙ᄒ 裝置가 自備ᄒ엿ᄂ니 此ᄂ 濃密ᄒ 其 體毛라. 其 體ᄂ 少홀지라도 一百五十萬 以上의 多數를 持有ᄒ엿스며 他 一般動物의 毛는 體部 各 面에 大略 同樣으로 圓筒形이 되엿스나 蝙蝠은 不然ᄒ니 只今 顯微鏡으로 細察ᄒ건듸 多節ᄒ 毛가 漏斗를 同方向의 連續ᄒ 模樣으로 뵈일 뿐 아니라 體毛가 甚히 交密ᄒ야 寒風을 其 皮膚에 直受치 아니ᄒ고 또 防寒具로 兩脇에 飛膜이 잇서 吾人이 外套로 身體를 包着홈과 恰似히 其 全體를 蔽掩ᄒ며 其 膜間에 空氣가 少許式 流通ᄒ민 熱氣中 其 體溫의 過度를 放散케 ᄒᄂ니라.

두더쥐(鼹)ᄂ 同食蟲 動物이라. 耐寒이 不能ᄒ야 氣候의 寒度를 當ᄒ면 漸次 地層 下方에 深入ᄒ야 四五尺 地下에서 蚯蚓 等 幼昆蟲을 採食ᄒᄂ니 此等 幼昆蟲도 亦是 寒氣를 憎畏ᄒ야 地層 深處에 入留ᄒᄂ 고로 두더쥐의 生活이 亦是 困難치 아니ᄒ니라.

다람쥐(栗鼠)는 樹上에서 生活ᄒᄂ 動物이라. 冬期 近迫ᄒ 暮秋브터 預備的으로 禽鳥의 古巢를 盜取ᄒ야 樹上 必要處에 巢를 構作ᄒ고 巢內에 柔苔로 溫床을 作ᄒ 後에 地下面에 一小孔을 作ᄒ니 此ᄂ 但只 防寒目

的샏 아니라 第一敵獸의 所侵이 有홀가 ᄒ야 保護法으로 必要ᄒ게 構成ᄒᆫ 所以요 如或 危急ᄒᆫ 時를 當ᄒ면 此 床下面 小孔으로 逃避홈이 巧拙伶俐ᄒ며 ᄯᅩ 夏秋 間에 木葉과 果實을 取集ᄒ여 洞穴, 岩間, 樹隙 等處에 貯藏ᄒ엿다가 落盡ᄒᆫ 木葉果實이 雪中에 深埋ᄒ여 外界에 得食이 不能ᄒᆫ 冬期에ᄂᆫ 其 貯藏ᄒᆫ 거스로 尋常ᄒᆫ 生活을 作홈은 吾人 人類가 秋收冬藏으로 週年을 生活홈과 恰似ᄒ도다.

◎ 駱駝談, 老農, 〈태극학보〉 제19호, 1908.3. (동물학)

駱駝譚

老農 (朴相洛)

駱駝의 種類. 駱駝ᄂᆫ 無角翻芻獸에 甲乙 兩種으로 分科된 者ㅣ니 一은 亞非利加産인ᄃᆡ 一背肉을 有ᄒᆫ 者요 一은 亞剌比亞所産인ᄃᆡ 二背肉을 有ᄒᆫ 者니 輓近 識者間에 鑽究ᄒᄂᆫ 者ᄂᆫ 專혀 甲種샏이니라.

駱駝의 特性. 駱駝ᄂᆫ 體格이 偉大ᄒ고 身長이 略 四尺九寸 乃至 七尺餘니 鼻端에셔 尾端에 至ᄒ기ᄭᅡ지 身長이 九尺 乃至 九尺有餘요 體重은 約 七百五十兩 乃至 千兩間에 在ᄒ고 軀幹은 比較的 短搐ᄒᆫᄃᆡ 腹部ᄂᆫ 捲縮ᄒ고 背에는 隆凸이 有ᄒ니 脂肪으로 成充ᄒ야 營良이 良沃홀 時ᄂᆫ 背肉의 重量샏이라도 三百七十餘兩重에 達ᄒ나 食物이 不足홀 時에ᄂᆫ 五六十兩重에 不過ᄒ며 四肢ᄂᆫ 比較的 細長ᄒ나 도로혀 剛硬ᄒ고 足蹄ᄂᆫ 幅廣ᄒ고 首頸은 長脩屈折ᄒ야 上方이 漸少ᄒ며 容貌ᄂᆫ 純良無雜ᄒ고 尾는 牝羊와 恰似ᄒ며 胸前, 肘, 腕前, 膝 等에는 硬皮를 持有ᄒ야 年齡의 增加ᄃᆡ로 容積이 增大ᄒ며 平臥홀 時ᄂᆫ 此로써 自體를 支撑ᄒ야 安息을 得ᄒ고 毛ᄂᆫ 柔軟ᄒᆫᄃᆡ 冬季에난 蜜毛를 生ᄒ며 四肢는 鼠色, 褐色, 黑色 等이 多ᄒ니라.

駱駝의 飼料. 飼養物은 植物을 專用ᄒ되 粗食과 缺乏을 忍耐ᄒᄂᆫ 特性이 有홈으로 不良ᄒ 蒭秣샏 아니라 數週日間을 矮小無味ᄒ 乾燥植物과

强剛훈 草類며 半乾훈 樹枝로써 飼養훌지라도 水飲업시 能耐호느니 故로 冬季에는 每五日 乃至 六日과 夏期에난 每二日 或 三日에 一次式 飲料를 給호면 可호리라. 大蓋 駱駝의 第一胃(駝난 四胃가 有홈)에난 二房이 具有호되 入口는 極狹훈 故로 食物을 支撐호며 水를 容納호나 房內面을 覆훈 表皮난 毫末도 水分을 吸水호난 性量이 無호느니라.

駱駝의 繁殖 及 生命. 妊娠은 十二個月에 一兒를 産호며 一頭의 種牡난 十頭 乃至 三十頭의 牝駱을 相配호고 壽命은 普通 四十歲 乃至 五十歲요 四歲에 達호면 行用使役에 就호나 單二歲에 使役홈도 有호니라.

駱駝의 原産地 及 種族. 現今은 北緯 十二度 以下 亞非利加地方과 極東 一部에셔 家畜으로 飼養되는되 其 産地는 亞剌比亞를 先屈호겟스나 埃及에는 紀元前 第十七世紀頃에 已有호야 亞非利加로 傳播되엿는되 只今 其 遺跡을 硏究컨되 一面은 수리아 中央亞細亞波斯를 經호야 土耳其斯坦으로브터 蒙古地方에 傳及호엿다 호나 此는 未詳호고 一面에는 太西洋 及 北緯 十二度선지 波及호엿다 호고 某學家의 所報를 據훈즉 亞剌比亞에는 駱駝의 種族이 約 二十인되 優種別種의 分이 有호니라.

駱駝의 效用

駱駝는 乘御에 可훈되 速力은 馬와 比等호야 一日 一百五十里를 能行호며 積載는 普通 銀稱 三千七百兩重 乃至 五千兩重을 能載호고 肉은 食饌에 可供호나 幼者쑨이요 乳는 飲料에 可供이나 未馴훈 者는 不便호며 毛는 毛布帳幕 等物을 織出호고 皮革은 應用處가 最廣호고 糞은 乾燥호야 燃料에 可供호느니라.

駱駝의 損亡, 此 獸의 屢罹病은 肺充血, 癬疥, 及 四肢痛이니라

◎ 動物界의 善과 惡(譯),

　李大容, 〈대한학회월보〉 제6호, 1908.7. (동물학)

▲ 제6호

　善은 何며 惡은 何오. 何故로 善은 可爲며 惡은 不可爲라 ᄒᆞᄂᆞᆫ고 此
問題ᄂᆞᆫ 二千幾百年 前 希臘時代로 今日ᄭᅡ지 衆人의 言論이 有ᄒᆞ나 昔者
賢人의 說과 今日 學者의 論이 皆是 萬物의 靈이라 自稱ᄒᆞᄂᆞᆫ 吾人에
關ᄒᆞᆫ 事ㅣ오. 他動物 一般에 關ᄒᆞᆫ 事에ᄂᆞᆫ 言論이 無타ᄒᆞᆷ도 過言이 아닐
지라. 故로 此點에 關ᄒᆞ야 平日 淺見을 左에 略述ᄒᆞ노라.
動物에ᄂᆞᆫ 單獨 生活과 團體生活이 有ᄒᆞ나 全히 前者에 屬ᄒᆞᆫ 動物의 行
爲ᄂᆞᆫ 善惡 二字로 批評ᄒᆞᆯ 限에 不在ᄒᆞ도다. 世人은 狼이 鹿을 捕殺ᄒᆞᆷ을
見ᄒᆞ면 鹿의 苦를 憐ᄒᆞ야 狼의 所行을 惡이라 稱ᄒᆞ나 此ᄂᆞᆫ 狼과 갓치
無罪ᄒᆞᆫ 他人을 害ᄒᆞᄂᆞᆫ 人를 惡人이라 稱ᄒᆞᆷ과 同一히 視ᄒᆞᆫ 結果라. 單히
狼에 關ᄒᆞ야 言ᄒᆞ면 鹿을 食ᄒᆞᆷ은 人의 飯을 食ᄒᆞᆷ과 恰似ᄒᆞᆫ지라. 故로
此ᄂᆞᆫ 但 生活上 必要라 稱ᄒᆞᆯ지오. 善이라 惡이라 稱ᄒᆞᆯ비 아니로다. 此와
如ᄒᆞᆫ 動物의 行爲의 結果ᄂᆞᆫ 但히 其 個體 自身에 影響을 貽ᄒᆞᆯ ᄲᅮᆫ이라.
成功ᄒᆞ야도 他에 利益이 無ᄒᆞ고 失敗ᄒᆞ야도 他에 損失이 無ᄒᆞ며 强ᄒᆞ
면 榮ᄒᆞ고 弱ᄒᆞ면 敗ᄒᆞᆯ지라. 誰恩를 蒙ᄒᆞ며 誰害를 受ᄒᆞ리오. 然故로
此身이 此 境遇에 在ᄒᆞ다 假定ᄒᆞ고 想像ᄒᆞᆫ즉 善惡이라 稱ᄒᆞᄂᆞᆫ 文字ᄂᆞᆫ
其 意味를 失ᄒᆞᆯ지로다. 又 團體 生活의 十分 完結ᄒᆞᆫ 動物(譬ᄒᆞ면 蟻, 蜂
과 如ᄒᆞᆫ)의 行爲도 善惡으로 批評키 難ᄒᆞ니 何則고 此等 動物의 各 個體
ᄂᆞᆫ 但히 附屬ᄒᆞᆫ 團體의 一分子의 價値를 有ᄒᆞᆯ ᄲᅮᆫ이오. 其 團體를 離ᄒᆞ야
單히 個體로ᄂᆞᆫ 特別ᄒᆞᆫ 個體 資格을 認定키 難ᄒᆞᆫ지라. 各 團體ᄂᆞᆫ 一意志
를 保有ᄒᆞᆫ 個體와 如히 活働ᄒᆞᄂᆞ니 此를 成立ᄒᆞᆫ 各 個體ᄂᆞᆫ 個體를 造成
ᄒᆞᆫ 細胞와 如ᄒᆞ도다. 單히 團體의 意志에 從ᄒᆞ야 活働ᄒᆞᆯ ᄲᅮᆫ이니 換言ᄒᆞ
면 此等 各 個體의 精神은 個體의 利益을 重히 ᄒᆞᄂᆞᆫ 小我의 境을 脫ᄒᆞ야
自己의 屬ᄒᆞᆫ 全團體의 維持 繁榮을 目的으로 ᄒᆞᄂᆞᆫ 大我의 域에 達ᄒᆞ엿

는지라. 蟻와 蜂이 終日 奔忙ㅎ야 食物을 探集홈과 幼蟲을 養育홈은 皆是 自己의 屬혼 團體를 爲홈이오. 直接으로 其 一身을 爲ㅎ는딕 不在ㅎ도다. 一朝 團體에 對ㅎ야 無用物을 成혼 個體는 他가 會集ㅎ야 此를 殺ㅎ되 決코 蟻라 蜂이라 稱ㅎ는 理由로 蟻格을 尊ㅎ며 蜂權을 重혼다는 名義 下에 容赦치 아니ㅎ나니 譬컨딕 雄蜂은 蜂類의 種屬를 維持홈에 對ㅎ야 無터 못홀지라. 生殖作用이 終了혼 後에는 雄蜂은 蜂類로 推思컨딕 實로 元勳이라 可稱홀 者이나 此에 拘碍치 안코 團體에 對ㅎ야 無用이면 卽 地團體로부터 殺홈이 小兒의 乳齒落홈과 無異혼지라. 此는 單獨生活를 營爲ㅎ는 他 動物의 一個體가 行ㅎ는 事를 蟻와 蜂은 一團體로 行홈에 不過ㅎ니 其 行爲는 到底히 善惡 二字로 評言키 難ㅎ도다. 動物界에 蟻와 蜂 갓치 完結혼 團體는 造成치 못ㅎ나 亦是 一生에 多數 相集ㅎ야 經過ㅎ는 者 有ㅎ니 猿類가 其 一例로다. 此等 動物의 至ㅎ야 行爲에 善惡 區別이 有ㅎ니라. (未完)

▲ 제7호

又或動物의 各 個體 生活에 相當혼 食物이 入用되는 故로 同一혼 食物을 要ㅎ는 動物이 多數히 同處에 棲息ㅎ면 食物을 得ㅎ는딕 競爭이 必起ㅎ야 셔로 敵이 되지 아니치 못 홀지라. 食物의 供給이 要求의 額보다 多홀 時에는 競爭도 不起ㅎ나 如此히 具備혼 事가 決코 永久히 繼續케 難ㅎ니 何則고 食物이 十分有餘혼즉 動物이 蕃殖ㅎ고 子孫의 數가 漸殖ㅎ면 食物의 不足이 忽生ㅎ나니 然而 際限이 有혼 食物을 多數혼 者ㅣ 分食홈인즉 謙讓ㅎ야는 到底히 餓死를 免키 難혼 故로 各自 競爭ㅎ야 他로 ㅎ여곰 餓死케 ㅎ더릭도 自己만 飽食ㅎ랴 홈은 論홀 바에 不在ㅎ도다. 然故로 同一種에 屬ㅎ야 同一혼 食物을 要ㅎ는 動物個體는 皆是 劇烈혼 仇敵될 資格을 備有혼 者라. 食物이 不足홀 時에는 同一團體에 屬혼 個體同志가 相戰相嚙相殺相喰ㅎ는 事ㅣ 常有홀지라. 豹는 猿을 殺食ㅎ는 故로 無論猿의 敵이나 猿同類는 食物을 相奪ㅎ는 故로 猿도 猿의

敵이 確實한지라. 頸을 嚙切ᄒᆞ야 殺홈이나 餌를 奪去ᄒᆞ야 殺홈이나 唯多少直接과 間接의 相違가 有홀 ᄲᅮᆫ이오. 其 結果에 至ᄒᆞ야는 毫髮도 異ᄒᆞᆫ 빈 無ᄒᆞ도다.

如斯히 仇敵될 資格을 備有ᄒᆞᆫ 動物 個體가 何故相集ᄒᆞ야 團體 生活을 ᄒᆞᆫ고 此는 全히 敵에 對ᄒᆞ야 防禦홈을 爲홈이라. 種屬의 維持를 爲ᄒᆞ야 一時 團體를 造成ᄒᆞᆫ 者도 有ᄒᆞ나 此는 全히 其時에 限ᄒᆞ야 目的을 達ᄒᆞᆫ 後에는 忽散홀지니 俗에 螢의 合戰과 蛙의 合戰이라 稱ᄒᆞᆫ 者ㅣ 如斯ᄒᆞᆫ 團體로다. 又協力獲餌홈을 爲ᄒᆞ야 狼等이 團體를 浩ᄒᆞᆫ 事도 有ᄒᆞ나 此亦全히 一時的으로 餌를 得ᄒᆞᆫ 後에는 利益分配홈에 關ᄒᆞ야 爭鬪忽起ᄒᆞ야 仇敵이 될지로다. 然則 一生團體를 造ᄒᆞ야 經過홈은 皆是協力保身할 目的으로 以홈이니 卽 合則立ᄒᆞ고 離則倒라 稱ᄒᆞᆫ 理에 不外홈이로다. 猿等의 團體는 以上 說ᄒᆞᆫ 바와 如히 成立ᄒᆞᆫ 理由ㄴ 故로 其中의 各 個體는 皆是他를 不顧ᄒᆞ고 自己만 利益을 得코자 ᄒᆞᆫ 欲情을 包含ᄒᆞᆫ지라. 然而 各 個體가 此 欲情을 充코자 ᄒᆞ야 互相爭鬪則其團體는 忽地破壞ᄒᆞ야 到底히 仇敵된 團體에 對ᄒᆞ야 生存홀 事가 不能ᄒᆞ고 隨ᄒᆞ야 各 個體도 保身홀 事가 不能ᄒᆞᆫ지라. 然故로 猿의 團體는 個體의 欲情과 團體의 要求가 到底히 一致되기 難ᄒᆞ니 <u>各 個體는 欲情의 一部를 强制ᄒᆞ야 全 團體의 維持 繁榮을 不計ᄒᆞ면 各自의 生存도 不能홀지니 强者는 勝코자 ᄒᆞᆫ 欲을 制ᄒᆞ야 弱者를 助ᄒᆞ며 智者는 瞞코자 ᄒᆞᆫ 情을 忍ᄒᆞ야 愚者를 敎치 아니ᄒᆞ면 全 團體가 滅亡홀지라. 如斯ᄒᆞᆫ 團體中의 各 個體는 ᄆᆡ양 自己의 欲情(利己心)과 團體의 要求(利他心)間에 關홈이니 或奮發ᄒᆞ야 團體의 要求에 從ᄒᆞ야 全 團體에 利益을 與홈도 有ᄒᆞ고 或自己의 欲情에 拘碍ᄒᆞ야 全 團體에 損失을 及홈도 有ᄒᆞ니 此 善惡의 分ᄒᆞᆫ 빈라.</u>

一個體의 行爲 結果가 全 團體에 利益을 與홀 時에는 利益 分配에 系ᄒᆞᆫ 同僚는 此를 善이라 稱ᄒᆞ고 一 個體의 行爲 結果가 全 團體에 損害를 貽홀 時에는 其 損害를 被ᄒᆞᆫ 同僚는 此를 惡이라 稱홈은 論을 俟홀 빈 아니로다.

熱帶 地方에 旅行ᄒᆞ야 猿의 習性을 調察ᄒᆞᆫ 學者의 報告等書에 <u>戰時受傷</u>

호 猿이 有호족 他猿等이 此를 保護호야 食物을 與호며 水를 飮케호야
極히 撫慰호고 又遺子親死則 他猿이 其子를 取養호야 實子와 同히 慈育
호 事가 記載明瞭호지라. 單히 此 所行을 考察호즉 猿에는 猿道라 稱홀
비 有호도다. 未完

▲ 제8호

又 各個體가 自己의 欲情을 滿足히 호랴면 團體가 維持키 不能호 故로
團體要求에 反호 個體가 有호면 他個體 等이 相集호야 此에 制裁를 加
호나 此도 一團體內에 個體의 數가 繁殖홈을 隨호야 單히 惡을 惡호야
罰호는 듯 호도다. 鳥等을 見호니 他鳥의 不在홈을 乘호야 其巢의 材料
를 盜來호야 自己의 巢를 構造호는 者ㅣ 往往 有之호나 如此所行이 露
顯호면 近處鳥等이 相集호야 暫時 喧噪호 後에 五六羽折檻委員을 選定
호야 其 罪鳥를 啄殺호는지라 如此히 多數호 鳥에게 被圍호야 方今 死
刑의 宣告를 待호는 罪鳥의 心을 推察호면 嗚呼라 惡事는 不可爲로다.
若 彼事를 不爲려면 웃지 此境에 至호리요 호고 後悔홀지라 此를 見호
他鳥等도 心中에 我도 惡事를 作호야 露顯되면 此境에 至호다 恐謹自誠
호리니 此ㅣ 卽 良心이로다.
以上 述호 바와 如히 行爲의 善惡區別은 團體生活을 營爲호는 動物뿐이
라 猿等은 오즉 共同 敵에 對호야 護身홀 方便으로 團體를 組成호 故로
其 團體는 永久 不變치 못호나니 數個의 團體가 相對敵視홀 際에나 不
得已 各團體內의 個體가 結合호나 敵이 無호면 團體는 桶輪을 脫호 桶
片과 如히 破壞되여 幾個의 小團體로 分裂되나니라.
國無外寇면 亡이라 홈은 人類의 國과 猿의 團體가 差異가 無호도다. 故
로 昨日에 數個의 團體도 共同의 大敵을 當호야는 今日에 攻守同盟을
結호야 一大團體를 成立호나 敵을 破滅호면 自然分裂호야 舊日과 如호
니 然則 團體의 要求도 時時로 變호고 此를 標準호는 善惡의 語도 時를
隨호야 相異호나니 同一호 行爲도 昨日에 善이라 稱호 者가 今日에 惡

이 되는 事가 有홀지로다. 一例를 擧ᄒ면 甲乙 二團體가 셔로 敵視ᄒ는 時에 甲團體의 猿이 乙團體의 猿을 殺홈은 敵의 戰鬪力을 減홈으로 善이라 稱홀지오 最多히 殺흔 者을 赫赫偉勳이라 極讚홀지나 更히 丙大團體의 攻擊을 遇ᄒ야 甲乙이 互相 同盟흔 時에는 甲團體의 猿이 乙團體의 猿을 殺홈은 自己同盟團體의 戰鬪力을 減ᄒ야 敵을 利ᄒ게 홈인故로 惡이라 罰홀지니 其 行爲는 同一ᄒ나 其時의 事情을 隨ᄒ야 善이라 云ᄒ며 惡이라 云홀 標準의 差異가 明確ᄒ도다.

共同 敵을 當홀 時에는 團體가 同盟ᄒ고 同盟ᄒ면 勢力이 强盛ᄒ야 敵을 破ᄒ고 敵을 破ᄒ면 同盟이 分裂되고 同盟이 分裂되면 卽 外敵이라 動物의 團體는 此 順序를 從ᄒ야 變遷ᄒ는 故로 善惡의 標準도 此와 共히 變치 아니치 못홀지로다.

完全흔 團體와 團體間 行爲를 言ᄒ면 此는 單獨生活ᄒ는 動物個體와 如히 優者 勝ᄒ고 劣者 負ᄒ며 强者 榮ᄒ고 弱者 込ᄒ는 事ㅣ 水流火熾홈과 同一ᄒ야 惡이라 善이라 稱홀 限에 不在ᄒ도다. 動物界 個體의 行爲를 善惡으로 區分ᄒ야 批評홈은 團體生活를 ᄒ는 動物中에 團體의 意志와 個體의 意志가 一致되지 아니흔 境遇쑌이나 此 境遇는 猿과 如히 個體가 各各 自己의 欲情을 遂코자 ᄒ나 對敵護身홈을 爲ᄒ야 欲情一部를 制ᄒ고 僅僅히 社會를 組織ᄒ는 動物에나 有ᄒ도다. (完)

◎ 動物學, 金鳳鎭, 〈기호흥학회월보〉 제2호, 1908.9.
   (동물학, 8회 연재)

▲ 제2호

凡 生物을 攷究ᄒ는 學을 生物學이라 稱ᄒᄂ니 此를 動物學과 植物學의 二學으로 分ᄒᄂ니라. 動物學은 動物 形態와 生理 等을 硏究ᄒ는 學이니 此를 左의 諸科로 又分ᄒᄂ니라.

(一) 形態學: 形態學은 動物의 形態를 講究ᄒᆞᄂᆞᆫ 學이라. 此를 分ᄒᆞ야 解剖 組織의 二學과 及 發生學의 二科로 定ᄒᆞᄂᆞ니라.

(1) 解剖學 及 組織學:

(2) 發生學은

(二) 生理學:

動物의 種類

動物은 千態萬象의 異同이 有ᄒᆞᆷ으로 此를 ——히 擧論키 不能ᄒᆞ나 然ᄒᆞ나 動物學者의 硏究ᄒᆞᆷ을 由ᄒᆞ야 其 種類를 如左히 區別ᄒᆞᆷ을 得ᄒᆞᄂᆞ니라.

(1) 脊髓動物(척수동물):

(2) 軟體動物--

▲ 제3호

脊椎動物(蛙類)

蛙(俗에 개고리, 他處로 移置ᄒᆞ면 古里로 皆歸ᄒᆞᆫ다 ᄒᆞ야 云ᄒᆞᆷ이라.8)) ᄂᆞᆫ 總히 水田과 溝渠(구거) 等 濕地處에 棲息ᄒᆞᆷ을 嗜好ᄒᆞ고 蟲類를 取食ᄒᆞ야 生活ᄒᆞᄂᆞᆫ 動物이라. 其 種類가 甚多ᄒᆞ야 無尾類(무미류)ᄂᆞᆫ 靑蟆(청마, 俗 청막고리)과 巫蛙(무와, 靑色이니 俗云 무당개고리)와 瘡蟾

---

8) 개고리: 다른 곳에 옮기면 옛날 살던 곳으로 돌아간다는 뜻. 민간어원의 하나임.

(창섭, 俗 둑겁이)과 雨蛙(우와, 靑色이니 俗云 청개고리) 等이 是也ㅣ
요, 有尾類(유미류)는 井守(정수, 四足을 具有흔 蛙頭魚尾의 形)⁹⁾와 山
椒魚(산초어, 山椒魚는 大小 二種이 有ᄒᆞ야 大者는 圓頭小眼이오, 項邊
多疣 其聲이 小兒啼와 如ᄒᆞ고, 小者는 形小頸長ᄒᆞ며 背黑腹赤ᄒᆞ야 細紋
이 有ᄒᆞ니 二者ㅣ 皆蚾行ᄒᆞ는 動物이라)¹⁰⁾ 等이 是也ㅣ니 其 有尾類는
蛙의 發生中 아직 失尾치 아니흔 者와 相似ᄒᆞ므로 無尾類는 有尾類와
如흔 祖先으로붓터 變來흔 者이라 觀測ᄒᆞ나, 然ᄒᆞ나 凡 他潛魚(잠어)와
及 飛鳥 走獸 等 動物에 比視ᄒᆞ면 其 有異흔 點이 頗多흠으로 動物學者
는 其有尾 無尾의 二類를 一括ᄒᆞ야 兩生類라 名稱ᄒᆞ니라.

靑蟆(청마)은 頭端으로붓터 後肢 末端에 至하는 長이 六寸 乃至 八寸
에 達ᄒᆞ는 者이 有ᄒᆞ니 其頭는 三角形과 恰如흔되--

▲ 제5호=척추동물

前述흠과 如히 體腔 內에 充滿흔 諸器官은 皆 其 食物을 輸入消化ᄒᆞ
고 吸收排送ᄒᆞ야 全體를 養成ᄒᆞ는 設備라. 其順序를 槪論ᄒᆞ건딕 食物이
入口ᄒᆞ면 兩顎 口蓋에 羅列흔 上下齒로 咀嚼喫呑ᄒᆞ야 食道를 經由ᄒᆞ야
胃에 至ᄒᆞᄂᆞ니 胃는 肝臟 左側에 在ᄒᆞ야 厚壁을 有흔 部分이라. 其 裡面
에는 食物의 消化를 幫助ᄒᆞ는 液汁이 汾泌흠으로 食物은 此液汁의 消化
를 受ᄒᆞ야 腸管에 入홀식 腸은 大小 二部에 分ᄒᆞ야 小腸은 營養液을
吸收ᄒᆞ는 部分이 되고, 大腸은 不消化의 廢物 卽 糞을 溜置(유치)ᄒᆞ는
部分이 됨으로--

---

9) 정수(井守): 네 다리를 갖추고 머리는 개구리, 꼬리는 어류의 형태임. 정수(井守)는 일본어
로 '이모리'라고 부르며, 도롱뇽을 일컫는 말이다.

10) 산초어(山椒魚): 큰 것과 작은 것 두 종이 있으니, 큰 것은 머리가 둥글고 작은 눈을 가졌
으며, 머리 주변에 사마귀가 많고 소리가 어린아이의 울음과 같고, 작은 것은 형체가
작고 목이 길며 뒤는 검고 배가 붉어 가는 무늬가 있으니 모두 고행하는 동물이다. 산초
어는 일본어이며 도롱뇽의 일종을 의미함.

血脈管:

肺臟:

▲ 제6호＝척추동물

腎臟은 濃紅色 의 長體로 體腔의 下部 背面되는 中央線--

骨軸은 體의 背面되는 中央線에 在ㅎ야--

脊椎骨은--

▲ 제7호＝蛙類

  以上 陳述홈과 如히 脊椎骨이 其 骨體 背面으로 貫珠形과 如흔 環狀
을 作ㅎ야 個個 各 環이 互相 連鎖ㅎ니 其 前端은 頭骨 內로 入ㅎ고
後端은 尾骶骨(미저골)에 至ㅎ야 止흔지라. 自頭至尾ㅎ는 其 管內에 神
經 中樞라 ㅎ는 者ㅣ 有ㅎ야 其 前端 頭蓋骨 內로 入흔 者는 腦가 되고
其 脊椎 管內로 走흔 者는 脊髓가 되느니라.
  腦는 大小와 間中 四腦 及 髓髓(정수)의 五部로 組成흔 者ㅣ라. 其腦
의 左右 及 脊髓로셔 發ㅎ는 數雙의 神經이 有ㅎ야 此를 二種에 區分ㅎ
니 一은 體의 諸部에 對ㅎ야 働勞(동로)ㅎ는 者이오 他一은 體의 諸部
로브터 腦 及 髓髓로 感來ㅎ는 者이니 卽 外界에 在흔 千態萬樣의 變動
을 內界로 ㅎ야곰 知覺케 ㅎ는 者는 此 第二의 神經作用이오, 其 知覺케

210

흠을 應ᄒ야 體의 諸部로 ᄒ야금 働勞케 ᄒᄂ 者ᄂ 第一의 神經作用을 依ᄒᄂ 者이니라. 感覺器官은 外界의 關係 種類ᄅᆯ 依ᄒ야 右陳흔 第二의 神經 末端과 及 此에 接近된 體部ᄂ 반닷시 變動ᄒᄂ 故로 此에 對ᄒ야 能히 感覺이 有흔 器官을 感覺器官이라 云ᄒᄂ니 卽 視聽嗅味(시청후미) 及 觸의 五官이 是라. 此 五官 中 觸官을 除흔 外ᄂ 他 皆 頭部에 位在ᄒ니 特히 視聽 二官은 光音만 能感ᄒᄂ 故로 此ᄅᆯ 高等 感覺器官이라 云ᄒ고, 其他ᄂ 何等 感覺器官이라 稱ᄒᄂ니라.

筋肉은 能히 全身 及 諸器官으로 運動케 ᄒ고 又ᄂ 運動ᄒᆯ 時에 便益을 與ᄒᄂ 者이라. 此ᄅᆯ 分ᄒ야 二種類로 ᄒᄂ니 一은 隨意 運動이오, 他一은 不隨意 運動이라. 然而 各 筋肉은 皆 其 命令되ᄂ 神經의 作用을 待ᄒ야 伸縮흠을 得ᄒᄂ니라. (未完)

▲ 제8호

脊椎動物

靑蟆(청마)의 體軀ᄂ 旣陳흠과 如히 構造된 者이라. 故로 若 其 胃部에 對ᄒ야 用刀橫斷ᄒᆯ 時ᄂ 圓板形과 如흔 體中에 二個의 環이 有ᄒ야 其 背面에 近흔 者ᄂ 小以中央神經을 收有ᄒ고 其 腹面에 近흔 者ᄂ 大而 消化器 心臟 等의 內臟 諸 器官을 納用ᄒᄂᄃᆯ 此 二環 中間에 脊椎膏(척추고?)이 有ᄒ니라.

形態ᄂ 靑蟆와 酷似ᄒᄃᆯ 體質이 稍히 弱小흔 者ᄂ 普通의 蛙이라. 蛙ᄂ
ㅡㅡ

▲ 제11호

脊椎動物 魚類

魚는 其 種類의 夥多홈을 基因ᄒ야 形態가 또흔 千差萬別이라 홀지나 脊椎가 無흔 者를 除흔 外는 皆 其 體軀가 紡錘形(방추형)과 如ᄒ고, 且 又 側力으로 壓扁흔 者ㅣ 多ᄒ니 其 構造됨이 能히 水中에셔 游泳 潛躍홈이 恰然히 吾人이 此 空氣 中에셔 呼吸 動作홈과 如ᄒ니라.

皮膚:

▲ 제12호 = 어류

前述홈과 如히 脊椎는 圓柱形의 骨節이 相連흔 中心을 貫ᄒ야 一條의 細溝를 通ᄒ고 此에 背腹의 二突起를 生ᄒ니 背突起(배돌기)는 其始也 에는 二脚으로 分岐되야 終焉 相合홈이 常例이나 其 或 不合ᄒ는 者도 有ᄒ며 背突起는 尾鰭(미기)에 在흔 部分을 見ᄒ면 全혀 背突起와 同樣 狀態를 呈ᄒ나 前部에 在ᄒ야는 外方으로 彎曲ᄒ야 肋骨(늑골)의 用을 作ᄒ고 又는 橫突起(횡돌기) 或 岐骨(기골)을 別生홈이 有ᄒ니라.

鰭(기)는 胸鰭(흉기), 腹鰭(복기), 腎鰭(신기), 背鰭(배기) 等으로 區別 홈을 得ᄒᄂ니 筋은 小筋을 除흔 外는 皆是 自頭至尾ᄒ는 筋板而已라. 脊椎의 左右와 橫突起의 上下에셔 四個에 分ᄒ야 多數흔 平行의 斜線이 有ᄒ니 魚體를 用刀橫斷ᄒ면 環狀이 輪과 如홈을 見홀 者ㅣ 卽 此也ㅣ 라.

然而 各 筋片間에는 薄膜(박막)이 有ᄒ야 血管 及 神經을 通ᄒ니 筋板

212

이라 ᄒᆞᄂᆞᆫ 者니 魚體의 運動을 可ᄒᆞ야 其 左右筋을 互相 伸縮ᄒᆞᆯ 時마다 軀幹이 句曲ᄒᆞ고 或은 其尾로 左右 搖撑(요탱)하야 上下 游泳홈을 能得ᄒᆞᄂᆞ니 如此ᄒᆞᆯ 時에 鰭ᄂᆞᆫ 全體의 平均을 維持ᄒᆞ기 爲ᄒᆞ야 展身ᄒᆞᄂᆞᆫ 勞를 不休ᄒᆞᄂᆞ니라.

　腦ᄂᆞᆫ 比較的--

08.

문학

순번	연대	학회보명	필자	제목	수록 권호	분야	세분야
1	1909	대동학회월보	김문연	소설과 희대의 관계	제14호	문학	소설론
2	1910	대한흥학보	이보경	문학의 가치	제11호	문학	·

◎ 小說과 戲臺의 關係,
  金文演, 〈대동학회월보〉 제14호, 1909.3. (문학)

太陽이 下照에 不求葵藿之傾ᄒᄂ 葵藿이 自傾ᄒ고 春色이 和暢에 不要
鶬鶊之鳴ᄒᄂ 鶬鶊이 自鳴이라. 形非爲影也而影隨之ᄒ고 呼非爲響也而
響應之ᄒ야 一機相感에 神以氣化ᄒᄂᄂ 天下에 固未有善而不合ᄒ고
誠而不應者也ㅣ라. 撞之以鍾鼓ᄒ고 繹之以管籥은 所以行樂也ㅣ로되 隱憂
者臨之而愈悲ᄒᄂ 不主乎樂故也오. 負手而行歌ᄒ고 促絃而急彈은 所以
寫憂也ㅣ로되 安恬者ㅣ得之而愈歡ᄒᄂ 不關於憂故也ㅣ라. 然則 憂樂이
在外에 其所以主之者ㅣ內也ㅣ니 內之所感에 蒼黑이 變色ᄒ고 東西가
換區而昧者則不知也ㅣ라. 故로 曰觀流水者ᄂ 與水俱流라 ᄒ니 其非目
運而心遊者耶아.

灌注若人之腦髓ᄒ고 薰染社會之風氣者ㅣ莫若小說與戲坮ᄒ니 夫此小
說與戲坮가 不過是街士坊客의 無聊不平之作이오. 才人舞女의 徘優嘻笑
之資ㅣ라. 號稱正人君子者의 所不欲掛諸齒頰ᄒ고 煩諸耳目이ᄂ 孰知其
影響於社會者ㅣ誠有不可思議之效力也ㅣ리오. 抑人之性情이 好新奇而厭
平常ᄒ고 感刺激而忘例凡일ᄉᆡ 話席之淫談悖說은 畢一生而以憶以傳ᄒ
고 經傳之聖謨賢訓은 不數歲而若存若亡ᄒᄂ 小說與戲臺ᄂ 若人之
最感覺而不忘者也오. 若人之最記憶而耐久者也ㅣ라. 其原動力이 能使人
情으로 隨以變遷ᄒ고 世俗으로 從以感化ᄒᄂ 我本快然樂也ㅣ로되
乃觀黛玉이 死瀟湘浦ᄒ고 晴雯이 出大觀苑에 何以油然戚然感悲也ㅣ며
我本肅然敬也ㅣ로되 乃觀春香이 逢李道令ᄒ고 놀甫가 剖兩班匏에 何以
嬉然動怡然笑也며 我本繭然疲也ㅣ로되 乃觀張翼德이 鞭督郵ᄒ고 武松이
打張都監에 何以爽然欲引一大白也ㅣ며 我本毅然强也ㅣ로되 乃觀鶯鶯別
張君瑞ᄒ고 月華가 途尹汝玉에 何以慨然欲倚欄長歎也오. 讀紅樓夢者ᄂ
有餘悲ᄒ고讀花月痕者ᄂ 有餘戀ᄒ고 讀金甁梅者ᄂ 有餘淫ᄒ고 讀九雲
夢者ᄂ 有餘樂ᄒ고 讀玉麟夢者ᄂ 有餘憾ᄒ고 讀南征記者ᄂ 有餘愴ᄒ
니 凡功名富貴之念이 多根抵於此小說與戲臺ᄒ고 男女怡悅之想이 皆原

因於此小說與戲臺ᄒ니 可懼哉라 此小說與戲臺也여. 可愛哉라 此小說與戲臺也여.

西人之爲戲臺也에 其所演劇者ㅣ 皆前世大英雄大豪傑이 做得警天動地之事業者也오. 其 小說이 亦皆鼓吹國民思想ᄒ야 爲文明自由之前提者也ㅣ니 其 由英國而譯出於日本者則花柳春話와 繫思談과 梅蕾餘薰과 經世偉觀과 春窓綺話와 春鶯囀等이 是其最著者也오. 日本明治維新之初에 佳人寄遇와 花間鶯과 雪中梅와 文明東漸史와 經國美談等小說이 亦皆浸潤於國民腦質ᄒ야 有大效力於進步ᄒ니 我韓國이 亦非不有此小說與戲臺ᄒᄂ 其 意味가 淺薄ᄒ고 聲音이 悠楊ᄒ야 初無雄偉活潑底氣像ᄒ고 徒長荒淫懈怠底慣習ᄒ니 今日國計民生之困難이 未必不由於此也ㅣ라. 故로 欲改良一般風俗인딘 必先改良此小說與戲臺가 可也ㅣ라 ᄒ노라.

◎ (학예) 文學의 價値,
   李寶鏡(이광수), 〈대한흥학보〉 제11호, 1910.03.

   *문학 이론

   「文學」은 人類史上에 甚히 重要ᄒ 거시라. 이제 余와 ᄀᆺᄒᆫ 寒書生이 「文學의 價値」를 論ᄒ다 ᄒᄂ 거슨 자못 猥越ᄒ 듯ᄒᄂ 至今ㅅ것 我韓 文壇에 한번도 此等言論을 見티 못ᄒ엿ᄂ니, 이ᄂ, 곳 「文學」이라ᄂ 거슬 閑却한 緣由ㅣ로다. 夫我韓의 現狀은 가장 岌業ᄒ야 全國民이, 모다 實際問題에만 齷齪ᄒᄂ 故로 얼마큼 實際問題에 疏遠ᄒ 듯한 文學等에 對ᄒ야ᄂ 注意ᄒᆯ 餘裕가 無ᄒ리라. 然이나 文學은 果然 實際와 沒交涉ᄒ 無用의 長物일ᄉ, 此ᄂ 진실노 先決ᄒᆯ 重要問題로다. 於是乎 余ᄂ 淺見薄識을 不顧ᄒ고 敢히 數言을 陳코자 ᄒ노라.

本論에 入ᄒᄂ 楷梯로 「文學이라ᄂ 것」에 關ᄒ야 極히 簡單히 述ᄒᆨᆺ

노라.

「文學」이라는 字의 由來는 甚히 遼遠ᄒ야 確實히 其 出處와 時代는 攷키 難ᄒ나, 何如턴 其 意義는 本來「一般學問」이러니 人智가 漸進ᄒ야 學問이 漸漸 複雜히 됨애「文學」도 次次 獨立이 되야 其 意義가 明瞭히 되야 詩歌, 小說 等 情의 分子를 包含ᄒ 文章을 文學이라 稱ᄒ게 至하여시며 (以上은 東洋)

英語에 (Literature)「文學」이라는 字도 또ᄒ 前者와 略同한 歷史를 有ᄒ 者ㅣ라.

東洋은 氣候不調ᄒ고, 土地不毛ᄒ야 生活이 困難ᄒ 土地(邦國이나 地方)가 多ᄒ 故로 衣食住의 原料를 得홈애 汲汲ᄒ야 智와 意만 重히 녀기고 情은 賤忽히 ᄒ야 此를 排斥ᄒ며 蔑視하여온 故로 情을 主ᄒ는 文學도한 遊戱疏開에 不過하게 알아온지라, 그럼으로 其 發達이 遲遲ᄒ엿스나, 彼 歐洲는 反此ᄒ야 其 大部分은 氣候溫和ᄒ고, 土地肥沃ᄒ야 生活에 餘裕가 多ᄒ 故로 人民이 智와 意에만 汲汲티 안이ᄒ고 情의 存在와 價値를 覺한디라. 그럼으로 文學의 發達이 速히 되야뼈 今日에 至ᄒ얏느니라.

此를 讀ᄒ시면 諸氏는「然則 文學이라는 거슨 生活에 餘裕가 多한 溫帶國民의게 必要할디나 生活에 餘裕가 無ᄒ 我韓(我韓도 亦是 溫帶에는 處ᄒ나 寒帶에 近ᄒ 溫帶니라) 國民의게야 무슴, 必要가 有하리요」하는 質問이 起홀지나, 此는 不然ᄒ도다, 生活에 餘裕가 多ᄒ 國民에는 比較的 더 發達이 된다 함이요 決코 文學은 此等國民에만, 必要하다 하는 거슨 안이라. 人類가 生存하는 以上에 人類가 學問을 有ᄒ 以上에는 반다시 文學이 存在홀디니 生物이 生存홈에는 食料가, 必要홈과 가티 人類의 情이 生存홈에는 文學이 必要홀디며, 또 生홀디라, 更言컨딘 人

類가 智가 有흠으로 科學이 싱기며 또 必要흔 것과 갓치 人類가 情이
有흘던딘 文學이 싱길디며 또 必要흘디라. 故로 其 進步發展의 度는 土
地를 조차, 國民의 程度를 조차, 또는 時勢와 境遇를 조차 遲緩盛衰의
差異가 有하리로딘 文學 그거슨 人類의 生存흘 째 싱지는 存在흘디니라.

그러면 「文學」이라는 거슨 무엇이며, 또 何如흔 價値가 有흐뇨?

　文學의 範圍는 甚히 넓으며 또 其 境界線도 甚히 曚朧흐야 到底히
一言으로 弊之흘 슈는 無흐나 大槪 情的 分子를 包含흔 文章이라 하면
大誤는 無흐리라. 故로 古來로 幾多學者의 定義가 紛紛호딘 一定흔 者
는 無흐고. 詩, 歌, 小說 等도 文學의 一部分이니 此等에는 特別히 文藝
라는 名稱이 有흐니라.

　元來文學은 다못 情的滿足卽遊戲로 싱겨나실디며 또 多年間如此히
알아와시나 漸漸 此가 進步發展흠에 及흐야는 理性이 添加흐야 吾人의
思想과 理想을 支配흐는 主權者가 되며 人生問題解決의 擔任者가 된지
라. 此를 譬하건딘 熱帶에 住흐는 者ㅣ 一日에 林檎을 食흐다가 其核를
地中에 埋하엿더니 幾十年을 디는 後에는 其 林檎樹가 枝盛葉茂흐야
如燬흐는 陽炎에 淸凉흔 蔭을 成흐야 其子其孫이 燬死를 免흐는 處所가
된 것과 如흐도다. 故로 今日 所謂 文學은 昔日 遊戲的 文學과는 全혀
異하느니 昔日 詩歌小說은 다못 銷閑遺悶의 娛樂的 文字에 不過흐며
또 其 作者도 如等흔 目的에 不外흐여시나(悉皆그러하다흠은 안이나
其 大部分은) 今日의 詩歌小說은 決코 不然흐야 人生과 宇宙의 眞理를
闡發흐며 人生의 行路를 硏究흐며 人生의 情的(卽 心理上) 狀態及變遷
를 攻究흐며 또 其 作者도 가장 沈重흔 態度와 精密흔 觀察과 深遠흔
想像으로 心血을 灌注흐느니 昔日의 文學과 今日의 文學을 混同티 못흘
디로다. 然흐거늘 我韓同胞大多數는 此를 混同흐야 文學이라 흐면 곳
一個娛樂으로 思惟흐니 춤 慨歎흘 바ㅣ로다.

以上 槪論ᄒ데셔 文學의 普遍的 價値ᄂ 되강 了解ᄒ여시리라, 以下 附論가티 我韓의 現狀과 文學라의 關係를 暫言ᄒ깃노라.

西洋史를 讀ᄒ신 諸氏ᄂ 아르시려니와 今日의 文明이 果然 何處로 從ᄒ야 來ᄒ엿ᄂ가. 諸氏ᄂ 陬曰「뉴-톤의 新學說(物理學의 大進步), 다윈의 進化論 왓트의 蒸氣力發明, 이며, 其他 電氣工藝等의 發展進步에셔 來ᄒ엿다」하리라. 實노 然ᄒ도다 누가 能히 此를 否認하리요, 만은 한번더 其源을 溯求ᄒ면 十五六世紀頃「文藝復興」이 有ᄒᆷ을 發見ᄒ지라. 萬一 이 文藝復興이 無ᄒ야 人民이 其 思想의 自由를 自覺디 안이하엿든덜 엇디 如此ᄒ 發明이 有ᄒ엿스며 今日의 文明이 有ᄒ여시리요. 然則 今日의 文明을 否定ᄒ면 以無可論이어니와 萬一 此를 認定ᄒ며 此를 讚揚하면 文藝復與의 功을 認定ᄒᆯ디오, 쏘 近世文明의 一大刺激되ᄂ 驚天動地하ᄂ 佛國大革命의 活劇은 演出ᄒᆷ이 佛國革新文學者ㅣ 룻소-(Roussau)의 一枝筆의 力이 안이며 쏘 北米南北戰爭時 北部人民의 奴隷愛憐ᄒ는 情을 動케 ᄒ야 激戰數年에 多數奴隷로 하여곰 自由에 歡樂케 ᄒᆫ 者 스토-, 쯘스터氏 等 文學者의 力이 안인가.

大抵 累億의 財가 倉廩에 溢ᄒ며 百萬의 兵이 國內에 羅列ᄒ며 軍艦銃砲劍戟이 銳利無雙ᄒ단덜 其 國民의 理想이 不確ᄒ며 思想이 卓劣ᄒ며 何用이 有ᄒ리요 然則 一國의 與亡盛衰와 富强貧弱은 全히 其 國民의 理想과 思想如何에 在ᄒᄂ니 其 理想과 思想을 支配ᄒᄂ 者ㅣ 學校敎育에 有ᄒ다 ᄒᆯ디나 學校에셔ᄂ 다못 智나 學ᄒᆯ디요 其外ᄂ 不得ᄒ리라 ᄒ노라. 然則 何오 曰 文學아니라.

09.

물리

순번	연대	학회보명	필자	제목	수록 권호	분야	세분야
1	1897	친목회회보	변국선	물리총론	제5호	물리	·
2	1906	소년한반도	박정동	物理學論	제1~6호	물리	·
3	1906	태극학보	장응진	공기설	제1, 2호(2회)	물리	·
4	1906	태극학보	김지간	수증기의 변화	제1, 2호(2회)	물리	·
5	1907	태극학보	김낙영	소년백과총서 동몽물리학강담	제11, 12, 13, 14, 25, 26호(6회)	물리	
6	1907	공수학보	유전	과포화의 현상	제3호	물리	·
7	1907	태극학보	연구생	음향 이야기	제16호	물리	·
8	1908	태극학보	연구생	자석(속 소위 지남철)이야기	제17호	물리	·
9	1908	대한학회월보	강전	물리학의 적요	제2호	물리	·개념어
10	1908	태극학보	포우생	물리학의 자미스러온 이야기	제23, 24호(2회)	물리	·
11	1908	태극학보	김현식	물리학 강의	제23호	물리	·
12	1908	태극학보	죽정	알키메스 씨의 설	제23호	물리	·
13	1908	대동학회월보	이유응	물리학	제7, 10, 14호(3회)	물리	·
14	1909	대한흥학보	욕우생	원자 분자설	제3호	물리	·

◎ 物理總論 畧述,
　卞國璿(변국선), 〈친목회 회보〉 제5호, 1897.9.26. (한문)

1. 물체를 水, 石, 金屬으로 분류
2. 9가지 通性 혹 眞性: 전충성, 정형성, 득*성, 무진성, 습관성, 분해성,
　기공성, 변형성, 인력성
3. 8가지 우성 혹 가성

◎ 物理學論, 朴晶東, 〈소년한반도〉 1~6호, 1906.

▲ 제1호 = 물리학의 개념 / 물체 / 삼체 순환
▲ 제2호 = 역론 / 인력의 실험 / 중력
▲ 제3호 = 분자의 응집력과 부착력 / 원자의 화합력 / 역의 작용
▲ 제4호 = 물체의 중심 / 반사 운동의 규칙
▲ 제5호 = 물체의 열(에너지)
▲ 제6호 = 진자(단진자 복진자)

*이 시기 물리학 교과서는 민대식(1910)의 〈개정 중등 물리학 교과서(박물편)〉(민대식), 안일영·박원복(1908)의 〈물리초보〉(미상), 보성관편집부 역(1908)의 〈보통 이과 교과서〉(보성관), 학부 편집국(1910)의 〈보통학교 학도용 이과 교과서〉(학부), 국민교육회(1906)의 〈신찬 소물리학〉(국민교육회), 유성준·김상천(1907)의 〈신찬 소박물학〉(김상천), 이필선 역(1907)의 〈신편 박물학〉(보성관), 민대식(1908)의 〈중등 물리학 교과서〉(휘문관), 진희성(1908)의 〈초등 물리학 교과서〉(한응리), 최재학(1907)의 〈초등용 간명 물리학 교과서〉(안현서관), 현채(1908)의 〈최신 고등소학 이과서〉(현채), 이관희(1910)의 〈최신 박물학 교과서〉(이관희) 등이 발행된 것으로 알려져 있다.

好古者는 不知有新而只曰 此時는 天地マ 將閉塞이라 호며 好新者는 不知溫古而只曰 此時는 天地マ 開闢이라 호야 古今이 相隔에 源委マ 中斷호야 甚至於 無故無新之地호느니 噫라, 天地之道는 何嘗有間斷哉아. 不思之甚也로다. 盖松柏之茂者는 舊葉이 方落에 新葉이 方開호며 日月之恆者는 前明而將盡에 後明이 繼至호느니 <u>今之理學은 古之格致의 事實</u>이라. 格致는 此心의 存不存에 在홈으로 心存則天地位焉호며 萬物이 育焉호려니와 心不存則天地는 閉塞호야 嚴冬을 成홀지며, 人文은 暗黑호야 長夜를 做홀지니 豈不懼哉아. 夫理는 自存在혼 者오 强然抑付홀 者 아니라. 故로 一個物은 一個自然이 有호며 萬個物은 萬個自然이 有호야 終에 一理에 歸홈이니라.

物理學: 吾人의 目擊호는 바, 森羅萬狀을 物體라 云호며 物體의 動靜과 變化를 硏究호는 規則을 學說이라 云호니라.

物體: 地球上에 存在혼 摠物體는 其狀態와 性質이 變幻홈이 無窮호느 群으로 分호며 類로 聚호야 但三體로 大區別홈이 有호니 卽 固體와 液體와 氣體라. 大凡 物體는 此三種에 不外호느니라.

<u>三體循環</u>: 固體는 金, 石, 土, 木의 類나 一切 堅固혼 者오, 液體는 水, 酒, 水銀의 類니 一切 流動호는 者오, 氣體는 空氣, 煙, 水蒸氣의 類니 一切 飛散호는 者니라. 此三體는 寒熱의 關係로 互相 循環호야 固體マ 或 液體로 變호며, 液體マ 或 氣體로 變홀 時도 有호며, 氣體가 或 液體로 變호며, 液體マ 或 古體로 變홀 時도 有호니 地球上 萬般 物體는 此三體의 狀態를 呈홀 쑨이니라.

<u>力論</u>: 力은 物體에 發現ᄒᆞᄂᆞᆫ 固有ᄒᆞᆫ 者니 物體의 大小를 勿論ᄒᆞ고 物이 纔有(재유)ᄒᆞ면 力이 即有ᄒᆞ야 物과 力이 互相 先後가 無ᄒᆞ미라.

力은 物體로믓터 發ᄒᆞ야 此物이 彼物을 牽引ᄒᆞ며 彼物이 此物을 牽引ᄒᆞ야 互相間에 愛力 即引力을 現ᄒᆞ며 且 同種의 物質도 其細部分 即 分子도 亦互相 牽引ᄒᆞ야 或 堅固한 金石의 類가 되ᄂᆞ니라.

地體ᄂᆞᆫ 衆物質이 聚合ᄒᆞ야 巨大ᄒᆞᆫ 球形을 成ᄒᆞ며 且 天體의 日月星辰도 互相 牽引ᄒᆞᆷ이라. 故로 此를 宇宙間에 普通 引力이라 稱ᄒᆞᄂᆞ니라.

<u>人力의 實驗</u>: 二個 細針을 一椀(일완: 주발 한 개)의 水面에 浮케 ᄒᆞ되 小距離를 隔ᄒᆞᆯ 時ᄂᆞᆫ 互相間에 牽引ᄒᆞᄂᆞᆫ 力을 現ᄒᆞ야 兩針이 漸次 密接ᄒᆞᄂᆞ니라. 此等 牽引力은 水外에셔ᄂᆞᆫ 發ᄒᆞ드라도 處所의 磨軋(마알)을 因ᄒᆞ야 能售(능수)치 못ᄒᆞ다가 水上에 浮ᄒᆞᆫ즉 其力을 能售ᄒᆞᆷ이라.

凡 他輕體도 水上에 浮ᄒᆞ면 互相 牽引ᄒᆞ야 一處에 聚合ᄒᆞᆷ이 常例니라. 然而 引力의 强弱은 體積의 大小와 重量의 多小에 關ᄒᆞᆷ이니라.

<u>重力</u>: 重力은 地球와 該物體가 互相 牽引ᄒᆞᄂᆞᆫ 力에 基因ᄒᆞᆷ이니 地球ᄂᆞᆫ 其球形의 中心을 由ᄒᆞ야 周圍 表面에 發ᄒᆞᄂᆞᆫ 引力이 强大ᄒᆞ며 物體도 地球를 引揚코저 하ᄂᆞᆫ 力이 亦有ᄒᆞᄂᆞ 大凡 地球上에 存在ᄒᆞᆫ 物體ᄂᆞᆫ 地球의 體積과 引力을 比ᄒᆞᆯ 者 無ᄒᆞᆷ으로 各 物體ᄂᆞᆫ 皆 地球에게 牽引ᄒᆞᆷ이 되야 球의 表面 周圍에 付着ᄒᆞᄂᆞᆫ 者라. 然ᄒᆞᆷ으로 凡 物이 地面을 纔離ᄒᆞ면 垂直 方向 即 地心을 向ᄒᆞ야 落下ᄒᆞᄂᆞ니 此即 重量이라 稱ᄒᆞᄂᆞ니라.

此 重量을 覺知ᄒᆞᆷ에ᄂᆞᆫ 物體의 落下코저 ᄒᆞᄂᆞᆫ 者를 撑支(탱지)ᄒᆞ랴면 其落ᄒᆞᄂᆞᆫ 力과 同等ᄒᆞᆫ 力을 必需ᄒᆞᆯ지니 此即 物重을 測量ᄒᆞᆷ이니라.

▲ 제3호

分子의 凝集力 及 付着力: 物體의 分子는 物體의 最小 部分을 更히 微細케 分割ᄒ야 得ᄒᆫ 者니 各分子는 該物體의 性質이 尙存ᄒ며 其構成된 元質이 各有ᄒ니라. 此分子의 引力을 分別ᄒ야 同種 分子가 互相 密接코져 ᄒᆫ 力을 凝集力이라 云ᄒ고, 異種 分子가 互相 牽引ᄒᄂᆫ 力을 付着力이라 云ᄒᄂ니라. 但 凝集力을 論ᄒ면 固體 分子는 凝集力이 强ᄒ야 互相 結固ᄒ고, 液體 分子는 凝集力이 少ᄒ야 互相 流離ᄒ고, 氣體 分子는 凝集力이 全無ᄒᆯ 쑨 아니라 互相 衝突 飛散ᄒᄂ니라.

原子의 化合力: 原子는 分子를 更히 分析ᄒ야 得ᄒᆫ 者니 此原子는 如何ᄒᆫ 方法이던지 更히 分析치 못ᄒ며 原子는 互相 化合ᄒ야 分子를 組成ᄒᄂᆫ 者라, 故로 各原子도 密接코져 ᄒᄂᆫ 力이 有ᄒ니 此를 化合力이라 云ᄒᄂ니라. 今에 此 原子의 種類를 數ᄒ건딕 其數가 七十餘種이니 此 七十餘種은 萬般 物體를 組成ᄒ야 世界上에 森羅萬象을 呈出ᄒᆫ 者라. 金銀銅鐵鉛 水素 酸素 等은 七十餘種에 最著ᄒᆫ 者니라.

力의 作用: 物體는 力을 加치 아니ᄒ면 運動치 아니ᄒ며 一次 運動ᄒᄂᆫ 物體에 他力을 更加ᄒᆯ 時는 도로 靜止ᄒᄂ니 大抵 運動과 靜止는 其近傍 事物을 比較ᄒ야 位置의 變否를 觀ᄒ야 認覺ᄒᆯ지니라. 滊車 內에셔는 車의 疾行ᄒᆷ을 不覺ᄒᄂ니 此는 其 內事物만 注視ᄒ난 故로 凡百事物이 皆靜止ᄒᆷ과 如ᄒ나 車外 山川을 視ᄒ면 自己와 車가 幷行ᄒᆷ을 知ᄒᄂ니라.

▲ 제4호

物体의 重心은 物体의 全重量이 此一點에 集合ᄒᆫ 處라 想象ᄒᆯ 만ᄒᆫ 點이니, 此點을 撐支ᄒ면 物体의 平均ᄒᆷ을 得ᄒ니라.

今에 一箇 甘蔗(감자)를 取ᄒᆞ야 隨意 一點 甲에 絲로 繫ᄒᆞ야 橫架에 懸垂(현수)ᄒᆞᆫ 後 靜止홈을 待ᄒᆞ야 視ᄒᆞ면 甘蔗ᄂᆞᆫ 下垂ᄒᆞ고, 絲ᄂᆞᆫ 垂直(又曰 鉛直)線이 되ᄂᆞ니 然則甘蔗의 重心은 垂直線 方向 卽 甘蔗의 上下部 甲乙線의 中間에 在홀지라. 試ᄒᆞ야 長針으로 甲點에셔 垂直으로 揷入ᄒᆞ야 甲乙線을 延長ᄒᆞᆫ 後에 다시 甲乙線을 地平되게 ᄒᆞ고, 此에 直角方向 病點에 絲로 繫ᄒᆞ야 如前히 垂下ᄒᆞ고 針을 揷入ᄒᆞ야 丙丁線을 延長ᄒᆞ면 該 物體의 重心은 甲乙丙丁線이 十字交叉된 中點에 在홀지라. 此理를 推ᄒᆞ야 各物體의 重心을 容易히 發見ᄒᆞᄂᆞ니라.

人의 重心은 背에 在ᄒᆞᆫ 故로 床에 踞(거, 웅크리다)ᄒᆞ야 起ᄒᆞ랴면 首를 不可不 一次 俯仰ᄒᆞ리니 此ᄂᆞᆫ 首와 足이 幷力ᄒᆞ야 背에 在ᄒᆞᆫ 重心을 負ᄒᆞ고 起立홈이라. 馬를 乘홈과 自行車에 跨(과, 타넘다)홈도 背에 在ᄒᆞᆫ 重心力을 不失홈에 在ᄒᆞ니라.

反射 運動의 規則: 物体가 運動ᄒᆞ야 他物体에 衝突ᄒᆞᄂᆞᆫ 時ᄂᆞᆫ 他物體도 ᄯᅩᄒᆞᆫ 反動力이 生ᄒᆞ야 來觸ᄒᆞᄂᆞᆫ 物体를 反射 運動케 ᄒᆞᄂᆞ니라.

今에 直立ᄒᆞᆫ 壁面에 對ᄒᆞ야 壁面을 甲點이라 ᄒᆞ고, 此에 正面 直角된 方向을 乙點이라 稱ᄒᆞ고, 此 乙點에셔 甲을 向ᄒᆞ야 樹膠球(수교구)와 如ᄒᆞᆫ 者를 投射ᄒᆞ면 球가 甲點에서 도로 正面된 乙點 直角 方向으로 激反ᄒᆞᄂᆞ니라. 次에 正面 直角에 遠ᄒᆞ야 丙에셔 甲點을 斜射ᄒᆞ면 反射ᄒᆞᄂᆞᆫ 線路ᄂᆞᆫ 彼邊丁으로 出來ᄒᆞᄂᆞ니라.

今에 甲乙線은 壁의 正面 直角이 되ᄂᆞ니 此直角線 甲乙과 入射線 丙甲은 <u>入射角</u>이라 ᄒᆞ고, 直角 甲乙線과 ᄯᅩ 反射 甲丁線은 <u>反射角</u>이라 稱ᄒᆞ니 入射角은 反射角과 同等角이 되ᄂᆞ니라.

▲ 제5호

物體의 勢(에너지): 物體의 勢ᄂᆞᆫ 仕事를 行ᄒᆞᄂᆞᆫ 力이니 此仕事ᄂᆞᆫ 終始

增減홈이 無흔 者라. 今에 甲體(動體)가 乙體(靜體)를 運動케 홀 時는 甲은 靜止ᄒ고 乙은 運動ᄒ야 授受 賣買홈과 恰似ᄒᄂ니 然則 甲의 勢 는 決코 消滅홈이 아니오, 乙에게 付與홀 ᄯᆞᆫ이니라.

前節 運論의 說明홈과 如히 一次 靜止홀지오, 一次 運動ᄒ 物體는 他力 을 不被ᄒ면 永久히 運動홀지니, 此를 習慣性 或 惰性이라 云ᄒᄂ니라.

今에 惰性을 論ᄒ건딕 車가 猝地에 發行ᄒᄂ 時는 車上에 在흔 人은 後方에 落코져 ᄒ며, 車가 猝地에 靜止ᄒᄂ 時는 車上에 在흔 人은 前 方에 落코져 ᄒᄂ니, 此는 一次 靜止흔 車上의 人은 車의 靜止를 因ᄒ 야 永久히 靜止코져 홈인딕 車가 猝然히 發行홈으로 人은 後方에 落코 져 홈이오, 一次 運動흔 車上의 人은 車의 運動을 因ᄒ야 速力이 生ᄒ 야 永久히 運動코져 홈인딕 車가 猝然히 靜止홈으로, 人은 前方에 落 코져 ᄒᄂ니라. 然而 一次 運動흔 物體도 永久히 運動치 못홈은 其 運 動이 消滅홈은 아니오, 地球의 引力을 被ᄒ야 畢竟 靜止홈에 至ᄒ니라. (未完)

▲ 제6호

振子: 振子는 物体를 架에 懸垂ᄒ야 左右로 搖動케 ᄒᄂ 者니, 單振子와 複振子의 二種이 有ᄒ니라. 單振子는 一個 球를 絲로 懸垂ᄒ야 一次 運 動케 ᄒ면 左右로 往來ᄒ야 反復 振動홀지라. 左로 一尺을 行홀 時는 右로 ᄯᅩ흔 一尺을 行ᄒ야 地球의 引力을 左右로 均一히 被홈인즉 永久 히 運動홈이 明白ᄒ니 畢竟 靜止됨은 空氣의 障碍ᄯᆞᆫ 아니라 懸垂흔 絲 의 結付點에 磨軋(마알)을 與ᄒ야 運動에 妨害되게 홈을 被홈이니라.

單振子는 振期가 速ᄒ고 長흔 振子는 振期가 遲ᄒ거니와 同振子에 在ᄒ야 振幅이 廣ᄒ면 振子의 速力이 大ᄒ고 振幅이 狹ᄒ면 振子의 速

力이 小ᄒ나 振期ᄂ 同一하니라.

複振子ᄂ 數個 球ᄅ 絲의 中間 及 下端에 懸垂ᄒ 者니 上球가 一次
運動을 旣ᄒ 時ᄂ 下球ᄂ 隨치 못ᄒ야 上球의 運動을 防止하고, 下球가
運動을 旣ᄒ 時ᄂ 上球가 隨치 못ᄒ야 下球의 運動을 防止하야 單히
上球만 在ᄒ 時보다ᄂ 遲ᄒ고 下球만 在ᄒ 時보다ᄂ 速ᄒ야 其上下 兩
球의 中에 在흠과 如ᄒ니라.

今에 時計의 製造ᄂ 振子에 基因흠이니 時計의 틔엽은 장찻 回轉흘
勢가 有ᄒ야 振子의 連續 運動을 與ᄒᄂ 者라. 틔엽의 回轉ᄒᄂ 勢ᄂ
齒輪(치륜)을 旋斡(선알)케 흠이오, 振子의 中間에 兩枝 圓棒이 有ᄒ야
振子가 一次 運動흠에ᄂ 棒은 齒輪을 抵觸ᄒ야 輪의 旋斡을 防止ᄒ고
輪은 自斡(자알)코져 ᄒᄂ 勢ᄅ 棒에 與ᄒ야 振子의 運動을 與흠으로
振子ᄂ 틔엽의 回轉力이 盡ᄒ기ᄭ지 運動을 連續ᄒᄂ지라. 齒輪은 振子
一次 運動ᄒᄂ 暇에 其一齒式 轉越ᄒ야 旋斡흠이니 振子의 一次 運動ᄒ
ᄂ 時間을 一秒로 定흠도 有ᄒ니라.

(이하 소년한반도가 발행되지 않았음.)

◎ 空氣說, 편집인 장응진, 〈태극학보〉 제1호, 1906.8,
   제2호 〈물리학〉 = 격치

〈태극학보〉에서는 '학원(學園)'란에 여러 필자들이 과학 지식을 나누
어 설명하였음: 장응진 '공기설', 김지간 '수증기의 변화', 장지태 '석
탄', 신성호 '석유', 강병각 '위생', 김형목 '송고사(송충) 구제 급 예방
법', 김진초 '조림학의 필요', 김낙영의 '녀ᄌ교휵' 등이 이에 해당한다.

▲ 제1호

*공기 설명=서재필의 글와 비슷 / 물체, 원소, 화합물 등의 개념 제시

空氣說을 始ᄒᆞ기 前에 物體의 大略을 先述ᄒᆞ노라.

大凡 物質의 思想은 吾人의 視覺, 或 聽覺, 或 觸覺 等으로 因ᄒᆞ야 起홈이니, 水, 空氣, 鐵, 木, 石 等은 다― 物質이라. 此 物質의 若干 分量을 定限ᄒᆞᆯ 時에ᄂᆞᆫ 物體의 觀念을 生ᄒᆞᄂᆞ니 假令 一塊의 銕(철)과 一團의 水와 一袋의 空氣ᄂᆞᆫ 다― 物體라 稱ᄒᆞ리로다. 物體 中에ᄂᆞᆫ 金, 銀, 銅, 鐵, 酸素, 水素, 窒素, 炭素 等과 갓치 單純ᄒᆞ야 다른 物質로 分ᄒᆞ지 못ᄒᆞᆯ 者가 有ᄒᆞ니 此를 元素라 稱ᄒᆞ고, 또 一 物體를 數多의 單純ᄒᆞᆫ 物質로 分ᄒᆞᆯ 者 有ᄒᆞᆷ믜 此를 化合物이라 稱ᄒᆞᄂᆞ니 水ᄂᆞᆫ 酸素와 水素 二 元素로 分홈을 得ᄒᆞᆯ지라. 如此히 萬般 物體를 數多의 單純ᄒᆞᆫ 物質 卽 元素로 分去ᄒᆞ야 今日ᄭᆞ지 格致家의 宇宙間에셔 發見ᄒᆞᆫ 바 元素가 總 七十五種에 達ᄒᆞ도다. 然則 今日 地球上에셔 吾人의 日常 接 需用ᄒᆞᄂᆞᆫ 바 大概 物體ᄂᆞᆫ 此 七十五種 元素가 互相 結合ᄒᆞ야 組成된 것이요, 一元素가 單獨히 物體를 組成 存在홈은 極히 稀貴ᄒᆞ도다. 또 物體에 三態가 有ᄒᆞ니 鐵, 木, 石 等과 갓치 一定ᄒᆞᆫ 形體를 保有ᄒᆞᆫ 者ᄂᆞᆫ 固躰라 稱ᄒᆞ고 水, 油와 갓치 一定한 形躰가 無ᄒᆞ야 流動ᄒᆞᄂᆞᆫ 者를 液躰라 稱ᄒᆞ고, 空氣, 炭氣, 炭酸瓦斯(탄산와사, 탄산가스) 等과 갓치 流動의 度가 一層 甚烈ᄒᆞᆫ 者를 氣躰라 稱ᄒᆞ니 氣躰의 多數ᄂᆞᆫ 吾人의 視覺에 感入치 아니ᄒᆞ도다. 一 水蒸氣ᄂᆞᆫ 氣躰에 速ᄒᆞ나 恒常 雲을 作ᄒᆞ야 空中에 飛揚홈은 吾人의 日常 知見ᄒᆞᄂᆞᆫ 빅라. 空氣라 ᄒᆞᄂᆞᆫ 것은 地球 周圍에 包在ᄒᆞᆫ 氣體를 謂홈이니 其濃厚의 度ᄂᆞᆫ 地球 表面에 接近홈을 從ᄒᆞ야 緻密ᄒᆞ고, 高遠홈을 從ᄒᆞ야 稀薄ᄒᆞ니, 其高ᄂᆞᆫ 地球 表面에셔 我韓 里로 計ᄒᆞ면 大約 三百里許에 達ᄒᆞ리라더라. 空氣ᄂᆞᆫ 大概 其 容量의 五分一 酸素와 五分四 窒素와 小量의 幾他 元素가 混合 組成된 것이니, 通常 此外에 多量의 塵埃와 炭氣

等을 含有흔지라. 空氣는 다른 物體와 갓치 重量이 有흐야 地球 表面에 壓力을 及흐니, 此를 利用흐야 唧筒(즐통) '무자위'을 作흐고, 坯 液體와 氣體는 浮力이 有흐야 自身보다 比重(比重이라 흐는 것은 數多 物體의 同容積의 重量을 比較흔 者라.)이 輕흐면 其物體를 浮上흐는 性質이 有흐니 此를 利用흐야 飛揚船(비양선)을 作흐도다.

動物의 呼吸과 及 物體의 燃燒(연소)

吾人이 一時라도 呼吸이 中止흐면 生存키 不能흔 바는 人人이 明知흐는 者이나, 其 理由는 何에 在흔고. 無他라. 凡 動物이란 것은 胸部에 肺가 有흐야 吸入흘 時마다 空氣 中에 在흔 酸素를 吸取흐야 全身의 血液을 新鮮케 흐고, --

▲ 제2호

一邊으로 思흐면 地球上의 空氣는 定限이 有흔 것이라. 如此히 動物의 呼吸과 物躰의 燃燒 等으로 因흐야 幾千百年間 空氣 中의 酸素는 盡取흐고 炭氣만 積堆흐면 動物은 다— 死滅흘 境遇에 至흘 疑慮가 不無흐깃스나 此는 無用의 憂에 歸흐도다. 何則고. 此에 一種 天然的 妙用이 有흐니 卽 植物의 作用이라. 總躰 植物은 生長흘 時에 其 枝葉의 作用으로 空氣 中에 在흔 炭氣를 吸取흐고 根幹으로 水分을 吸上흐야 全身에 滋養을 供給흐고 酸素를 吐出흐니 由此로 酸素와 炭氣는 動物과 植物間에 循環 不息흐고 空氣는 恒常 大約 一定흔 酸素를 含有흐야 人類로 흐야곰 地球上에 永久히 生命을 保全케 흠이니, 엇지 造物의 妙用이 아니라 謂흐리요. 故로 衛生에 注意흐랴면 몬져 樹木을 多數히 培植흐는 것이 第一의 良策이요, 坯 室內에셔도 時時로 窓門을 開放흐야 室外의 新鮮흔 空氣를 交代케 흘 것이요, 坯 做業(주업)之餘에라도 暇隙(가극)이 有흐면 可及的 淸新흔 林圓에 散策흐는 것이 身躰健强에 適合흐도다.

233

風의 起因

物軆는 熱을 受ᄒ면 多少 膨脹ᄒ야 其 容積을 增大ᄒ나니 就中 液軆
와 氣軆는 膨脹의 度가 甚大혼지라. ---

(終)

◎ 水蒸氣의 變化, 金志侃, 〈태극학보〉 제1호, 1906.8,
　제2호 (물리학＝지문학, 지구과학)

▲ 제1호＝수증기의 변화＝자연과학 설명

何世界 何地方를 不問ᄒ고 水가 無혼 處는 無ᄒ니 海는 水의 第一
大혼 者오, 河와 湖는 其次에 居ᄒ며, 小혼 者로 言ᄒ면 井水 習 硯水(연
수)이 至ᄒ도록 水가 有혼 處에는 반다시 蒸發作用이 有ᄒ도다. 四季의
變遷과 寒暑의 度數의 差異를 從ᄒ야 其量의 多少는 有ᄒᄂ 要ᄒ면 太
陽熱과 風이 此 蒸發作用의 主動이 되나니 熱帶地方 海岸의 暑氣가 酷
烈혼 處에는 蒸發作用이 一層 盛ᄒ고 風吹ᄒᄂ 日은 不吹ᄒᄂ 日에 比
ᄒ면 蒸發 作用이 非常히 뎌ᄒ니라. --

▲ 제2호

雨

雪

◎ 少年 百科叢書 – 童蒙 物理學 講談, 椒海生(초해생 김낙영),
〈태극학보〉 제11호, 광무 11년(1907) 6월 24일.

[해설] 소년 백과총서라는 제목으로 이학 강론회 청년, 소학교와 중학교 생도를 위한 참고 자료용으로 집필한 글임.

▲ 제11호

本書는 內國 地方 理學講論會 靑年들과 小學校 中學校 生徒 諸君의 一次 參考에 供키 爲ᄒ야 記述ᄒ오.

(一) 우리 地球[1]

쇠씨호 '急起乎' 鷄鳴聲에 困夢을 醒起ᄒ여 東牕(동창)을 推看ᄒ면, 東天에 불구렷시 둥그럿케 소ᄉ올나오ᄂ 太陽, 그 勇猛이 엇더케 큰지 茫茫ᄒ 滄海를 披ᄒ고 뭉깃뭉깃 올나오면 어둡고 캄캄턴 어제밤은 어듸로 도라가고 져근 듯 등낫이 되면, 학도들은 學校에 가노라고, 牧童들은 소 먹이러 가노라고 各各 其 職務들을 보러 奔走히 往來ᄒ고, 山禽野獸와 水魚江鳥들도 各其 食餌를 求ᄒ노라고, 다 忽忙히 지닐시 太陽도 一處에 그냥 留止ᄒ지 아니ᄒ고 天의 東端에서 中天을 쪄쓸너셔 午正이 되엿다가 또 暫時間에 西山 그늘에 隱去ᄒ면 사람들은 一日 業務에 疲困ᄒ엿다가 다시 元氣를 養生ᄒ노라고 各其 집으로 歸來ᄒ며 山海에 動物들도 終日 覓食(멱식)에 奔走ᄒ다가 安眠ᄒ기 爲ᄒ여, 各其 棲穴(서혈)로 도라갈제, 이씨에 淸快ᄒ 玉顔으로 반갑게 東嶺에 笑出ᄒᄂ 明月은 不夜 政治를 掌握ᄒ고, 놉고도 暗薄ᄒ 大空에 반작반작ᄒᄂ 星數들도 天然ᄒ 景象을 자랑홀 시에 그거시 엇지 그럿케 곱고도 神奇

---
[1] 이 자료는 원문에 띄어쓰기가 반영되어 있으나, 현대 국어의 띄어쓰기로 고쳐 입력하였음.

흐고. 봄바름에 滿開花와 夏天에 陰綠葉이며 秋陽에 黃熱實과 冬節에 眞白雪은 한길ᄀᆞ치 싱각흐ᄉᆞ록 그 美麗흔 거슬 嘆賞치 아니흘 슈 업스나, 그러나 暴風이 怒號흐ᄂᆞ 晝와, 淫雨가 急注흐ᄂᆞ 夕에ᄂᆞ 此 世界가 暗漠흐기 無限量흐고, 슬프고 무셔움이 누구던지 다 ᄀᆞ지요, 저근 듯 後에 雨가 止흐고, 雲이 捲흐면 親愛흔 太陽이 ᄯᅩ다시 東空에 高出흐여 西邊에 美麗흔 虹橋를 建흐야 此世로써 ᄯᅩ 우리의 住居흘 家園을 變成흐ᄂᆞ니 <u>이 셰샹의 千變萬化ᄂᆞ 되뎌 怪흐고 可笑흔 것도 만코, 무섭고 즐거운 것이 이럿케 한흔즉 이것들을 낫낫치 學得흐면 莫大흔 깃붐과 有益을 엇을지라. 그런고로 그 中에 가장 滋味 잇는 것만 取흐여 니야기흐오</u>리다.

(二) 알키메데스의 니야기

近頃은 人智가 漸次 發展흐여 무슴 物件이던지 거의 人工으로 製作흐ᄂᆞ 今日 世上이 되엿소, 綿紬絲 (면주사)는 蠶繭(잠견) 外에ᄂᆞ 되지 못흐ᄂᆞ 줄노 싱각흐ᄂᆞ 것이더니, 近頃에는 琉璃를 가늘게 느루어[2] 실을 製造흐야 이것으로 紬緞을 織出흐며, ᄯᅩ 樹木의 皮筋을 細紡흐여 그우에 무슴 藥을 加흐면 아모런 晴日이라도 生絲인지 絹布인지 分別흐기 어렵다고 흐며, ᄯᅩ 人造金이나 알미니움(鑛物名) ᄀᆞ흔 것도 外面으로 보기ᄂᆞ 온젼히 天然흔 黃金ᄀᆞ치 보히난 고로, 돈 만흔 사름이 가젓스면 알미니움 金의 指環이라도 純金指環으로 信知흐기 容易흐오,

<u>學問</u>이라는 거슨 元來 世上을 보빈럽게 整理흐ᄂᆞ 거시엇마는 此世의 狡猾흔 者들이 此를 利用흐여 大段히 可憎흔 거즛일을 行흐ᄂᆞ 者가 만흐니, 一邊으로 無用의 일이 되겟스나 이것도 ᄯᅩ흔 學問의 힘으로 豫防흘 수가 잇슬지라. 앗가 金指環 일노 싱각흘지라도 그 重量(무게)을 다라 보앗스면 그 重量이 무거운 거슨 純金 指環이 分明흐겟고 알미니움

---

2) 느루다: 늘+우+다. '늘다'의 사동사.

金은 가바여온 것이니 그 가바야온 指環은 알미金인 줄을 알어슬 터히지요.

少年 諸君, 諸君이 假令 三兩 重純金으로 동곳을 만들녀고 銀匠의게 맛춰엿다가 만들어 온 後에 彼 銀匠이 三兩重을 減ᄒ고 다른 무슴 鑛物을 混入ᄒ지 아니ᄒ엿ᄂᆞᆫ가 疑訝가 날 수도 잇슬지라. 이 疑訝를 풀냐면 엇지ᄒ면 됴흘가 알아내기가 甚히 困難ᄒ겟지요. 이것과 ᄀᆞᆺᄒᆞᆫ 일이 至今브터 二千百數年 前에 잇섯소. 이것을 알아낸 者ᄂᆞᆫ 有名ᄒᆞᆫ 大理學士 알키메듸쓰라, 뎌의 恩人이요, 親友되ᄂᆞᆫ 시라큐-쓰 國王 히-로라 ᄒᆞᄂᆞᆫ 님군이 金冕旒冠(금면류관)을 지으려고 黃金塊를 金工의게 맛겨 나종 지어온 후에 王이 彼銀工이 彼金塊 中 一部를 盜取ᄒ엿나 보다고 疑心이 叢生ᄒ여도 分明이 알 수가 업슴으로 근심ᄒ다가 알키메듸쓰의게 맛겨 알나 ᄒ거늘 알키메듸쓰도 변통이 업셔서 걱뎡ᄒ다가 엇던 날 沐浴ᄒ려고 沐浴湯에 드러안진즉 물이 汪汪히 넘치ᄂᆞᆫ지라. 이 ᄶᆞ에 大理學者 문독 싱각ᄒ되 만일 뎌 金冠에 무슴 他物質이 混入ᄒ여 그 高가 커젓스면 이 金冠과 ᄯᅩ 이 金冠과 갓흔 무긔의 黃金을 싸루싸루 물 담은 器에 浸入ᄒ면 그ᄃᆡ로 물이 넘치겟지- 이 넘친 물을 싸로싸로 모호와 싸라서 그 무긔가 不同ᄒ여 金冠을 沈入ᄒ엿슬 時에 넘친 물의 무긔가 만흐면 此ᄂᆞᆫ 거즛이로다. 이 싱각을 透得ᄒ고셔ᄂᆞᆫ 無限히 깃버 엇지홀 바를 알지 못ᄒ고 급히 沐湯에서 飛出ᄒ여 알앗다 알앗다 ᄒ면셔 歸家ᄒ여 이것을 應用ᄒ야 히-로 王의 잘 대답ᄒᆡ 王이 大喜ᄒ여 크게 褒賞ᄒ엿다 ᄒ니, 만일 指環을 ᄒ려홀 ᄶᆞ에도 이럿케 ᄒ엿스면 眞僞를 確然히 알 거시외다.

이 大理學者ᄂᆞᆫ 至今브터 二千百九十年前에 歐羅巴洲 南便에 잇ᄂᆞᆫ 地中海島 即 今以伊太利 南便 시실니, 시라큐쓰 市에셔 生ᄒ엿ᄂᆞᆫᄃᆡ 그 才質이 非常ᄒᆞᆫ 天才라. 닐즉히 理學을 工夫次로 아푸리카 南端에셔 當時 學問의 中心點되든 아력산드리아 府신지 가셔 各種 學問을 習得ᄒ야 今日 世界上에셔 가장 必要로 쓰ᄂᆞᆫ 各樣 製具와 理術을 發明ᄒᆞᆫ 거시

多호오. 지금 그 中 한 둘을 니야기호리다.

前에 말혼 바- 무릇 水中에 沈혼 物은 該 物이 推溢(추일)혼 水의 놉히와 同一혼 무게를 減혼다 호는 定義를 著出호얏스니 이는 至今도 物理學上에 有名혼 '比重 計測法'이라. 假令 十九兩重되는 黃金塊를 水中에 잠그고 그 무게를 測量호면 前무게가 변호여 十八兩重이 되느니 이 減호여진 一兩重은 沈存혼 黃金과 同一혼 水의 놉히라. 고로 黃金은 물의 十九倍가 重호다고도 호고, 或은 黃金의 比重이 十九라고도 作定호엿소.

더욱 滋味 잇는 일이 잇스니 뎌 시라큐쓰 市가 以太利國의 一部되는 로마의게 被攻될 時에 極少혼 戰器를 지어 로마 人을 놀나게 호엿고, 또 큰 反射鏡을 지어 日光을 빗쵀여 海岸으로 驅來호는 敵車의 戰艦을 燒陷호엿다 호고, 또 이외에--

▲ 제12호=뉴톤의 引力 發明

諸君, 世人이 皆是 難疑혼 거슨 研究호되 容易혼 거슨 夢中에도 考究치 아니호니 此가 一種의 難關이라. 大抵 難疑 中에는 容易혼 解答이 有호나 容易 中에는 極難 未解의 疑問이 疊生호느니 何則고. 容易혼 거슨 너무 쉽게 넉혀 공붙이 아니호는 所以라, 故로 余는 至易의 問題로 니야기코져 호오.

諸君, 秋節을 當호야 果木園에 至호면 銀杏과 各果實이 후두둑후두둑 落來호지요. 誰가 만일 其理由를 問호면 諸君은 엇지 對答호시려오. 아마 濃熟된 신둙에 그 꼭지가 腐朽自落혼다고 호겟지오마는 風撓(풍요)도 無호고 人打도 업시 무슴 絲線으로 結引호는 모양곳치 落來홈은 異常치 아니호오닛가. 여긔 一種 趣味 잇는 니야기가 有호오. 距今 二百三

238

十五年 前 卽 西曆 千六百十八年 夏에 自己의 通學ᄒ든 大學校에서 疫病이 大熾ᄒᄂ 고로 學校가 休學이 되ᄂ지라. 自己 故鄕 웰스쪼푸에 歸來ᄒ야 前工을 複習 獨修ᄒ던 뉴턴이라 ᄒᄂ 사름이 有ᄒ엿ᄂ듸 一日은 斗屋에 火氣가 酷甚ᄒ 고로 一次 滌署(척서) 次 林檎樹陰(임금 수음) 下에 至ᄒ니 方丈 盛熱ᄒ 林檎 數個가 忽然 自己 足前에 落下ᄒᄂ지라. 假令 例私의 人에면 何等 想念 업시 奔走히 拾食은 ᄒ엿슬넌지 未知ᄒ거니와 此人은 決코 如許의 凡人이 아니미 某事에던지 極히 注意ᄒ든 터히라. 風撓도 업시 空然 落來ᄒᄂ 거슨 何故뇨? 아마 人의 眼目에 未見ᄒᄂ 大力이 有ᄒ야 此果를 引下ᄒᄂ가브다고 疑慮가 層生ᄒ여 其後 各樣 事物에 多數의 實驗을 行ᄒ고 必竟은 日과 月에신지라도 研究 觀測ᄒ여 나중에ᄂ 宇宙間에 引力이 有ᄒ야 셔로 吸引ᄒᄂ 줄을 明白히 解析ᄒ엿스니 此 所謂 뉴톤의 萬有引力이 是로다.

그런데 엇더케 林檎이 自然 落下ᄒᄂ 거슬 知홀고? 林檎과 地球間에 引力이 作用홈으로써 引落된 거시라. 만일 如許히 引落된 거시면은 엇지ᄒ여 林檎이 다 沒落ᄒ지 아니ᄒᄂ고 ᄒᄂ 疑問이 有ᄒ겟스나 이ᄂ 林檎과 地球間에 働ᄒᄂ 引力이 弱ᄒ고로 無理히 彼 果實을 引離ᄒ기 不能ᄒ 所以웨다.

또 如何ᄒ 물건이던지 互相 引合ᄒᄂ 것이면 書案上에 잇ᄂ 二箇 球도 引合ᄒ기 爲ᄒ야 轉來 相合홀 터힌듸 何故로 此等 事가 無ᄒ고 ᄒᄂ 疑訝가 有ᄒ겟스나 此亦 引合이 未有홈은 아니로듸 兩箇 球와 地球의 引合ᄒᄂ 力이 强ᄒ 故로 書案에 付着ᄒ 貌樣이 되어 相近치 못ᄒᄂ 거시웨다.

引力은 宇宙의 極端신지 含有ᄒ 고로---

▲ 제13호 = 쌀릴레오의 니야기

世界 文明이 進展될스록 漸漸 奔忙을 驅促ᄒ야 環球 人類로 富强은 圖ᄒ고 貧弱은 避코져 ᄒᆞᆯᄉᆡ 優而疾者ᄂᆞᆫ 得ᄒ고, 劣而鈍者ᄂᆞᆫ 不得ᄒ니 其 優劣疾鈍을 何로써 表出ᄒ리오 ᄒ면, 此ᄂᆞᆫ 卽 時間 利用의 能 不能이라. 此를 利用ᄒᆞᆷ에 古代에ᄂᆞᆫ 日影의 出入으로만 標準을 合엇슴으로 晦陰(회음)ᄒᆞᆫ 日은 時間의 분수를 未知ᄒ고 明ᄒ면 晝로 知ᄒ고 暗ᄒ면 夜로 知ᄒ야 生存의 競爭이 渾沌 天地를 未脫ᄒᆞ엿더니 十五六世紀 頃에 至ᄒ야 科學의 發展이 好運을 開ᄒ고 各種 器械가 發明된 以來 今日에 至ᄒ여ᄂᆞᆫ 비록 晦明(회명)ᄒᆞᆫ 晝間과 漆暗ᄒᆞᆫ 夜中에라도 此 器械만 持ᄒ엿스면 時間의 流邁를 能知ᄒᆞ야 莫大ᄒᆞᆫ 便利와 非常ᄒᆞᆫ 進步를 計ᄒᆞᄂᆞᆫ 故로 人間 社會上에ᄂᆞᆫ 何處를 勿論ᄒ고 此를 持用치 아니ᄒᆞᄂᆞᆫ 者 無ᄒ니, 此ᄂᆞᆫ 實노 文明界의 一大 寶物이라. 其從來ᄂᆞᆫ 讀者 諸君의 熟知ᄒᆞᄂᆞᆫ 바이나 大抵 學問이라ᄂᆞᆫ 거슨 透徹히 知得치 아니ᄒᆞ면 不可ᄒᆞᆫ 거신즉 左에 其 事實을 紹介코져 ᄒ노라.

西曆 紀元 千五百六十四年 頃에 **伊太利國 피사 府**에 家貧ᄒᆞᆫ 一貴族이 有ᄒ니 名은 쌀닐레오라. 兒時브터 怜悧敏捷(영리민첩)ᄒᆞᆷ이 常人의게 過ᄒ고 智慧가 有餘ᄒ여 各種 用具와 器械를 多數 製出ᄒ고 間或 痛心되ᄂᆞᆫ 일이 有ᄒ면 玩具 製造로 自慰를 得ᄒ더라. 닐즉 프로렌스의 近ᄒᆞᆫ 란폼푸로쟈 敎會에서 敎를 受ᄒ고, 라탄(拉丁)語와 凵릭(希臘)語 等 어려온 學者語며 쏘 倫理學을 敎受ᄒᆞ엿ᄂᆞᆫ되 其 父親은 其子가 音樂과 數學에 非常ᄒᆞᆫ 才質이 有ᄒᆞᆷ을 知ᄒ고도 自家의 所見으로 醫學을 勸ᄒ려 ᄒᆞ다가 其子의 性質이 不合ᄒᆞᆫ 所以로 쯧되로 못ᄒ니라.

千五百八十一年에 至ᄒ니 時年이 十八歲라. 피사 府 大學校에 入學ᄒ여 物理 植物 及 其他 學問의 講義를 抄記ᄒᆞᆯᄉᆡ 一日은 同市에 在ᄒᆞᆫ 有名ᄒᆞᆫ 斜立塔에 至ᄒ여 其上에 摯登(지등)ᄒ니 詹端(첨단, 처마끝)에셔 地에

抵ᄒᄀᄉᄀᄉᄀ지 垂懸(수현)ᄒᆫ 銅製 燈籠이 微風의 吹動을 從ᄒᆞ여 振拂(진불)ᄒᆞᄂᆞᆫ지라. 精神을 注入ᄒᆞ여 본즉 異常ᄒᆫ 일은 幅이 넓히 振ᄒᆞ던지 좁히 振ᄒᆞ던지 同一ᄒᆫ 時間에 一樣으로 振拂ᄒᆞᄂᆞᆫ지라. 急히 思ᄒᆞ기를 振錘(진추) (掛鐘의 錘)라는 거슨 振ᄒᆞᄂᆞᆫ 幅에 關係가 업고, 一樣 振ᄒᆞᄂᆞᆫ가 보다 ᄒᆞ엿더라. 只今 三尺쯤 되ᄂᆞᆫ 細絲 一端에 鉛을 繫(계)ᄒᆞ고 이ᄀᆞᆺᄒᆫ 又 一을 作ᄒᆞ여 檀側에 垂下ᄒᆞ고 一便 鉛은 五寸쯤 橫引ᄒᆞ고 他 一便 鉛은 一尺쯤 橫引ᄒᆞ야 同時에 放ᄒᆞ면 彼便 鉛은 前便 鉛이 撓來(요래)ᄒᆞᄂᆞᆫ 道보다 倍도 될 ᄲ 아니라 兩便이 同一ᄒᆫ 時間에 振動ᄒᆞ여 停止ᄒᆞ기ᄉᆞ지 틀니지 아니ᄒᆞᄂᆞ니 <u>此를 等時性이라</u> 稱ᄒᆞᄂᆞᆫ 것이라. 彼靑年이 此를 應用ᄒᆞ여 今日 時計를 作ᄒᆞ려 ᄒᆞ고 몬져 脉計(맥계)라 云ᄒᆞᄂᆞᆫ 脈搏(맥박) 세는 器械를 作ᄒᆞ고, 此後로 屢次 變更ᄒᆞ여 至今의 柱時計여 懷中時計가 되엿스니 뎌 柱時計(주시계, 기둥시계)의 振錘(진추)(或 日振子)를 熟視(숙시)컨디 언제던지 同一ᄒᆫ 廣으로 左右에 振動ᄒᆞ고 其幅이 廣ᄒᆞ던지 狹ᄒᆞ던지 以上 陳述ᄒᆫ 디로 거긔 關係가 少無ᄒᆫ 故로 時計가 眞正히 時間을 指ᄒᆞᄂᆞᆫ 거시로다. 其後 諸學者의 實測ᄒᆫ 바를 據ᄒᆫ즉 凡 長이 三尺 三寸쯤 되ᄂᆞᆫ 振錘ᄂᆞᆫ 一秒間에 一振한다 云ᄒᆞᄂᆞᆫ 디 懷中時計ᄂᆞᆫ 柱時計 振子의 代로 spring(틔협)을 用ᄒᆫ 것이니 其理ᄂᆞᆫ 全同타 ᄒᆞ엿더라.

이ᄀᆞᆺᄒᆫ 大發明者된 學生이라도 其時에 오히려 數學의 知識이 無ᄒᆞ엿스니 前陳과 如히 其 父親이 醫師가 되게 ᄒᆞ려고 數學을 敎授치 아니ᄒᆫ 緣故인 듯ᄒᆞ나 그러나 一日은 偶然히 幾何學講義를 傍聽ᄒᆞ고, 本是 天性 數學의 才質노 初次에 곳 其 趣味를 透得ᄒᆞ고 勤實히 工夫ᄒᆞ여

▲ 제14호=동몽물리학강담(4)//열기구 창시자 몽골피에 형제의 이야기

魚類가 水中에 住홈과 ᄀᆞᆺ치 吾人은 大氣(空氣) 中에 住ᄒᆞ야 此를 呼吸

ᄒ고 生存ᄒ느니 然則 大氣는 何物인고. 地球를 包圍ᄒ 싯스(氣)3)体圈
이니 吾人 眼目에는 보이지 아니ᄒᆷ으로 已往에는 大氣라 稱ᄒ면 知者
가 鮮少ᄒ엿스나 容易히 實見코져 ᄒ면 手를 伸ᄒ야 急急 振動ᄒ여 보
라. 무ᄉᆷ 不見의 一種 氣体가 手에 感觸ᄒᆯ지니, 此가 大氣의 現象이며
普通 風이라 ᄒ는 것도 實은 大氣의 流動에서 生ᄒ는 것이니 大氣는
極히 輕ᄒᆫ 氣体나 ᄯᅩᄒ 相當ᄒᆫ 重量이 有ᄒ느니라.

今에 此 大氣를 比喩ᄒ면 鷄卵과 如ᄒ니, 卵黃은 地球라 比ᄒ면, 卵白은
大氣의 圈이라. 이 圈이 何處싯지던지 無限히 廣高ᄒ 거시 아니오, 大畧
地面에서ᅳᅳ

今부터 七百餘年 前에 西洋人 몬드쏠ᅳ필4)이라 云ᄒ는 人의 兄弟가 創
始ᄒ 바요, 此 輕氣球에 對ᄒ야 種種의 有滋味ᄒ 니야기가 有ᄒ며, ᅳᅳᅳ

> *동몽물리학 강담은 14호까지 연재되었음/ 제15호에는 앙천자의 명으로 '경
> 기구담'이 실려 있으나, 앙천자는 김낙영과 다른 인물로 추정됨 (경기구를 만
> 든 사람을 '몽쏠훼'로 표기함)

---

3) 싯스(氣): 가스.

4) 몬드쏠ᅳ필 형제: 1783년 프랑스의 몽골피에(J. M. Montgolfier, 1740~1810) 형제가 열기
구로 처음 하늘을 날아오른 이래 열기구를 이용해 세계 일주를 하려는 사람들의 도전은
계속되어 왔고, 1999년 마침내 열기구를 이용한 세계 일주 각주[1]에 성공하였다. 〈다음
백과〉

◎ 童蒙物理學 講話,

　김낙영, 〈태극학보〉 제25호, 1908.10. (물리학)

▲ 제25호

*고대 그리스 철학

갈바니의 話

　諸君이여. 二十世紀를 電氣世界라 云홈을 드럿소. 暫時 門外에만 出
홀지라도 電線柱가 路傍에 列立ᄒ고 無數ᄒ 鐵線이 掛在ᄒ야 頃刻間에
數千里에서 何事某事가 有ᄒ 것을 能知케 되ᄂᆫ니 果是 別世界가 아니
오닛가.

　黃昏이 되면 街頭에 電氣燈이 不夜城을 作ᄒ며 電氣鐵道가 四方에
羅設ᄒ여 假令 漢城 龍山서 東門外 洪陵ᄭ지 三十餘里의 相距되ᄂᆫ 處所
라도--

▲ 제26호

프링클닌의 이야기

　今日 世界의 文明이 逐日 發展ᄒ야 大体上 事項은 擧皆 學術노 辨明
ᄒ건만 尙今 我國 人士ᄂᆫ 誤解가 尙存ᄒ고 迷信이 依在ᄒ야 夏日 暮天
에 驟雨를 伴來ᄒᄂᆫ 雷聲을 聞ᄒ면 卽曰 雷公 雲을 乘ᄒ고 巨鼓를 擊ᄒ
다 ᄒ며, 落雷를 見ᄒ면 是ᄂᆫ 天罰이라 ᄒ야 疑懼가 莫甚ᄒᄂᆫ니, 此ᄂᆫ
非他라. 其 實情을 不知ᄒᄂᆫ 所以로다.

　此 正体를 發見ᄒ 者ᄂᆫ 亞米利加 合衆國 프링클닌이라 云ᄒᄂᆫ 哲人
이니 學問 政治의 大家라. 距今--

◎ 過飽和의 現象,
劉銓(유전), 〈공수학보〉 제3호, 1907.7. (물리학)

*우주에서의 에너지

凡 宇宙間의 變化은 自然이 放置ᄒ면 不安全ᄒᆫ 系統으로붓터 安全ᄒᆫ 系統에 移動ᄒ나 此 變遷ᄒᄂᆫ 時間 內에 種種ᄒᆫ 階段이 多數의 現象이 되야 現出ᄒᆷ으로 思ᄒᆯ진ᄃᆡ 今日의 宇宙은 昨日의 宇宙보덤 一層 安全 의 度를 增加ᄒᆯ지라. 然나 自然이 現出ᄒᄂᆫ 現象을 通覽ᄒ건ᄃᆡ 皆其軌 (궐)의 性質은 同ᄒ나 其 不安定ᄒᆷ으로붓터 安定ᄒᆫ 現象에 移動ᄒᆯ 時에 物質의 變化와 伴ᄒ야 엔너지(活動力)의 變化가 起ᄒ야 單位置의 엔너 지가 現出ᄒ야 運動의 엔너지가 되며 光熱의 엔너지도 되며 或은 電氣 及 放射의 엔너지도 됨이라고 云ᄒᆷ은 單히 學問上 自然界를 總括ᄒ야 言ᄒ나 不完全ᄒᆫ 系統으로붓터 完全ᄒᆫ 系統에 容易히 移動ᄒᆷ은 目見ᄒᆯ 지라. 比ᄒ건ᄃᆡ 兩水面이 有ᄒ야 其 高低의 差가 有ᄒ면 一不安全ᄒᆫ 系 統이라고 稱ᄒᆯ지라. 高ᄒᆫ 水面은 流ᄒᆯ 슈가 잇ᄂᆫᄃᆡ로 低水面을 向ᄒ야 流ᄒ며 低ᄒᆫ 水面은 次序로 自己의 水面을 高處의 水面과치 되도록 昇 ᄒᆯ지라.

◎ 音響 니야기, 연구생, 〈태극학보〉 제16호, 1907.12.
(과학, 물리학) = 음성학

吾人이 一次 口를 開ᄒ고 言을 發ᄒ면 其 言語ᄂᆫ 卽時로 其 周圍에 잇ᄂᆫ 人의게 聞ᄒᄂ니 此가 一体如何ᄒᆫ 理致에 因ᄒᆷ이냐 ᄒ면 人은 或 答ᄒᄃᆡ, 吾人은 兩耳가 有ᄒ야 人의 發ᄒᄂᆫ 音聲을 聽ᄒᆷ이라 ᄒᆯ지나, 此ᄂᆫ 其 理致를 十分 理解ᄒᆫ 對答이라 謂치 못ᄒ겟도다. 假使 吾人이 飮食을 喫ᄒᆯ 時에ᄂᆫ 手가 此를 運搬ᄒ야 口中에 入ᄒ여 주면, 口ᄂᆫ 此를

咀嚼 嚥下(저작연하, 씹어 삼킴)ᄒ되 言語ᄂ 此를 誰가 運傳ᄒ야 耳에 入케 ᄒ여 주ᄂ 者가 無ᄒ 듯ᄒ나, 其實은 眼前에 見치 아니ᄒᄂ 空氣가 此 作俑을 作行ᄒ도다.

大抵 音聲이라 ᄒᄂ 거슨 如何ᄒ 者인고 ᄒ면, 吾人의 胸部에 잇ᄂ 肺臟 中에서 空氣가 氣道를 通ᄒ야 上來ᄒ면 咽喉部에 在ᄒ 聲帶(목젓)라 ᄒᄂ 極히 薄ᄒ 膜에 衝當ᄒᄂ 거시라. 此 膜은 二片이 咽喉 左右로 相向 緊張ᄒ여 잇고, 其 中央에 狹少ᄒ 間孔이 有ᄒ데 肺에서 上來ᄒᄂ 空氣가 此 空隙(공극)을 衝折過出(충절과출)ᄒ면 其 膜의 邊周ᄂ 肺의 空氣가 衝打ᄒᄂ 딕로 振動ᄒ야 外部 空氣 中에 亦是 同一ᄒ 波動을 振起ᄒ면 此가 漸次 周圍로 擴大傳거去ᄒᄂ 狀態ᄂ 池中에 小石을 投ᄒ면 水面上의 圓形의 波動이 生ᄒ야 此 漸次로 廣大ᄒ 自樣과 恰似ᄒ도다. 然ᄒ나 水面上의 傳去ᄒᄂ 波動은 一平面上에 다못 圓形을 成劃ᄒ이오, 空氣 中의 波動은 空間 上下 前後 左右 八方 周圍로 一樣의 球形을 成ᄒ야 漸次로 傳播ᄒᄂ니 如此히 傳來ᄒᄂ 空氣의 波動이 吾人의 耳中에 잇ᄂ 鼓膜이라 ᄒᄂ 薄膜을 衝打ᄒ면 此時에 其耳中에 잇ᄂ 鼓膜은 此 音聲을 發ᄒ 人의 聲帶의 振動과 同一ᄒ 振動을 起ᄒ으로 因ᄒ야 他人의 言語 音聲을 그 發ᄒ딕로 吾人이 能히 聽聞ᄒᄂ 거시라.

音波가 空氣 中에 傳達ᄒᄂ--

◎ 磁石(俗의 所謂 指南鐵)의 니야기,
　　연구생, 〈태극학보〉, 1908.1.

西洋 古說에 一樵夫가 腰間에 斧를 揷帶ᄒ고 深山에 伐木次로 往ᄒ엿ᄂ딕 漸漸 深處로 入ᄒ즉 忽然히 腰間에 揷ᄒ엿든 斧가 自拔ᄒ야 空中으로 飛去ᄒᄂ데 樵夫가 此를 奇異히 넉여 望見ᄒ나 其去處를 不知ᄒ

엿고 其後에도 此山 近處에 來ᄒᆞ는 樵夫는 恒常 斧를 失ᄒᆞ야 採薪치 못ᄒᆞ고 空手로 歸ᄒᆞ민 此所聞이 浪藉ᄒᆞ니 其時 世論이 此山 奧에 神靈이 有ᄒᆞ다 ᄒᆞ야 다시 入ᄒᆞ는 者ㅣ 無ᄒᆞ오.

此時에 一個 大膽ᄒᆞᆫ 樵夫가 此說을 聞ᄒᆞ고--

◎ 物理學의 摘要, 姜筌, 〈대학학회월보〉 제2호, 1908.3. (물리학)

*물리학에 등장하는 개념 정리＝사전식 정리임

概論

物理學과 化學의 區別은 卽 譬컨듸 果實이 樹에셔 地上에 落하기까지는 原理的이라 故로 物理學이라 稱ᄒᆞ고 其 地上에 落ᄒᆞᆫ 果實이 腐敗ᄒᆞᆷ은 變化的이라 故로 化學이라 稱ᄒᆞ야 兩個 區別을 得ᄒᆞ엿스니 此에 但 物理學만 略陳ᄒᆞᆷ.

一 輕重과 長短과 體面: 萬般의 物이 此 形體를 成ᄒᆞᆷ으로 此 標準을 依ᄒᆞ야 數學的으로 其 積과 量과 形을 推測ᄒᆞᆷ.

運動과 靜止: 物體의 動靜ᄒᆞ는 位置를 隨ᄒᆞ야 生ᄒᆞ나니 譬컨듸 吾人의 運動이라 云ᄒᆞᆷ은 地球에 對ᄒᆞ야 稱ᄒᆞᆷ.

速度: 動物의 速ᄒᆞᆷ을 計홀 時는 時間(卽 每日을 二十四時에 平均)의 單位에 通過ᄒᆞ는 距離를 稱ᄒᆞᆷ.

慣性: 凡 靜止흔 物體는 他가 動케 하고 運動ᄒᆞ는 物體는 他가 止케 ᄒᆞ지 안으면 自動하고 自止치 안는 故로 此을 物의 慣性이라 云ᄒᆞ나니 卽 萬物의 通有흔 性質이로다.

力: 水力, 風力, 蒸氣의 彈力, 筋肉의 力이니 凡 物體의 速度을 變ᄒᆞ는 源因을 力이라 稱흠.

萬有引力 及 重力: 凡 宇宙間에 在흔 物體는 其 離의 遠近을 勿論ᄒᆞ고 互相히 牽引ᄒᆞ는 力이 有흠.

物質의 成形: 凡 物은 皆 分子로 因ᄒᆞ야 形體를 具ᄒᆞ나니 譬컨딕 一塊의 糖과 一團의 鐵을 鎚로 碎ᄒᆞ야 鑛으로 驗ᄒᆞ면 糖과 鐵이 皆 至微 至細흔 바 粒과 粉과 如흔 分子가 結晶흠.

凝集力: 物의 其 無數흔 分子가 成立ᄒᆞ야 其 形을 保흠을 分子力이라 稱ᄒᆞ고 此를 二類에 分ᄒᆞ니 同質의 分子가 相牽引흠을 凝集力이라 ᄒᆞ고 異類의 分子가 相牽引흠을 附着力이라 흠.

彈性: 物體에 外力을 加ᄒᆞ야 其 形을 變ᄒᆞ되 反對의 力을 起ᄒᆞ야 原形에 復歸흠이니 譬컨딕 篠의 金針 等이 皆手를 隨ᄒᆞ야 柔軟흠으로 彎曲ᄒᆞ기 容易ᄒᆞ나 手을 放ᄒᆞ면 竹과 金이 片時間에 原形을 復ᄒᆞ기와 如흠.

溶解: 分子의 作用으로 起ᄒᆞ는 現象이니 卽 溶解吸收와 擴散과 滲透 等 이라. 譬컨딕 食鹽과 砂糖 等을 水中에 投ᄒᆞ면 原形을 失ᄒᆞ는딕 至흠.

吸收: 譬컨딕 木炭이 種種의 瓦斯(卽 氣體)를 含有흠.

擴散: 氣體에는 分子의 運動이 自由흠으로 異種의 氣體로 相接ᄒᆞ면 곳

混合홈을 成홈.

滲透: 譬컨딘 底가 無ᄒᆞᆫ 琉璃瓶의 底一面에 膀胱(卽 尿器)을 附着緊結ᄒᆞ고 內面에 酒精(卽 火酒)를 入ᄒᆞ며 上部 栓口(마기)가 長ᄒᆞᆫ 琉璃管을 揷入ᄒᆞ고 水을 盛ᄒᆞᆫ 器中에 立ᄒᆞ면 須臾間에 酒精은 器外에 出ᄒᆞ고 水는 瓶內에 入ᄒᆞ니 水의 入홈이 酒精의 出ᄒᆞ기 보담 速ᄒᆞ야 瓶의 液은 管中에 上昇홈을 見홈.

力의 釣合: 多數의 力이 質點의 作用으로 其 合力의 零이 되나니 譬컨딘 机上에 在ᄒᆞᆫ 書籍에 作用홀 重力과 机의 上에 壓力과ᄂᆞᆫ 互相히 釣合홈으로 書籍은 靜止ᄒᆞ고 汽車를 動ᄒᆞ랴ᄂᆞᆫ 蒸氣의 力과 此를 止ᄒᆞ랴ᄂᆞᆫ 摩擦力과 互相 釣合홈으로 汽車ᄂᆞᆫ 速度運動을 作홈.

流體: 液體와 氣體를 總稱이니 液體ᄂᆞᆫ 其 容器의 底面에 限치 안코 但 其 器의 側壁을 壓ᄒᆞᆫ 者이라.

浮力: 固體의 密度가 液體의 密度버담 小홀 時ᄂᆞᆫ 固體가 液體 中에 沈ᄒᆞᄂᆞᆫ 事가 無ᄒᆞ야 一部分이 液體上에 現露ᄒᆞ나니 卽 船舶이 水面에 浮홈과 同홈.

熱: 吾人의 知識이 熱에 對ᄒᆞ야 幾分이나 有ᄒᆞ니 卽 寒冷ᄒᆞᆫ 物體의 熱을 加ᄒᆞ면 溫暖ᄒᆞ고 溫暖ᄒᆞᆫ 物에 熱을 奪ᄒᆞ면 寒冷을 成홈과 如ᄒᆞ며 또 固體를 融解ᄒᆞ면 液化ᄒᆞ고 또 液體를 蒸發하면 氣化를 作홈과 如하야 世人의 皆知홈이라.

熱의 傳播: 鐵棒의 端을 持ᄒᆞ고 他 一端을 熱케 ᄒᆞ면 熱이 漸次로 傳來ᄒᆞ야 ᄶ침ᄂᆡ 把持치 못ᄒᆞ게 至ᄒᆞ나니 此를 傳導라 云ᄒᆞ고 木竹毛布ᄂᆞᆫ 能히 傳치 못홈으로 不傳導體라 云홈.

音波: 一鐵箸를 振動ᄒ야 其 一端을 水에 近着ᄒ면 其 波가 激動ᄒ야 噴噓ᄒ나니 此난 卽 鐵箸의 音響이 振動ᄒᄂ 狀態에 因ᄒ야 生홈.

光線: 暗室의 側壁에 穿ᄒ 小孔으로 日光이 室內에 入홈이 空氣에 浮游ᄒ 塵埃를 照ᄒ야 其 通路ᄂ 明ᄒ 直線을 成ᄒᄂ 者이라.

影: 光은 直行ᄒᄂ 者인 故로 若一 不透明體가 光을 遮홀 時ᄂ 其 背後에 暗黑ᄒ 部分을 生ᄒ나니 此를 影이라 云홈.

發電: 封蠟과 或 松脂로 作ᄒ 棒을 取ᄒ야 乾燥ᄒ 刷子로 摩擦ᄒ고 紙片과 藁屑 等으로 近着ᄒ면 忽然이 吸引ᄒ고 再次 此를 反撥ᄒ고 此를 指頭에 近着ᄒ면 微音을 發ᄒ 同時에 微小ᄒ 火花의 發홈을 見ᄒ니 此ᄂ 封蠟松脂가 電氣을 發홈이오 琉璃棒을 絹布에 摩ᄒ여도 發電시키기을 得홈.

大氣 中의 電氣: 大氣ᄂ 常히 多少의 電氣를 帶ᄒ 者이라. 雨天의 時ᄂ 其 電氣의 陰陽이 表現홈을 知치 못ᄒ나 晴天의 時ᄂ 通常 陽氣을 帶ᄒ 精密ᄒ 電氣計을 用ᄒ야 此를 驗ᄒ나니 其 電位ᄂ 上層에 昇홈을 從ᄒ야 增大ᄒ고 쏘 電氣를 帶ᄒ 雲이 他雲에 感應ᄒ야 雲과 雲의 間에 放電ᄒ나니 其 音은 電鳴이요 其 水花를 電光이라 稱홈.

避雷針: 落電의 時ᄂ 多量의 電氣가 一時에 放電홈으로 其 에네루기(卽 氣의 一種)가 往往 樹木을 裂ᄒ고 家屋을 壞ᄒ며 人畜을 殺傷ᄒ나니 此 災을 避ᄒ기 爲ᄒ야 金屬棒을 屋上에 立ᄒ고 數條의 針金으로 地中에 埋ᄒ 金屬板과 連續홈이니 此 方法은 電氣을 帶ᄒ 雲이 地面에 近着홈이 感應電氣을 誘起ᄒᄂ 時에 地面에 電氣ᄂ 尖頭로부터 連續ᄒ야 空中에 出ᄒ야 雲의 電氣와 中和ᄒ야 激烈ᄒ 放電이 起홈을 豫防홈.

◎ 物理學의 자미스러온 이야기,
　포우생, 〈태극학보〉 제23호, 1908.7. (물리학)

　　*제22호에서는 동물학을 소개함

▲ 제23호＝포우생

　뉴톤의 說(Newton)

　諸君도 知ᄒᄂᆫ 빙어니와 銀杏樹가 初秋를 當ᄒ면 杏과 如히 丸大ᄒᆫ
實을 結ᄒ야 自然히 零落ᄒᄂ니 如何ᄒᆫ 理를 緣ᄒ야 零落ᄒᄂ냐 ᄒ면
吾人이 通常 答ᄒ기를 腐敗홈을 因ᄒ야 落혼다 홀지나. 不撓不引ᄒ되,
如此히 自然 零落홈이 豈非異常哉아. 반다시 其怡愉가 有홀지라.

　此에 對ᄒ여ᄂᆫ 一種 滋味가 有혼 說이 有ᄒᄂ니 自今――

▲ 제24호＝포우생/사이폰, 測量機, 폼푸

　　*22호의 포우생 물리학 이야기가 미완인 점으로 볼 때 24호에 연재된 것으로
　　추정함.

사이폰은 長短 二脚을 有혼 曲管인딕 大氣의 壓力을 利用ᄒ야 高處에
在혼 液体를 低處에 移ᄒᄂ 딕 用ᄒᄂ 器니라. (사이판 관련 그림 소재)
　左圖에 示홈과 如히 短脚을 上器에 入ᄒ고 長脚의 端口를 上器의 液
面보다 低케 혼 然後에 長脚의 端口를 吸ᄒ야 液体를 管中에 充滿케
홀 是에ᄂᆫ 液体ᄂᆫ 長久히 下器에 流下ᄒᄂ니라.

――

測壓器: 測壓器ᄂᆞᆫ 水 或 水銀을--

폼푸: 폼푸ᄂᆞᆫ 大氣의 壓力을 利用ᄒᆞ야 水를 低處에셔 高處로 移ᄒᆞᄂᆞᆫ 器械인ᄃᆡ 其ᄂᆞᆫ 種種 有ᄒᆞᄂᆞ--

◎ 物理學 講義, 金鉉軾, 〈태극학보〉 제23호, 1908.7. (물리학)

滑車

◎ 알키메스 氏의 說, 죽정, 〈태극학보〉 제23호, 1908.7. (물리학)

現今 時代ᄂᆞᆫ 人智가 進步되야 如何ᄒᆞᆫ 物을 勿論ᄒᆞ고 擧皆 人工으로 製造키 能ᄒᆞᆫ 一種 重寶世界를 作ᄒᆞᆯ지라. 生絲ᄂᆞᆫ 蠶의 繭이 無ᄒᆞ면 造키 (不)能ᄒᆞ다 ᄒᆞ엿스나 近日에ᄂᆞᆫ 싀라스(Glass, 琉璃)를 細延ᄒᆞ야 絹布를 製造키 能ᄒᆞ며 植物의 絲筋(ᄉᆞ근) (糸와 如ᄒᆞᆫ 細筋)을 紡ᄒᆞ야 藥을 塗ᄒᆞ 면 族히 生糸의 絹布를 凌笑ᄒᆞ며 人造金으로 指環 等 粧飾物을 製造ᄒᆞᆯ 지라도 其 光澤이 天然的 黃金에 讓頭치 아니ᄒᆞᄂᆞ니 如此히 學問은 世 界를 寶重케 ᄒᆞᆯ 同時에 狡猾者流ᄂᆞᆫ 此를 利用ᄒᆞ야 詐僞의 行動을 無日 不作ᄒᆞ거니와 此等 詐僞도 ᄯᅩᄒᆞᆫ 學理를 因ᄒᆞ야 豫防키 能ᄒᆞᆯ지니 此에 人造金指環이 有ᄒᆞᆯ지라도 其重을 測量ᄒᆞ면 純金의 指環과 同一ᄒᆞᆫ 体積 에 假를 測定ᄒᆞ거니와 假令 諸君이--

◎ 物理學, 格物子 李裕應(이유응), 〈대동학회월보〉 제7호, 1908.8. (물리학)

*격물자 물리학은 제14호에 이유응이라는 필자명이 등장한다.

*이유응은 제18호에 '생리학'(속)을 연재했는데, 이를 고려할 때 앞의 '백악거 사', '백양거사', '양생자'라는 이름으로 역술된 글도 이유응의 글일 가능성이 있다.

*제19호의 '식물학'도 이유응의 연속 글이다. 이 점에서 〈대동학회월보〉에 연 재한 식물학도 그의 글일 가능성이 크다. / 이유응은 협성학교장을 지낸 것으 로 보인다.

▲ 제7호

寒暖計製法

寒暖計는 氣候及物體의 溫度를 測知홈에 不可缺홀 者ㅣ라. 蓋固 液 氣三體가 熱의 作用을 因ᄒ야 同一히 膨脹ᄒ나 若干 差異가 有ᄒ니 寒 暖計를 見ᄒ건듸 溫度가 昇ᄒ면 琉璃管과 水銀이 一齊이 膨脹ᄒ되 液體 의 膨脹이 固體의 膨脹보다 更大혼 故로 管中에 其 膨脹을 表示홈이니 寒暖計는 元容積을 表示혼 者ㅣ나 該容積의 變化는 溫度의 變化와 伴生 ᄒ는 故로 溫度를 檢査홈에 必要ᄒ니라.

此를 製造ᄒ는 法을 略爲 說明ᄒ건듸 寒暖計를 製造홈에 水銀 又는 酒精(알콘)을 用ᄒᄂ니 今에 便利ᄒ기 爲ᄒ야 水銀寒暖計를 擧ᄒ리니 蓋玻璃細長管을 取ᄒ야 一端은 閉塞ᄒ야 球形을 作ᄒ고 一端은 開通ᄒ 야 漏斗狀을 成혼 後에 酒精燈火로 球를 熱ᄒ면 管中에 充滿혼 空氣가 膨脹ᄒ야 幾何間管外로 浮出ᄒ거든 球가 冷却ᄒ기 前에 純粹혼 水銀을 漏斗狀으로 注入ᄒ면 其球가 冷却홈을 隨ᄒ야 球內의 空氣가 收縮ᄒ야 眞空을 成ᄒ는 故로 水銀은 其 眞空을 塡充ᄒ야 漸漸 管中으로 降下ᄒ야

球內의 殘留훈 空氣와 交換ᄒᆞᄂᆞ니 다시 球를 再次 熱ᄒᆞ면 球內의 在훈 水銀이 沸騰ᄒᆞ야 其 蒸氣가 球內及管內에 在훈 空氣를 逐出훌지니 前法과 如히 球를 冷却ᄒᆞ면 水銀이 球內로 縮入ᄒᆞᄂᆞ니 如此히 水銀이 球와 管에 充滿훈 後에 ᄯᅩ 管을 熱ᄒᆞ면 水銀이 蒸發ᄒᆞ야 上部의 空氣를 驅逐ᄒᆞ거든 管口를 密閉ᄒᆞ고 冷却훈 後 觀ᄒᆞ면 水銀은 球의 一部에만 充ᄒᆞ고 管의 上部ᄂᆞ 眞空을 成ᄒᆞᄂᆞ니라. 然後에 一定훈 標準의 基點을 不得不 選定ᄒᆞ야 刻ᄒᆞ여야 溫度의 多少를 檢定훌지니 故로 水의 氷點及沸騰點을 擇取ᄒᆞᄂᆞ니 氷의 融解點 卽 水의 氷點은 大氣의 壓力이 不變ᄒᆞ면 一定不變ᄒᆞ며 ᄯᅩ 水의 沸騰도 壓力이 不變ᄒᆞ면 亦是 一定ᄒᆞᄂᆞ니라.

爲先 氷點을 定훌진딕 其 度數를 刻훌 寒暖計를 氷中에 揷入ᄒᆞ면 水銀이 降下收縮ᄒᆞ야 一定훈 處所에 至ᄒᆞ고ᄂᆞ 다시 降下치 아니ᄒᆞ거든 其 度目을 劃刻ᄒᆞ야 氷點이라 ᄒᆞ고 又 沸騰水에서 出ᄒᆞᄂᆞ 烝氣中에 揷置ᄒᆞ면 水銀이 膨脹上昇ᄒᆞ야 一定훈 處所에 至ᄒᆞ고ᄂᆞ 다시 上昇치 아니ᄒᆞ거든 此 度目을 劃刻ᄒᆞ야 沸騰點이라 ᄒᆞ고 又 氷點, 沸騰點間을 便宜로 等分ᄒᆞ야 其 一劃을 一度라 稱ᄒᆞ며 氷點 以下와 沸騰點 以上에도 度數를 刻ᄒᆞᄂᆞ니 大抵 寒暖計가 三種이 有ᄒᆞ니

第一은 攝氏寒暖計니 氷 沸兩點間을 百度로 定ᄒᆞ고 氷點을 零度라 稱ᄒᆞᄂᆞ니라.

第二ᄂᆞ 華氏寒暖計니 氷 沸兩點間을 一百八十度로 定ᄒᆞ고 零度ᄂᆞ 氷點 以下 三十二度에 在훔으로 零 沸兩點間은 二百十二度가 되ᄂᆞ니라.

第三은 列氏寒暖計니 氷點은 零度요 沸騰點은 八十度로 定ᄒᆞ얏시니 其間을 八十度에 等分훈 것니니라.

以上 寒暖計 三種中에 攝氏寒暖計가 刻度法이 最히 精妙훈 故로 學術上 研究훔에 便利ᄒᆞ야 普通 攝氏寒暖計를 使用ᄒᆞᄂᆞ니라.

三態及三態의 膨脹

天地間森羅布列ᄒᆫ 萬有物質를 物理學上으로 大別ᄒ면 三態에 不過ᄒ니 卽 固体 液体 氣體三種이 是라 金屬과 如히 一切堅固ᄒᆫ 者를 總稱 固體라 ᄒ며 水類와 如히 一切流動ᄒᄂ 者를 總稱液體라 ᄒ며 烟等과 如히 一切飛散ᄒᄂ 者를 總稱氣體라 ᄒᄂ니 此 三態를 物理學上으로 定義를 解釋ᄒ건딘 如左ᄒ.

固體ᄂ 一定ᄒ 形容과 一定ᄒ 容積이 有ᄒ야 如何ᄒ 方圓의 器에 入ᄒ던지 其形容과 容積이 不變ᄒᄂ니라.

液體ᄂ 一定ᄒ 容積은 有ᄒ딘 一定ᄒ 形容은 無ᄒ야 器의 方圓을 隨ᄒ야 其 形容이 變ᄒ되 器의 大小ᄂ 不關ᄒ고 其 容積은 一定不變ᄒᄂ니라.

氣體ᄂ 一定ᄒ 形容도 無ᄒ고 又一定ᄒ 容積도 亦無ᄒ야 器의 方圓을 因ᄒ야 形容이 變ᄒ며 器의 大小를 隨ᄒ야 容積도 多小伸縮ᄒᄂ니라.

蓋固體ᄂ 分裂키 難ᄒ니 此ᄂ 分子間의 引力이 甚强ᄒ야 能히 外力을 抵抗ᄒ야 其形容을 保有ᄒᆷ으로 强力을 使用치 아니ᄒ면 其 形容을 變改 아니ᄒ딘 液體ᄂ 是와 反ᄒ야 分子間 引力이 甚弱ᄒᆷ으로 其 形容을 變ᄒ랴ᄂ 外界의 力을 抵抗치 못ᄒᄂ 故로 液體ᄂ 分割키 最容易ᄒ고 氣體ᄂ 又固體及液體와 一切相反ᄒ야 其分子間의 引力이 全無ᄒᆯ 쑨아니라 各分子가 互相反發ᄒ야 分離ᄒ랴ᄂ 傾向이 有ᄒ 故로 其各部分을 保存ᄒ랴면 外力으로 抑留ᄒᆯ지니라.

右 三體가 熱의 作用을 因ᄒᆞ야 膨脹홈을 得ᄒᆞᄂᆞ니 金屬으로 環을 製造ᄒᆞ되 球가 環에 精密히 箝入ᄒᆞ게 ᄒᆞ고 球를 熱ᄒᆞᆫ 後에 抽出코져 ᄒᆞᆫ則 不能ᄒᆞ니 此는 熱의 作用을 因ᄒᆞ야 膨脹ᄒᆞᆫ 所以라. 又 同形同容되는 一個 후라스고(上尖下圓ᄒᆞᆫ 長項琉璃瓶)를 取ᄒᆞ야 酒精을 充ᄒᆞ고 六十珊知米突되는 細長琉璃長管을 挿入ᄒᆞᆫ 後에 其口를 密封ᄒᆞ되 栓의 下端이 후라스고 液中에 沈入ᄒᆞ야 該液體가 管으로 上ᄒᆞ게 ᄒᆞ고 兩者를 熱湯中에 入ᄒᆞ면 琉璃管에 上昇ᄒᆞᆫ 部分이 最初에는 少下ᄒᆞ되 暫時後에는 漸漸 上昇ᄒᆞ야 管의 上端에 達ᄒᆞᄂᆞ니라. 此는 管中의 液體가 最初 降下ᄒᆞᆫ 것은 熱氣가 후라스고 中液體ᄭᅡ지 及ᄒᆞ기 前에 후라스고가 先爲膨脹ᄒᆞ야 其容이 增加ᄒᆞᆫ즉 其 液體는 此를 應ᄒᆞ야 充滿ᄒᆞᄂᆞᆫ 故로 管中에 降下홈이오 暫時間에 熱氣가 液體에 已達ᄒᆞ면 漸漸膨脹홈은 管에 上昇홈을 因ᄒᆞ야 可知ᄒᆞᆯ지니라. 又琉璃器水를 充ᄒᆞ야 水中에 倒立ᄒᆞ고 又 空虛ᄒᆞᆫ 후라스고에 木栓을 密箝ᄒᆞ되 其 木栓에는 琉璃曲管을 貫ᄒᆞ고 該曲管下端은 最初倒立ᄒᆞᆫ 琉璃器口에 接ᄒᆞᆫ 後에 空虛ᄒᆞᆫ 후라스고를 熱ᄒᆞ면 空氣 泡沫이 其倒立ᄒᆞᆫ 琉璃器內로 上昇ᄒᆞ야 其中에 在ᄒᆞᆫ 水를 排除ᄒᆞᄂᆞ니 是는 熱ᄒᆞᆫ 空氣가 膨脹ᄒᆞᆫ 所以오 暫時 後에 熱을 退ᄒᆞ면 空氣는 卽時 冷却ᄒᆞ야 收縮ᄒᆞ되 倒器中으로 移去ᄒᆞᆫ 空氣가 다시 후라스고로 歸치 못ᄒᆞᆫ 故로 水가 曲管으로 上昇ᄒᆞ야 후라스고로 入ᄒᆞ야 空氣의 缺處를 塡充ᄒᆞᄂᆞ니 此時에는 후라스고가 往往破壞ᄒᆞᄂᆞᆫ 故로 極히 注意ᄒᆞᆯ 바이니라. 空氣를 熱ᄒᆞᄂᆞᆫᄃᆡ 火를 不用ᄒᆞ고 手掌으로 摩擦ᄒᆞ야 溫暖케 ᄒᆞ여도 若干膨脹홈을 見ᄒᆞᄂᆞ니 推此觀之ᄒᆞ면 固液氣三體의 因熱膨脹홈은 斷然無疑ᄒᆞ도다.

▲ 第14號＝李裕應

熱의 傳導 及 對流

熱의 傳導ᄒᆞᄂᆞᆫ 現象에는 傳導 及 對流 二種이 有ᄒᆞ니 大抵 物體의

溫度는 互相平均ᄒ랴는 傾向이 有홈으로 卽 熱은 溫度가 高흔 物體는 溫度가 低흔 物體에 傳ᄒ며 又 一物體에셔도 溫度가 高는 部分에셔 低흔 部分에 傳ᄒ야 畢竟 平均흔 後에 乃已ᄒᄂ니 今에 次第 說明홀진ᄃᆡ 蓋 一尺되는 金屬線 一端을 持ᄒ고 一端을 火焰에 接觸ᄒ면 熱이 次第 傳導ᄒ야 畢竟 手頭ᄭᅵ지 及ᄒ거니와 其 火焰에 觸흔 部分이 指頭에 接 近홀수록 熱이 次第로 增加홈을 知홀지니 如此이 一體에셔도 溫度가 高흔 部分에셔 溫度가 低흔 部分에 熱을 傳達ᄒ는 者를 傳導라 稱ᄒᄂ 니라. 又 冷室에 入ᄒ야 其 室內에 在흔 各種 物體에 寒暖計를 接ᄒ면 何物이든지 始爲同一ᄒ되 此 等 物體에 手를 接觸ᄒ면 其 溫度가 大異 흔듯 ᄒ니 此는 手의 熱을 傳導ᄒ는 力이 不一홈이라. 卽 熱의 傳導力이 極烈흔 者에 手를 接ᄒ면 熱氣를 急速奪去ᄒ는 故로 寒冷흔 듯흔 感覺 이 生ᄒᄂ니라. 萬若 吾人이 體溫보다 溫度가 高흔 室內에 入ᄒ면 全히 此와 反對 感覺이 生ᄒᄂ니 然則 良導體는 熱을 善傳ᄒ는 故로 溫暖흔 듯ᄒ는 感覺이 反生ᄒᄂ니라. 且 物體 中에 熱氣를 善傳ᄒ는 者도 有ᄒ 고 難傳ᄒ는 者도 有ᄒ니 前者는 良導體라 ᄒ고 後者는 不良導體라 云 ᄒ나니 各 金屬은 其 傳導性이 不一ᄒ되 一切 良導體를 成ᄒᄂ니라. 且 液體는 固體에 比ᄒ면 傳導性이 不足ᄒ며 氣體는 液體보다 更少ᄒ니 純粹乾燥흔 空氣는 傳導性이 殆無ᄒ니 衣服이 吾人의 體溫을 容易히 傳導치 아니홈은 其 構成흔 纖維가 良導體도 아니어니와 專히 其 纖維 中에 存在흔 空氣가 不導性이 有흔 故이니라. 故로 衣服이 身體에 密着 홈보다 少少寬大흔 것이 溫暖흔듯 홈도 亦是 此 理에 不外홈이니라. 故 로 高溫度의 物體가 其 熱氣를 周圍冷體에게 見奪홈을 防禦ᄒ랴면 不良 導體로써 包圍홀지니 萬若 溫度가 高흔 周圍物體에셔 熱을 受ᄒ랴는 冷體가 有ᄒ거든 其 冷體를 被包치 아니홀지니라.

大凡 熱의 對流는 液體 氣體가 同例니 今에 液體의 下部를 熱케 ᄒ야 膨脹홀 時는 上部의 稠密흔 液의 分子가 壓下ᄒ야 下方으로 降下ᄒ면 下部의 液은 上方으로 上升ᄒ야 上下의 液이 同一의 溫度를 受ᄒᄂ니

라. 且 海洋의 對流는 熱帶의 水가 受熱膨脹ㅎ야 水面이 稍高홀지니 兩極에 在ㅎ 水는 稠密ㅎ야 海底로 熱帶方向에 流入ㅎ며 熱帶의 水는 海面으로 兩 極方에 流出ㅎㄴ니 此를 洋流라 稱ㅎ니라. 又 空氣中에서 熱의 對流에 關ㅎ 現象은 風이라. 赤道 近傍에셔는 太陽의 熱氣가 甚强ㅎ故로 空氣가 膨脹ㅎ야 上昇ㅎ며 寒冷ㅎ 空氣는 南北으로 來ㅎ야 輕疎ㅎ空氣와 交代ㅎㄴ니 此 運動이 卽 風을 生ㅎ는 者이니라. 房內의 空氣가交遞홈도 亦然ㅎ니 卽 房內는 房外보다 稱溫ㅎ 故로 空氣가 上昇ㅎ야房의 上部로 逃出ㅎ고 房外空氣는 其 空虛ㅎ 處를 塡充ㅎ기 爲ㅎ야 房의 下部로 入來ㅎㄴ니 如此이 房內空氣는 新舊交遞ㅎ며 람푸燈皮의 空氣交遞홈도 亦是 此 理니라.

以上 說明ㅎ 外에 又 熱의 輻射라 ㅎ는 一法이 有ㅎ니 蓋 溫度가 不等ㅎ 二個 物體 甲乙이 有ㅎ딕 甲은 乙보다 溫度가 高ㅎ즉 甲의 熱은 乙을輻射홀 쑨 아니라 乙도 甲을 向ㅎ야 輻射ㅎ거니와 甲은 溫度가 高ㅎ故로 甲에셔 乙로 來ㅎ는 熱이 多ㅎ고 乙에셔 甲으로 來ㅎ는 熱은 少ㅎ니 如此이 兩者가 同 溫度에 至ㅎ기까지 繼續ㅎ다가 同 溫度에 達ㅎ면彼此의 輻射熱과 吸收熱이 同等임으로 其 溫度의 差異가 不生ㅎㄴ니此는 光學上 溫度가 交換ㅎ는 理由니라.

◎ 原子 分子說, 欲愚生 역초, 〈대한흥학보〉 제4호, 1909.6.
　(물리학)

第一 原子分子說

　原子分子說은 物質 構造에 關ㅎ 想像說이라 假定이라도 現今은 有力ㅎ니라. 原子說은 古代 希臘學者 류-시파스, 더모그리타쇠 等이 唱道ㅎ빈나 前世紀 初에 英人 다루톤, 伊人 아오까도로 等이 化學量 定律의

起因을 說明ᄒ랴 原子說을 復唱ᄒ고 此에 分子說을 添加ᄒ얏ᄂ니라.

一物質의 固有性質를 不失케 ᄒᆯ 限에 達토록 其 物質를 分剖ᄒᆫ 細粒이 有ᄒ야 同物質은 性狀大小가 等一ᄒᆫ 細粒이 集成ᄒ고 異物質은 性狀이 殊異ᄒᆫ 細粒이 集成ᄒᄂ니 此 細粒을 分子라 稱ᄒ며 分子ᄂ 至微至細ᄒᆫ 原子라 稱ᄒᄂ 粒子 若干個가 集合ᄒᆫ비라. 單體의 分子ᄂ 同種의 原子로 成立ᄒ고 化合物의 分子ᄂ 二種以上의 原子가 結合ᄒᄂ니라. 原子ᄂ 物理學과 化學上 手段으로 破壞치 못ᄒᆯ거시고 分子ᄂ 打激磨碎 等 機械的 手段으로ᄂ 破壞치 못ᄒ나 化學 變化에ᄂ 分解되야 其 固有ᄒᆫ 性質를 見失ᄒ고 其 分子에서 散逸ᄒᆫ 原子ᄂ 他物質의 原子와 結合ᄒ야 新分子를 生ᄒᄂ니라.

固體와 液體에ᄂ 諸分子가 緻密히 集合ᄒ고 氣體에ᄂ 甚히 隔離ᄒᄂ니 아오ᄭ토로氏의 假說에 同溫同壓等 體積인 氣體中 分子數ᄂ 相等ᄒ다 ᄒ니라. 原子分子說의 眞否ᄂ 容易ᄒᆫ 問題가 아니나 此說로 數多ᄒᆫ 物理化學上 事實를 說明ᄒ면 快刀로 亂麻를 截흠과 無異ᄒ니라.

第二 原子分子說 應用

一. 此 假定說에 依ᄒ면 化學變化라ᄂ 거슨 舊分子가 破壞ᄒ미 其 原子가 新原子와 結合ᄒ야 新分子를 生ᄒᄂ 現象이니라.

二. 原子ᄂ 化學上 手段으로 破壞치 못ᄒᆯ 粒子임으로 元素不滅法則과 質量不變定律의 起因을 理解키 無難ᄒ니라.

三. 原子ᄂ 更히 分割키 不能흠으로 化學變化에 原子ᄂ 一個 二個 三個 等 一般整數의 幾個가 結合ᄒᆯ지니 그럼으로 二種 以上 元素가 化合ᄒᆯ 時의 質量은 其 原子 重量에 比例ᄒᆯ지라. 比例, 倍比例, 當量의 定律은

自然히 解釋될지니라.

四. 諸氣體가 同溫 同壓에 體積이 相等ㅎ면 其 中의 包有혼 分子數가 等一흠으로 諸氣體 分子의 重量은 其氣體 比重의 比와 等ㅎ고 分子量의 比와 同一ㅎ니 <u>케류-삭그</u>의 氣體反應 定律도 此 說를 根據삼으면 容易히 說明홀지라.

五. 數多혼 物理現象에도 此 說를 應用ㅎ느니 分子說를 據컨딕 氣體의 分子는 非常혼 大速度로 四方에 運動ㅎ고 此 無數혼 飛動分子가 替代로 容器壁에 衝突ㅎ야 反撥ㅎ느니 此 衝突을 壓力이라 稱ㅎ느니라. 氣體가 熱를 受ㅎ면 分子의 運動 <u>에넬기</u>가 增加ㅎ야 分子의 速度가 大加흠으로 壓力은 自然 增加ㅎ느니라. 液體의 蒸發은 其 分子가 表面부터 次第로 飛出ㅎ야 氣體로 化ㅎ는 理象이라 此에 熱를 加ㅎ면 分子의 激動을 增加ㅎ야 其 逸出을 速케 흠으로 蒸發도 容易ㅎ니라. 熱이라는 거슨 物體 分子의 不規則的 振動이라 此 振動을 吾人의 觸覺이 熱로 感ㅎ고 空中 分子의 規則的 波動은 耳官에서 音으로 感ㅎ느니 物體에 熱를 加흠은 其 分子의 振動을 迅速케 흠이니라. 物體가 打擊을 受ㅎ야 熱이 生흠은 打擊의 運動 <u>에넬기</u>가 物體分子의 運動으로 變흠이니라.

以上 陳述(其 外에도 分子說의 應用이 多흠)흠과 如히 原子分子說로 數多혼 事實과 法則의 起因를 說明ㅎ면 甚히 明快ㅎ나 原子分子라 稱ㅎ는 微粒은 吾人의 感官으로 知覺치 못ㅎ는 想像物이니 吾人이 此說를 心裏에 默會ㅎ야 諸事實를 理解코 記憶ㅎ는 幇助를 삼으면 己矣어니와 假說를 事實로 誤認ㅎ야 過重케 알음은 不可ㅎ니라.

元素不滅定律를 否認ㅎ는 元素進化論者는 現今 化學의 元素라고 認定흔 七十餘種은 物質終局의 元素가 아니ㅣ오 此보담 更히 單純혼 若干 元質의 集合이라 그름으로 所謂 原子는 絶對的으로 細分치 못홀 性質

인 거슨 아니라 ᄒ나니 此 說은 前日에는 一架 空想像에 不過혼 듯 ᄒ얏스나 近年에 라쥼- 金屬이 혜-룸-元素로 變ᄒ는 事實이 發見되야 此 說이 大助力을 得혼지라. 最後勝利는 何說에 在ᄒ고.